BÉBÉ : 1 / PAPA : 0

Matt Coyne

Bébé : 1 / Papa : 0

Traduit de l'anglais par Santiago Artozqui

Un père imparfait
et fier de l'être témoigne

MAZARINE

Couverture : Jeanne de Nîmes
Illustration : © alice-photo/Shutterstock

Cet ouvrage est la traduction intégrale,
publiée pour la première fois en France, du livre de langue anglaise :
DUMMY
Édité par Wildfire, maison du groupe Headline Publishing Group

ISBN : 978-2-8637-4456-7
Dépôt légal : mai 2018

Pour Steve

Je plaisante…
Pour Charlie et sa maman

Sommaire

Préface

Quand nous avons appris que nous attendions un « heureux événement », quelqu'un nous a offert un magnet pour notre frigo. On y lisait : « Avoir un bébé, c'est inviter un ange dans votre foyer. »

C'est peut-être vrai.

Mais parfois, à l'occasion, c'est comme si vous hébergiez un colocataire minuscule, colérique, instable, incontinent, obsédé par les seins et qui vous flingue le sommeil. Il ne réclame ni plus ni moins que votre attention exclusive, à partir de tout de suite et jusqu'à votre dernier putain de souffle.

… Un message probablement trop long pour un magnet.

Introduction

Trois mois après la naissance de notre fils, Charlie, j'ai posté sur Facebook le message que voici :

Matt Coyne 17 décembre 2015 19 h 38

Ce matin, je me suis félicité de constater que je pratiquais le changement de couches avec la précision d'un maître orfèvre. Je suis l'égal d'un mécanicien dans une écurie de Formule 1... En fait, par bien des aspects, je suis meilleur, parce que celui qui change les pneus de Lewis Hamilton à toute vitesse ne reçoit ni jets de pipi dans l'œil ni salves de caca sur les bras. Pour l'instant, j'ai appris ceci :

L'accouchement

– Avant, je pensais que la théorie selon laquelle on n'est jamais allé sur la Lune était une vraie connerie, tout simplement parce qu'elle impliquait qu'un nombre gigantesque de personnes partagent un secret. Aujourd'hui, à voir l'omerta qui règne sur les horreurs de l'accouchement, je pense qu'on ne peut pas écarter cette possibilité. La salle d'accouchement, c'est le Vietnam. Elle ne ressemble pas du tout à ce que vous voyez dans les sitcoms ou dans les films, sauf s'il s'agit de *Saw IV* ou de la scène *d'Alien* où la poitrine d'un type explose. C'est pourquoi je tiens à dire à tous ceux qui m'ont raconté que l'accouchement, c'était magique... Vous êtes une putain de bande de menteurs ! L'accouchement, c'est magique... mais simplement dans le sens où c'est mieux quand on ne connaît pas le truc. (En réalité, le plus dur dans l'accouchement, c'est de voir atrocement souffrir quelqu'un que vous aimez. D'un autre côté, une fois, Lyns m'a obligé à regarder tout un épisode de *Downton Abbey*, alors... blanc bonnet, bonnet blanc...)

La première semaine

– Je n'étais pas au courant, mais le rythme respiratoire des bébés est un jazz syncopé. Il ne suit aucun schéma précis, si ce n'est qu'il s'interrompt toutes les quarante secondes environ, juste assez longtemps pour que vous pensiez que le bébé est mort. De toutes les saloperies que les bébés peuvent commettre, faire semblant d'être mort est la pire, et ils le font tout le temps.
– Un bébé qui pleure, c'est bizarre. Quand vous entendez ça dans la journée, vous vous dites que c'est touchant et mignon... À trois heures du matin, c'est comme si un Viking en colère vous récurait le cerveau au papier-émeri.

– En réalité, le jet de pipi dans l'œil, ce n'est drôle que la première fois. Quant à la grosse commission, elle est toujours rythmée comme une scène de comédie. Le pire, c'est quand ils font un « caca-leurre », puis qu'ils attendent que vous ayez enlevé l'ancienne couche pour envoyer la véritable tornade. C'est une tactique similaire à celle des terroristes qui programment une deuxième bombe pour qu'elle explose à l'arrivée des secours.
– Tous les vêtements ont des boutons-pression. Ils en mettent trois ou quatre fois plus que nécessaire, dans l'unique but de vous faire passer pour un crétin aux yeux de votre enfant, lequel affiche sa désapprobation en faisant des moulinets avec les bras sans discontinuer. Habiller un bébé qui joue les moulins à vent, c'est comme essayer de faire entrer un lapin dans un ballon gonflable. Quand vous leur dites de se tenir tranquilles, ils vous ignorent ou ils se griffent le visage. Ils sont timbrés.
(J'envisage de lancer une ligne de vêtements pour bébés, exclusivement dotés d'attaches Velcro, en m'inspirant des fringues de strip-teaseurs. On pourrait tenir le bébé d'une seule main, attraper ses habits de l'autre et séparer les deux d'un geste simple et gratifiant.)
– À cet âge-là, un bébé ne ressemble à personne. Pourtant, tous ceux qui traînent chez vous en buvant des citernes de thé affirment qu'il vous ressemble, qu'il a les yeux de son grand-père ou de je ne sais qui… En réalité, ils ont tous la tête de Ross Kemp. (Ou de l'un ou l'autre des frères Mitchell… Si votre bébé est moche, c'est Phil.)

Le premier mois

– Tout au long de ma vie d'adulte, j'ai essayé de lire un livre par semaine environ. Je ne suis pas naïf, je savais qu'après je n'aurais plus autant de temps, mais je m'étais promis d'en lire un par mois. Dans les deux mois qui ont suivi l'accouchement, tout ce que j'ai eu le temps de lire, c'est une brochure sur les tire-lait. (Et je ne suis même pas arrivé au bout, je m'endormais à chaque fois au milieu du paragraphe sur la confusion sein-tétine.)
– On peut avoir mal aux couilles à force de ne pas dormir.
Quelqu'un se souvient-il encore de *Touch the Truck*, sur Channel 5, présentée par Dale Winton (avant qu'il se fasse rénover le faciès) ? En gros, les huit participants posaient la main sur un camion, et le dernier à la garder dessus sans s'endormir gagnait le véhicule. Avoir un bébé, c'est comme participer à *Touch the Truck*. La seule différence, c'est que, dans cette émission, on avait le droit d'aller pisser et manger un morceau toutes les trois heures… et qu'on gagnait un camion.
– Que Lyns soit d'accord ou pas, tenir le bébé à bout de bras quand il est tout nu en chantant *L'Histoire de la vie*, c'est marrant.
– Ce n'est que lorsque vous venez de réussir à endormir votre bébé que vous comprenez à quel point votre maison est bruyante. Je trouvais la nôtre très calme, tranquille, mais il s'avère que le robinet de notre salle de bains est aussi discret que Godzilla quand il s'accouple avec un tank.

– Les courses au supermarché durent des siècles, parce que les vieilles dames aiment vraaaiment les bébés et se jettent sur les poussettes avec la ténacité froide d'un drone de combat. Leur échapper, c'est comme jouer à Frogger. Elles sont rusées, et s'il y en a plus d'une, vous êtes foutu, elles se coordonnent et vous chassent en meute comme des vélociraptors.

Au bout de trois mois… Maintenant

La chose la plus importante que j'ai apprise pour l'instant, c'est que Charlie est extrêmement chanceux d'avoir Lyns pour maman. Elle est solide, intelligente, drôle et amoureuse… et elle va veiller à ce que je ne foire pas trop. On peut également espérer que son ADN mette une raclée aux prédispositions génétiques auxquelles je dois mes grosses narines et mes mamelons. Charlie est sans réserve la meilleure chose qui nous soit arrivée, à Lyns et à moi. (C'est encore mieux que finir l'album de vignettes Panini de la Coupe du monde, ce que je suis parvenu à faire en 1986 et en 1990.) Il m'a déjà rendu moins cynique, suffisamment pour que je sois capable d'écrire ce paragraphe, et je pense que je vais plutôt bien me tirer de ça. Parce que j'ai beau être nul, désorganisé et pitoyablement incompétent, à mes yeux, il est plus qu'essentiel que Charlie aille bien. Ce qui, pour autant que je puisse en juger, n'est pas un mauvais principe.

J'ai écrit ce qui précède dans un état de privation de sommeil, un mardi soir, au cours des deux heures pendant lesquelles notre petit Charlie avait décidé de fermer les yeux, et j'avais l'impression que c'était la première fois qu'il le faisait depuis qu'il les avait ouverts, trois mois auparavant. Mes couilles me faisaient mal, mes yeux, enfoncés dans leurs orbites, étaient rougis par le pipi de bébé. Je me suis assis, j'ai pianoté sur mon clavier et je me suis senti un peu mieux. Quand Charlie a commencé à s'agiter, j'ai cliqué sur « Post » et j'ai envoyé mon texte se faire piétiner sur les réseaux sociaux, au milieu d'un cortège de chatons éberlués, de bites ou de photos des biscuits que tante Patsy a servis pour le thé.

Le lendemain, quand je me suis connecté, j'ai vu que mon post avait été partagé une centaine de fois. Plus tard dans la journée, c'était un millier, et à la fin de la semaine, des dizaines de milliers de partages. Des blogueurs, des vlogueurs et même des stars comme Ashton Kuscher. Étrangement, j'ai commencé à recevoir des demandes d'interviews de la part de journaux, de la télé et de la radio. Et tout le monde me posait la même question : « Pourquoi cette mise à jour de statut où je râlais de façon plutôt incohérente avait-elle touché des parents, des personnes qui aspiraient à l'être, et le chevelu de *Eh mec ? Elle est où ma caisse ?*.

Je n'en savais rien.

Alors, je me suis assis et j'ai réfléchi. J'ai commencé à relire les courriels envoyés par les membres de ma famille qui avaient pris le temps de me contacter. La réponse était là. C'était limpide. Il y avait bien une raison à l'écho qu'avait rencontré ce message, au fait que tant de gens pouvaient s'y projeter, entre les douleurs de mes couilles et la confusion sein-tétine, et cette raison était aussi concluante qu'étonnante :

La plupart des nouveaux parents n'ont pas la moindre putain d'idée de ce qu'ils font.

Certes, il y a les super-parents, les routiniers insipides, les parfaits trouducs qui élèvent leur progéniture de série en se servant de chartes à codes couleur et de la méthode EASY ou Hogg ou je ne sais quoi.

Mais ça, ce n'est pas nous.

Nous, on est les ratés, ceux qui voient venir au fur et à mesure, les imprévoyants de base, les anxieux, les désorganisés, les immatures et les nuls. On a du vomi sur l'épaule et du caca jaune sous les ongles et... Bon Dieu, qu'est-ce qu'on est crevés !... Mais nous sommes légion.

Et nos enfants seront les enfants avec lesquels les autres voudront jouer. Ils deviendront des adultes avec lesquels d'autres adultes auront envie d'aller boire une bière. Ils seront intelligents, créatifs, ils changeront le monde ou le rendront simplement un tout petit peu meilleur. Car nous avons beau être insignifiants et pathétiques, nos enfants deviendront le meilleur de nous-mêmes.

Parce que, leur avenir, on en a quelque chose à foutre.

1
Arrivées

Le bébé arrive. Merde !

En partant à l'hôpital, je me suis entraperçu dans le miroir. Mon expression, je ne l'avais déjà vue qu'une seule fois... Sur le visage de Hans Gruber à la fin de *Piège de cristal*, quand Bruce Willis le balance du haut de l'immeuble Nakatomi.

Arrivées

Dès que nous avons posé le pied dans la salle de travail, il nous a paru évident qu'on nous avait menti. Tout ce que nous avions lu, chaque réunion de préparation à laquelle nous avions assisté était un tableau photoshoppé de la chose. On nous avait fait croire qu'une femme en travail ressemble à une fleur délicate prise d'une légère crise d'asthme, qui transpire un peu sous l'effort tandis qu'une douleur toute naturelle la fait respirer un peu plus vite. À notre arrivée, une femme à l'autre bout du couloir en était aux dernières phases de l'accouchement. Et elle ne faisait pas du tout penser à une fleur délicate. On avait plutôt l'impression d'entendre un géant barbu charger sur un champ de bataille.

Je n'étais pas prêt. Personne ne l'est.

Putains de menteurs

Télévision et cinéma

Il y a deux sortes de futurs parents. Ceux qui veulent être informés, qui souhaitent prendre totalement conscience des réalités brutales de l'accouchement, et le reste d'entre nous, qui passons neuf mois dans le déni, enchantés de demeurer dans l'ignorance la plus absolue de ce qui se prépare. Il est facile de déterminer dans quelle catégorie vous vous situez, parce que ces deux groupes sont très précisément scindés entre les téléspectateurs qui regardent *Baby Boom* et ceux qui prennent bien soin de ne jamais regarder *Baby Boom*. J'étais dans la seconde catégorie, mais j'ai quand même essayé, une fois… Je n'ai tenu que vingt secondes. Il m'en est resté une image incrustée dans le cerveau : celle d'une femme qui avait l'air de bouillir, pliée en deux, tellement tendue sous l'effort que son front ressemblait à des couilles de Klingons. J'ai zappé sur *Maisons à vendre*.

À part quelques rares émissions de téléréalité, la grande majorité des descriptions d'un accouchement, c'est de la pure connerie, et du coup, nous arrivons tous dans la salle de travail avec des vues totalement biaisées sur ce qui va se passer.

Prenez quelque chose d'aussi simple que la position dans laquelle la femme va accoucher. Dans tous les films et toutes les sitcoms que j'ai vus, elle est allongée sur le dos, jambes écartées, l'air de vouloir expulser le bébé par le canon de son vagin comme un obus. Mais, apparemment, c'est bien plus confortable dans d'autres positions.

Les salles de travail ne sont pas ressemblantes non plus. On n'y trouve pas uniquement un lit et des machines qui font *bip*. La plupart du temps, il y a aussi des poufs et des ballons de yoga, et parfois même une petite piscine et des cordes qui pendent du plafond. On dirait un parcours d'obstacles plutôt qu'une chambre d'hôpital, ou alors une de ces aires de jeu Wacky Warehouse qu'on accole aux pubs familiaux pour distraire la progéniture des poivrots.

Contrairement aux environnements hospitaliers que nous avons l'habitude de voir, la salle d'accouchement moderne dispose d'un éclairage tamisé, d'un lecteur de CD, de tableaux colorés, d'une douche et d'un endroit où l'on peut faire du thé. Si vous tenez compte des cris provenant de la chambre d'à côté et de la connexion wi-fi merdique, c'est pratiquement comme un séjour dans un Ibis Budget. La seule différence, c'est l'absence de minibar et le fait que le précédent occupant ne s'est pas essuyé les fesses avec les serviettes.

Même la façon dont on montre à l'écran les femmes en plein travail est à mille lieues de la réalité : au cinéma et à la télé, les femmes perdent leurs eaux de but en blanc, sans prévenir. Un torrent jaillit avec suffisamment de force pour emporter les passants, les voitures et les ponts du voisinage, et les bébés naissent souvent pendant le trajet vers l'hôpital. En réalité, les femmes ne perdent pas toujours leurs eaux, et le travail dure des siècles. Vous pourriez être tenté de demander une escorte policière ou de foncer vers l'hôpital comme si vous participiez à *La Course infernale*, mais, à moins que vous ne voyiez une tête ou un pied qui dépasse, vous passerez probablement les vingt-quatre heures suivantes à la clinique. Au minimum. (Le deuxième ou le troisième enfant a tendance à sortir plus vite, mais, pour le premier, on a l'impression que ça va durer si longtemps que le bébé pourra rentrer à la maison à pied et se mettre à réviser son bac.)

Livres

Bien sûr, c'est débile de penser que les films vont décrire l'accouchement avec précision. Personne ne va dans le multiplex du coin pour regarder la saga d'un accouchement qui dure douze heures, dont sept pendant lesquelles les plans de la femme en train d'aspirer par un tuyau alternent avec ceux où elle parle à son mari de l'effet des contractions sur ses hémorroïdes. C'est pourquoi la plupart d'entre nous se rabattent vers une source d'information plus fiable : les livres.

Il existe approximativement trente mille livres sur le marché qui traitent de la grossesse et de l'accouchement, et en ce qui nous concerne, nous les avons tous achetés. Lorsque Lyndsay a perdu ses eaux, je me suis dit que j'aurais peut-être dû en ouvrir un.

Le plus surprenant, c'est que, bien que les ayant lus, Lyns était aussi peu préparée que moi. Aucun de ces ouvrages n'évoquait vraiment la guerre de tranchées que constitue en réalité l'accouchement. Oui, j'étais dans le déni, mais dans les livres, ceux des experts comme ceux des imbéciles, tout le monde l'est autant que moi.

Prenons un exemple dans *Le Guide essentiel de la parentalité*. Il proclame que donner le jour, c'est comme essayer de faire passer un « gros morceau de fruit quand on est constipé », et qu'une femme peut se montrer « irritable » pendant la seconde phase du travail. Alors, loin de moi l'idée de prétendre signaler des incohérences lexicales dans *Le Guide essentiel de la parentalité*, mais je suis irrité quand je loupe mon bus ; j'imagine que mon émotion ne serait pas la même si je devais chier un melon.

Ce livre suggère aussi aux femmes de s'écarter les joues en tirant dessus avec leurs doigts pour « se faire une idée de comment ça pique ». Trois jours d'accouchement, ça ne « pique » pas. Les aiguilles piquent. Les abeilles aussi. Trois jours de travail, ça ne vous gratte pas, ça ne vous pique pas et ça ne vous turlupine pas. Ça vous fait un mal de chien, toutes les femmes qui passent par là sont des guerrières...

Et celles qui recommencent sont plus féroces que Genghis Khan.

Il existe également des petits guides pratiques qui donnent des conseils sur la façon de respirer ainsi que d'interminables pavés de sept cents pages sur la préparation à l'accouchement, dont on pourrait se servir pour assommer quelqu'un (comme si lire sept cents pages sur ce sujet ne suffisait pas à vous plonger dans le coma).

Mais la vérité, c'est que la plupart de ces bouquins sont inutiles, même ceux qui ont été pensés et travaillés intelligemment. Parce que, toutes choses égales par ailleurs, quand vous avez un bébé en route, qu'est-ce que vous croyez ? Vous n'avez pas le temps de lire des livres... même pas celui-ci.

Les cours prénataux

Donc la télé est terrifiante, les films racontent des conneries, tandis que les livres vous embrouillent et sont chronophages. Pour un nombre toujours croissant de personnes, l'endroit où l'on peut démystifier l'accouchement, c'est le cours prénatal, une sorte de cours de rattrapage pour les futurs parents.

Vous vous souvenez de ces cours à l'école ? Les cours destinés aux enfants qui avaient du mal à taper dans leurs mains et à ne pas manger la colle pendant les travaux manuels ? Ça y ressemble assez : ils emploient des mots comme « popo » ou « zizi » et tout est expliqué à l'aide de poupées et de fiches illustrées, pleines d'instructions rédigées en Comic Sans. Vous avez l'impression de participer à une thérapie pour des victimes de traumatisme crânien.

À la base, les cours prénataux vous traitent comme si vous étiez débile. Mais ce n'est pas grave, parce que, pour tout ce qui touche aux bébés, vous êtes débile, et ces cours sont précisément conçus pour vous enseigner comment ne pas devenir une catastrophe ambulante quand vous serez parent. Par certains côtés, ils sont vraiment utiles, mais en ce qui concerne la préparation à la naissance, ils ne servent pratiquement à rien.

Pour des raisons faciles à comprendre, ils minimisent la douleur et le traumatisme que provoque l'accouchement, ce qui n'est pas une mauvaise chose, mais ils le font de telle sorte qu'ils créent la confusion la plus totale. Le problème est en partie lié au fait qu'en général ce sont des matriarches hippies new-age qui prodiguent ces cours (la nôtre s'appelait Barbara, cheveux secs pleins de nœuds, robe flottante, un soupçon d'obsession pour le recyclage et une propension à raconter des conneries). Du coup, elles parlent de « l'expérience de l'enfantement » plutôt que du travail, et elles décrivent ça avec des termes étranges et mystiques, en mettant l'accent sur la « spiritualité » et le « contact » ; vous avez l'impression que vous allez donner le jour à une putain de licorne.

Les suggestions des cours prénataux contournent la question de la douleur et, pour la supprimer, elles proposent la méditation, les bougies parfumées et la musique douce. Disons simplement que vous vous rendez compte de l'efficacité de cette approche le jour où vous arrivez dans la salle de travail pour une première reconnaissance, et que vous avez l'impression de participer à *Hunger Games* tout juste armé d'une bougie parfumée aux algues et d'un CD de Snow Patrol.

Quand Lyndsay et moi nous sommes retrouvés devant l'accueil de notre hôpital, un vendredi aux petites heures, nous n'avions pas l'impression d'être bien équipés pour ce qui nous attendait. Pendant que nous patientions, je me sentais désespérément angoissé, mais Lyns avait peur, et c'était compréhensible. Serrés l'un contre l'autre, nous avons tenté de faire appel à ce que nous avions appris à la télé, dans les films, les livres et les guides que nous avions amassés, ou encore dans les cours prénataux. Mais il n'en restait rien. Rien que notre peur, nous deux... et les cris du géant barbu, le chef des Faucons dans *Flash Gordon* lorsqu'il brise la terre en deux.

Alors, rétrospectivement, qu'aurais-je bien aimé savoir ?

Les drogues, c'est bien

Pendant notre préparation, nous avons passé beaucoup de temps à entendre parler d'exercices respiratoires, d'éclairage, de méditation et d'atmosphère, ou à lire des articles sur ces questions. L'éventualité d'un recours aux drogues dures a à peine été abordée, ce qui est bizarre étant donné que, pendant le travail, quatre-vingt-dix pour cent des femmes ne veulent finalement qu'une chose, se retourner la tête.

Alors, histoire de se confronter à la réalité, voici les quatre principales façons de maîtriser la souffrance autres que les conneries du genre « imaginez que la douleur est une porte ».

1. **Les neurostimulateurs transcutanés** : quand on m'a parlé de ces machines, j'ai compris à quel point le travail

devait faire mal. Ce que je veux dire, c'est que, lorsqu'on s'inflige des décharges électriques pour soulager sa souffrance, la douleur initiale doit être assez forte. Voici comment fonctionne cette machine. La future mère doit fixer des pads à son corps, et la machine lui administre des décharges. J'ai essayé pour voir. C'est exactement la même technologie que les machines à abdos Slendertone que les fainéants s'achètent pour se les nouer autour de leur mètre et demi de tour de taille en espérant que ça leur fera des tablettes en chocolat. D'après ce que j'ai vu, ça ne fonctionne ni dans un cas ni dans l'autre.

2. **Le gaz et l'air** : il s'agit d'un mélange d'oxygène et de protoxyde d'azote. Je l'ai également essayé. Ça donne une sensation de légèreté très agréable. Au début, on dirait que ça marche. La femme en train d'accoucher met le tuyau dans sa bouche et elle aspire doucement, ce qui a sans conteste un effet calmant sur elle. Mais lorsqu'il n'y a plus que quelques secondes d'intervalle entre chaque contraction, elle tire dessus comme si c'était le dernier shubang d'Amsterdam et elle ressemble à un sniffeur de colle essayant de profiter le plus possible de son sac. Il est raisonnable d'admettre que les effets de cette méthode disparaissent au fur et à mesure que le travail avance.

3. **La diamorphine** : en gros, c'est de l'héroïne, plus connue sous le nom de « brown sugar », « dope », « horse » ou « meumeu ». Mais là, c'est de la bonne. Je n'ai pas eu besoin d'essayer, parce que j'ai grandi en regardant *Grange Hill* (et aussi parce que je me suis dit que, en tant que futur papa, attraper une seringue pleine d'opiacés

pour me shooter dans la salle d'accouchement serait peut-être mal vu).

Du coup, je ne suis pas sûr de l'effet que ça fait. D'après le site Web babycenter.co.uk, une injection dans la cuisse inhibe la douleur et permet à la femme en travail de se sentir plus détendue. L'inconvénient, c'est qu'apparemment elle se sent aussi dans les vapes, nauséeuse et désorientée.

Je pense que ça ressemble beaucoup à l'ivresse, mais c'est moins stigmatisant pour une femme que d'ouvrir un sac à provisions rempli de Heineken au beau milieu de l'accouchement.

(Soit dit en passant, si vous faites également partie de la génération *Grange Hill* : cette unique injection ne vous plongera pas dans l'addiction. La préoccupation a été évoquée pendant les cours prénataux, mais ne vous inquiétez pas. Malgré ce qu'on nous a affirmé dans les années 1980 pendant la campagne *Dites non, tout simplement !*, une seule injection de cette substance ne fera pas tomber vos fesses et ne vous condamnera pas à une vie de rapine dans les supermarchés. Probablement pas.)

4. **La péridurale** : c'est la Rolls des analgésiques. À la base, c'est un tube plein de Jägermeister qu'on branche sur la moelle épinière et qui vous fait le même effet que d'imaginer Katie Hopkins toute nue : vous ne sentez plus rien au-dessous de la ceinture. Apparemment, la mise en place et le retrait du tube peuvent se révéler assez douloureux. Mais refuser la péridurale pour cette raison, c'est comme refuser qu'on vous retire un tournevis du crâne parce que

ça pourrait vous décoiffer. À ce stade, on peut raisonnablement affirmer que la douleur est relative.

Quelle que soit la forme de contrôle de la douleur que la femme choisit (pipe de crack, ecstasy ou chanson de Neil Young), il ne fait aucun doute que les experts – les gourous – la trouveront soit « bonne », soit « mauvaise ». L'un des problèmes avec les livres et les cours prénataux, c'est l'énorme accent qu'ils mettent sur l'accouchement « naturel » : une idée communément admise, selon laquelle tout était mieux à l'époque où les femmes donnaient le jour dans une grotte à la lumière d'un feu.

Le problème avec cette idée... c'est qu'elle est débile. Dans les faits, quand l'humanité se reposait entièrement sur Dame Nature, le destin des femmes et de leurs bébés était des plus sombres, et ce mythe de la « nature » ne fait que culpabiliser les futures mères en les empêchant d'envisager de prendre la moindre drogue pour atténuer leurs souffrances.

La mafia de « la nature, c'est mieux » n'est pas la seule à promouvoir la mise au ban des drogues. L'un des plus grands maïeuticiens du pays affirme que « les antalgiques diminuent la fonction de rite de passage que constitue l'accouchement et sapent le lien entre une mère et son enfant ». C'est le Dr Denis Walsh. C'est un mec.

Je n'ai pas l'ambition de juger des enjeux de tout ceci pour le Dr Walsh, mais il me paraît quand même très facile pour un homme de remettre en cause l'utilité des analgésiques pour les femmes qui accouchent. Dans notre cours prénatal, on nous a dit que, pour un homme, l'équivalent d'un accouchement serait une noix qui sortirait par son pénis. Si c'étaient les hommes qui accouchaient, la population mondiale compterait environ sept personnes... et la plupart d'entre eux (y compris le Dr Walsh) exigeraient qu'on leur fasse une péridurale dès leur arrivée sur le parking de l'hôpital.

Plan de naissance vs réalité

Tous les experts sont d'accord sur un point : le contrôle de la douleur doit être intégré dans votre « plan de naissance ». C'est assez étrange d'envisager ça. Préparer votre réponse à la douleur, c'est un peu comme prévoir ce qu'on fera lorsqu'un clown viendra chier dans votre voiture : c'est impossible à déterminer tant que ça n'arrive pas. Quoi qu'il en soit, le « plan de naissance » est quelque chose d'assez semblable aux résolutions du Nouvel An ou à une conversation de poivrots. Les chances que ça débouche sur quelque chose de concret sont voisines de zéro. Au moment où vous le rédigez, cela semble raisonnable, mais vous pourriez tout aussi bien écrire ça sur un nuage. Alors, mettez-y tout ce qui vous passe par la tête. Demandez qu'un bébé Minotaure vous lèche les pieds pendant tout le processus, ce que vous voulez, peu importe.

Quand on nous a emmenés à la salle d'accouchement, nous traitions encore notre « plan de naissance » avec le plus grand respect, comme s'il s'agissait de la *Magna Carta*. « Ce document va tout régler », pensions-nous avec l'optimisme aveugle de Neville Chamberlain à son retour d'Allemagne en 1938. Quand Lyns en est arrivée à l'étape « gaz et air », le plan de naissance était collé à la semelle d'une chaussure.

En général, le plan de naissance ressemble à ça :

Avant

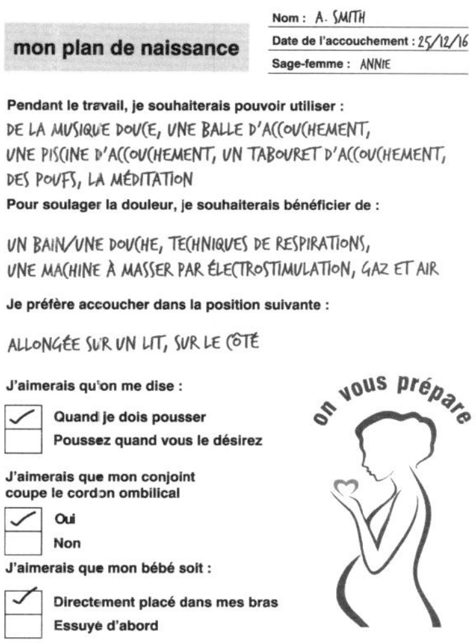

mon plan de naissance

Nom : A. SMITH
Date de l'accouchement : 25/12/16
Sage-femme : ANNIE

Pendant le travail, je souhaiterais pouvoir utiliser :
DE LA MUSIQUE DOUCE, UNE BALLE D'ACCOUCHEMENT, UNE PISCINE D'ACCOUCHEMENT, UN TABOURET D'ACCOUCHEMENT, DES POUFS, LA MÉDITATION

Pour soulager la douleur, je souhaiterais bénéficier de :
UN BAIN/UNE DOUCHE, TECHNIQUES DE RESPIRATIONS, UNE MACHINE À MASSER PAR ÉLECTROSTIMULATION, GAZ ET AIR

Je préfère accoucher dans la position suivante :
ALLONGÉE SUR UN LIT, SUR LE CÔTÉ

J'aimerais qu'on me dise :
- [x] Quand je dois pousser
- [ ] Poussez quand vous le désirez

J'aimerais que mon conjoint coupe le cordon ombilical
- [x] Oui
- [ ] Non

J'aimerais que mon bébé soit :
- [x] Directement placé dans mes bras
- [ ] Essuyé d'abord

on vous prépare

Après

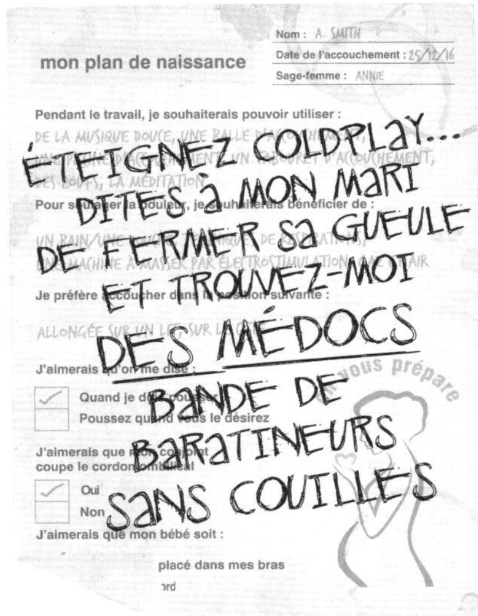

mon plan de naissance

Nom : A. SMITH
Date de l'accouchement : 25/12/16
Sage-femme : ANNIE

Pendant le travail, je souhaiterais pouvoir utiliser :

L'exemple précédent est peut-être un peu exagéré, mais il est étonnant de constater à quel point le plan de naissance ne résiste pas à l'événement qu'il est censé préparer. La sage-femme dont vous héritez constitue souvent la pierre angulaire de votre plan. Mais, à moins de faire partie de la famille royale ou d'avoir de la chance, on en choisit une pour vous, au hasard. Et probablement plus d'une, en fait.

J'avais toujours cru que, dès l'instant où l'urine entre en contact avec le test de grossesse, on vous allouait une sage-femme qui serait votre meilleure amie pendant les neuf mois suivants. Elle s'appellerait Pamela. Vous connaîtriez ses enfants, Michael et Tess (Michael étudie l'histoire à la fac et Tess veut travailler dans le théâtre). Elle deviendrait un membre de la famille, toujours présente avant et pendant l'accouchement. Après, vous baptiseriez votre enfant Pamela, même si c'était un garçon, parce que Pamela avait été super... Ce n'est pas comme ça que ça fonctionne. Nous avons eu trois sages-femmes qui se matérialisaient et disparaissaient comme les fantômes du Noël passé, présent et futur de Dickens. Le fantôme du Noël passé était efficace mais apaisante (Claire). Le fantôme du Noël présent (Sarah) était vraiment joyeuse et enthousiaste. Quant au fantôme du Noël futur (Annie), elle était malheureuse et son visage ressemblait au cul d'un chat brûlé par l'Inquisition. Au moment où vous rédigez votre plan, au cours des dernières semaines de grossesse, la sage-femme qui vous est dévolue vous semble un point essentiel. En fait, ça n'a aucune importance. Tant que la personne qui s'occupe de la mère et du bébé est relativement sobre et qu'elle n'est pas aussi dingue que Charlie Sheen, tout le monde s'en fout, à commencer par la femme qui accouche.

L'attente

La raison pour laquelle vous avez plus d'une sage-femme devient vite d'une douloureuse évidence. Avoir un bébé, et particulièrement le premier, ça prend des siècles. Le temps est relatif, mais la seule chose qui semble durer plus longtemps, c'est griller un toast au buffet du petit déjeuner à l'hôtel. Une naissance, c'est quatre-vingt-dix pour cent d'attente.

Et ensuite, il faut encore attendre un peu...

Mais, bizarrement, cette attente ne ressemble pas à toutes celles que vous connaissez déjà : elle est épuisante, parce que si vous êtes tous deux morts d'ennui et gorgés d'adrénaline, l'un de vous souffre. C'est comme regarder un film historique dans un avion qui va s'écraser. Et ça dure des heures.

Le rôle de l'homme dans une salle de travail consiste à faire le pom-pom boy pour sa partenaire.

Au bout d'une heure, la plupart des hommes ont épuisé leur stock de phrases utiles, comme « tu t'en sors très bien » : ils s'ennuient et ils tapent sur les nerfs de leur moitié. (On ne peut pas répéter indéfiniment « respire » sans que la femme finisse par répondre : « Respire toi-même ! Abruti ! »)

Voici donc une idée qui vous permettra de passer le temps grâce à un élément clé du processus d'accouchement : les putains de gros mots.

Le Bingo des gros mots

Règles du jeu : Pendant le travail, une femme prononce en moyenne dix-sept jurons par heure, et parfois de manière extrêmement créative.

Si votre partenaire invente un nouveau juron, ou si elle en emploie un que vous n'aviez jamais entendu, cochez l'étoile au centre de la grille.

Personnellement, je l'ai cochée avec l'expression « Corne à couille ».

En fait, Lyns s'est montrée assez mesurée, un *fuck* par-ci par-là, un « putain », et un seul « connard », lâché d'un ton posé quoiqu'un peu menaçant. En revanche, sur le trajet de la machine à café, j'ai clairement entendu une femme hurler à tue-tête : « La pute », encore et encore, tandis qu'une autre lançait à son mari : « Va te faire forniquer la tête ! », ce qui ne veut rien dire, mais elle mettait une telle force démoniaque dans son propos que le pauvre homme a dû essayer de s'exécuter.

Je n'ai jamais rencontré cette femme, qui se trouvait dans la chambre du « Gland », mais je suis tombé sur son mari dans le parking et il avait le visage d'un homme ayant vu des choses qui ne s'effaceront jamais de sa mémoire. Lorsqu'il est rentré dans leur chambre, j'ai entraperçu une femme assise sur le lit, le dos bien droit. Sa tête tournait à trois cent soixante degrés, et les sages-femmes tentaient de la maîtriser tandis qu'un vieux prêtre l'aspergeait d'eau bénite en criant : « Le pouvoir du Christ t'oblige ! »

D'après notre sage-femme, cette pauvre dame avait été en travail pendant quatre jours, ce qui, pour être honnête, est très rare. En moyenne, la mère d'un premier-né passe dix-huit heures en travail. Je ne pourrai jamais insister assez sur ce point : un accouchement, ça n'en finit pas. Au bout de treize heures, je commençais à me sentir un peu bête d'avoir foncé à l'hôpital en grillant au moins un feu rouge. (Bon Dieu, j'aurais pu la pousser sur les vingt kilomètres dans un chariot de supermarché et on aurait encore eu le temps de s'arrêter au McDo pour prendre un petit déjeuner.) Rétrospectivement, cela semble ridicule, mais la plupart d'entre nous s'inquiètent plus de cette « course folle » que de quoi que ce soit d'autre. Dans les semaines précédant la date prévue, je n'ai pas cessé de me demander comment je pourrais bénéficier d'une escorte policière si jamais la circulation n'était pas totalement fluide.

Le truc, c'est que nous avons tous vu des vidéos et des reportages où des bébés naissent sur le trajet de l'hôpital, où quelqu'un les rattrape au vol quand ils tombent comme une pierre de l'endroit où ils viennent de passer les neuf derniers mois, pile quand les parents arrivent à l'accueil. Mais quand Lyns a attaqué son deuxième jour de travail, j'avais l'impression que Charlie allait mettre tellement de temps à sortir qu'il saurait déjà quelles baskets il aurait envie de s'acheter. Comme tant d'autres nouveaux parents, nous nous sommes demandé si cette histoire de nouvel être humain allait vraiment se produire, et la sage-femme aussi bien que le médecin commençaient à se poser la même question.

Déclenchement

C'est à peu près vers ce moment-là que tout le monde se met à parler de déclenchement. J'avais déjà entendu le terme, mais je ne savais pas exactement ce qu'il recouvrait. Je ne suis pas totalement stupide : je savais que ça ne consistait pas à se poster devant l'endroit par lequel le bébé était censé arriver en agitant un sachet de Haribo. Ce que je ne savais pas, c'est que le processus est de nature chimique :

le médecin donne une pilule à la mère afin d'accélérer le travail. (Je ne sais pas trop ce que les flics new-age pensent de cette pratique, ni quel serait son équivalent « naturel ». Peut-être une sorte d'incantation shamanique prolongée par des chants, jusqu'à ce que le bébé pointe la tête dehors et demande à tout le monde de faire un peu moins de bruit et d'arrêter de se prendre pour des connards de hippies.)

On a décidé de déclencher l'accouchement de Charlie pendant la phase de travail, mais apparemment le processus est le même lorsque la date prévue est dépassée depuis un moment et que le bébé ne se montre toujours pas. Dans ces cas-là, les médecins décident qu'il est temps que Junior/Juniorette pointe son nez, et ils fixent un rendez-vous aux parents. C'est comme un avis d'expulsion pour bébé.

Quoi qu'il en soit, ça fonctionne. Dès que ce truc fait effet, le bébé fourre le placenta dans une valise et se met en route.

Le fardeau

Pour être honnête, les heures suivantes baignent dans le flou, ou du moins les souvenirs que j'en ai sont enfouis dans un champ au fin fond de mon esprit, dans une boîte sur laquelle est inscrit « À ne jamais ouvrir ». Je suis stupéfait d'entendre certains hommes dire que l'accouchement de leur femme était la meilleure expérience de leur vie. Ces types-là ne sont jamais montés sur un jet-ski ? Ils n'ont jamais fait un minigolf ou joué au Bourricot ? La vérité vraie, c'est que, dans la salle de travail, un homme passe beaucoup de temps à voir souffrir quelqu'un qu'il aime énormément. Certes, le résultat, qui pousse à l'humilité, est une incroyable affirmation de la vie, mais ces moments-là sont nuls. Je préférerais de loin regarder un plombier essayer mes chiottes que vivre ce calvaire pendant des heures. Sans parler de rester planté à manger du pop-corn en regardant souffrir la personne que j'aime avec un sourire béat, tandis que je vivrais « la meilleure expérience de ma vie ».

Après tous les débats sur les antalgiques, les exercices respiratoires, les jurons et les bougies, Lyns a surtout exorcisé sa douleur en me tenant la main. Et quand je dis qu'elle me la tenait, je veux dire qu'elle essayait plutôt de m'arracher le bras à hauteur de l'épaule. Une femme qui accouche peut serrer les poings en exerçant une pression de trois tonnes par centimètre carré, ce qui représente en gros le couple moteur dont se sert la NASA pour envoyer des charges utiles sur la station spatiale internationale. C'est comme si on vous réduisait en poudre tous les os de la main. Mais vous ne le sentez pas, parce que la seule chose que vous sentez, ce sont ses ongles : donner la main à une femme à ce moment-là, c'est juste un peu moins douloureux que tenir la patte d'un jaguar pendant qu'on est en train de le castrer. Je n'ai qu'un conseil à donner à tout homme qui lira ceci : l'instant est mal choisi pour mentionner à quel point vous avez mal. Ne le faites pas. Le dernier à s'y être risqué est mort d'un choc toxique consécutif à l'enfoncement d'un ballon de Pilates dans son intestin grêle.

Dans les dernières phases du travail, la plupart des pères ont progressivement écarté leur siège du centre de l'action. Si, en tant qu'homme, vos tentatives de déplacement de chaise ont été couronnées de succès, vous devriez à présent vous trouver dans le parking de l'hôpital en train de lire le journal.

Mais la majorité d'entre nous ne parviennent guère plus loin que la tête de lit. J'ai bien conscience de l'incongruité d'un tel propos aux oreilles d'une femme qui a déjà vécu ou qui se prépare à vivre un accouchement. Ce n'est pas que nous ne voulons pas assister à la naissance, mais nous sommes sensibles et faibles, et, à un certain moment, nous avons tendance à confondre un vagin dilaté avec une éclipse, et à penser que le fixer des yeux va nous rendre aveugles. Et les copains dans notre entourage qui ne sont pas encore devenus pères nous ont expliqué qu'assister à la naissance de notre enfant tuerait en nous le moindre désir sexuel. (C'est n'importe quoi, d'ailleurs : à ce moment-là, la plupart des hommes n'ont plus eu de rapport sexuel depuis tellement longtemps qu'une femme avec des dents de requin ne leur ferait même pas peur.)

Quand on y pense, il est difficile de croire que quatre-vingts pour cent des hommes, d'après babycenter.co.uk, ont peur de l'accouchement, une peur qui existe en dépit du fait que leur plus grande souffrance pendant le processus est celle qu'ils endurent chaque fois qu'ils doivent se rendre au parking pour aller mettre des pièces dans l'horodateur.

D'après mumsnet.org, les quatre plus grandes peurs des hommes sont :

1. S'évanouir

Apparemment, c'est une crainte partagée, une situation très exploitée dans les sitcoms, une réaction très difficile à oublier. En fait, ça m'a inquiété, moi aussi. Je savais que je ne m'étais jamais évanoui de ma vie. Une fois, j'ai eu un peu le vertige, quand j'ai fait la connaissance de Carol Decker, la chanteuse de T'Pau, un groupe à succès des années 1980, mais je ne suis pas tombé dans les pommes. C'est bizarre que ce soit resté gravé dans ma tête. Si vous êtes un futur père et que vous craignez que ça vous arrive, rassurez-vous. Il y a fort peu de chances que ça se produise. Votre peur se dissout dans les flots d'adrénaline et d'excitation. À moins que vous ne soyez doté de la constitution délicate d'une femme du XIXe siècle victime de ses « vapeurs », ou que vous soyez une de ces chèvres atteintes de malformation cardiaque, le plus probable, c'est que vous ne vous évanouirez pas. Un peu de cran !

2. *Vomir*

Une autre peur récurrente. Et encore une fois, il est très peu probable que cela se produise. Ni vous ni votre femme n'aurez mangé autre chose que les toasts caoutchouteux qu'on sert à l'hôpital, alors vous aurez tout au plus un haut-le-cœur. Et même si vous réussissez à vomir, vous êtes encore loin du compte par rapport aux autres émanations de fluides corporels qui se produisent au même moment dans cette pièce. Personne ne va s'en apercevoir.

3. *Merder en coupant le cordon*

Très bien, messieurs. Quand le médecin vous tend les ciseaux en vous montrant ce bout de cordon étranger, vous êtes parfaitement en droit de dire : « Vous savez, vous avez sept ans de fac de médecine, alors je vous laisse faire et, de mon côté, je vais essayer de retenir les chips que j'ai mangées il y a treize heures. » Particulièrement si vous êtes assez con pour penser que vous pourriez vous louper. N'acceptez pas ce job si vous ne croyez pas être à la hauteur. Imaginez simplement la scène, tandis que vous coupez le cordon, le médecin qui secoue la tête en disant : « Bon Dieu, vous n'aviez qu'une seule chose à faire... »

4. Voir le placenta

O.K. C'est vrai. C'est assez dégueulasse.

D'après cette enquête, ce que les femmes craignent le plus, ce sont les complications médicales pour l'enfant. Et je pense que c'est tout ce qu'on a besoin de savoir pour comprendre pourquoi la nature a confié aux femmes le soin d'enfanter.

La dernière poussée

Après ce qui a semblé durer toute une vie, tout le monde est épuisé. La mère est fatiguée, parce qu'elle souffre et qu'elle n'arrête pas de pousser, et le père est fatigué parce qu'il vient de passer un paquet d'heures à tenter d'essuyer la sueur sur le front d'Alien. (Encore une fois, si vous êtes un homme, ne mentionnez sous aucun prétexte que vous êtes fatigué. Pour vous faire une idée, multipliez votre état d'épuisement par dix, et vous obtiendrez celui de votre femme la veille. La plus petite remarque de votre part à ce moment-là provoquera un sursaut d'énergie chez elle : elle vous arrachera le pénis et vous le mettra en cravate. La sage-femme vous empêchera de bouger pendant l'opération.)

C'est alors qu'arrive la dernière poussée. Une explosion de pur désespoir animal. Un cri primal et guttural qu'on a entendu un million de fois et qui n'a pas changé depuis que les Néanderthaliennes accouchaient à côté d'un feu dans une grotte, tandis que les Néanderthaliens essayaient discrètement de pousser jusqu'au parking le rocher sur lequel ils étaient assis.

Je jure qu'il y a eu un instant de silence total avant que j'entende le premier vagissement de Charlie.

J'ai eu l'impression qu'on m'arrachait le cœur et le cerveau, qu'on les remettait à jour dans une version optimisée et qu'on me les refourrait à l'intérieur. Je ne suis pas une personne particulièrement tournée vers la spiritualité, je ne suis pas du genre à choisir une citation d'Oprah Winfrey pour mon profil Facebook, mais à ce moment-là tout m'a semblé plus grand, tout m'a semblé plus clair. Instantanément, je suis devenu moins cynique, et j'ai enfin compris tous les témoignages que j'avais entendus à de nombreuses et irritantes reprises au cours des mois précédents, selon lesquels ce truc vous changeait la vie.

J'avais vu des photos de nouveau-nés couverts d'une substance visqueuse et de résidus de placenta, comme s'ils venaient de sortir des égouts d'un boucher, et j'aurais dû être dégoûté. Mais je ne l'étais pas. J'étais hypnotisé. Et lorsqu'ils ont placé Charlie sur la poitrine de Lyns, j'ai su que les deux êtres humains devant moi étaient les plus parfaits et que je les aimerais et les protégerais jusqu'à ce que ma colonne vertébrale ne soit plus que poussière.

Nous nous sommes félicités en coupant ce cordon qui nous reliait à notre ancienne vie, et je me suis consolé en me disant que le plus dur était passé.

... Qu'est-ce que j'étais con !

2
À la maison

« On n'est nulle part mieux que chez soi... »

Quand vous devenez parent pour la première fois, votre maison ressemble à celle de Dorothy dans *Le Magicien d'Oz* : elle est subitement emportée par une tornade qui la met sens dessus dessous. C'est effrayant.

Mais, quelques semaines plus tard, la tornade se calme et la maison atterrit. Ne me demandez pas comment, mais elle est intacte en se posant, et le monde est moins gris. Et votre peur ne s'est pas évanouie, mais elle s'est suffisamment éloignée pour que vous parveniez à peine à voir ses chaussettes.

Putain, on n'est plus au Kansas, alors ?

À la maison

Je n'ai jamais compris comment une femme peut décider d'accoucher chez elle. Lorsqu'on nous l'a proposé, et qu'on nous a demandé de faire un choix, je me rappelle avoir pensé : mouais, des décisions, toujours des décisions...

Est-ce qu'on veut que notre bébé naisse dans un bâtiment grouillant de professionnels de la santé – médecins, anesthésistes, pharmacologues – et équipé d'une technologie de pointe mondialement reconnue en matière de monitorage médical ? Ou bien Lyns préfère-t-elle accoucher dans une pataugeoire gonflable au milieu de notre salon tout en regardant *Jour de brocante* à la télé ?

Je comprends l'argument selon lequel certaines femmes se sentent vraiment bien chez elles, mais je ne vois pas précisément le rapport. Moi, je me sens vraiment bien chez mon pote Don quand on joue à la Xbox, mais je n'irais pas me faire ausculter la prostate sur son canapé.

– Que l'hôpital aille se faire foutre, Donald ! C'est ici que je me sens le mieux.

Je trouvais l'idée complètement délirante. C'est toujours le cas.

Pourtant, quand nous avons fini par sortir de l'hôpital, je me suis rendu compte de l'énorme avantage de l'accouchement à la maison : quand on te met le bébé dans les bras pour la première fois, tu es déjà chez toi.

Tu n'as pas besoin d'affronter la terreur que t'inspire le retour à ton domicile.

J'étais terrifié. Terrifié à l'idée de quitter la sécurité de l'hôpital et la protection de personnes qui savaient ce qu'elles faisaient. C'est un thème récurrent, mais je n'étais pas prêt. J'avais cru comprendre qu'après l'accouchement les femmes étaient hospitalisées pendant un certain temps. (Une fois de plus, j'avais été leurré par la façon dont on montre les accouchements au cinéma et par les semaines de convalescence à la maternité qui émaillent les histoires des générations précédentes.) En réalité, l'accouchement est devenu un acte si routinier que, dès que Junior sort du ventre de sa mère et fait un clin d'œil en levant le pouce, tous ceux que tu croises te tendent ton manteau l'air de dire qu'il est temps de dégager.

J'ai essayé de trouver cela rassurant. Oui, nous aurions préféré passer une semaine à l'hôpital, le temps de nous adapter, de nous habituer à l'idée. Mais les maternités sont des tapis roulants où circule de l'humanité brute, et nous n'étions qu'un couple parmi des milliers à tomber ce jour-là, au bout de ce tapis, dans la vraie vie.

Lorsque les médecins nous ont remis Charlie, confiants dans le fait que nous savions dans quel sens le tenir, nous y avons vu l'expression de leur foi en nous. Il était temps de nous lancer. Prêts ou pas prêts.

Néanmoins, en me dirigeant vers la voiture avec Charlie qui se balançait dans son siège bébé, j'avais la nausée. Je nous voyais à la maison, et j'avais l'impression de ressembler à un de ces singes au début de *2001 : l'Odyssée de l'espace*, un crétin préhistorique qui gratte la terre autour de lui. Mon domicile, c'était la planète déserte, et Charlie, l'un de ces terrifiants et inamovibles monolithes... venus ici pour me forcer à évoluer.

Rentrer à la maison, c'était une plongée dans l'inconnu.

Le retour

En fait, ce fut plutôt une plongée dans un flot continu de thé et de visiteurs.

Toute crainte d'être laissé seul face aux affres de la parentalité disparaît, puisqu'au cours des deux premières semaines votre foyer se transforme en centre d'accueil. Il devient un lieu de pèlerinage pour toute une brochette de parents : certains sont les bienvenus, d'autres, pas tant que ça, tandis que, pour d'autres encore, vous êtes surpris d'apprendre qu'ils sont toujours en vie.

Pendant quinze jours, notre salon est devenu une salle d'attente où il ne restait plus une place assise. Il était rempli à ras bord de gens, de ballons gonflables et de bouquets de fleurs étrangement formels, on aurait dit qu'un type qui fêtait son anniversaire était subitement mort.

Contrairement aux Rois mages et aux bergers venus de loin pour voir le Messie, ces visiteurs n'avaient pas suivi une étoile (en fait, ils avaient suivi les indications du GPS collé au pare-brise de la Vauxhall Corsa d'oncle Brian), mais, comme eux, ils étaient là pour voir le nouveau-né et porter la bonne nouvelle. Et à défaut d'or, de myrrhe et d'encens, ils étaient venus avec deux litres de lait demi-écrémé, des biscuits au chocolat et des photos de leurs vacances à Malte (sympa, mais ils ne comptaient pas y retourner).

La maison d'un Britannique, c'est sa forteresse, et la mienne était assiégée.

Le début d'une quête

Au cours des premiers jours d'adaptation à cette nouvelle vie, on a facilement tendance à considérer que ces visiteurs obstinés sont distrayants, ou irritants. Mais peut-être jouent-ils un rôle plus important ?

D'après les spécialistes qui étudient la mythologie, le récit de la « quête » nous enseigne quelque chose de tellement fondamental sur nous-mêmes que différentes cultures, un peu partout dans le monde, en proposent leur propre version. Ce récit présente toujours le même thème : un voyage au cours duquel le héros doit vaincre ses propres faiblesses afin de s'accomplir et de pouvoir accepter ses responsabilités d'adulte.

Du coup, ces visiteurs sont peut-être des compagnons dans la quête qui fera de nous des parents compétents. Le retour de l'hôpital est le premier pas sur ce chemin, et pour fastidieux que soient ces intrus, chacun d'eux pourrait bien jouer un rôle essentiel dans la réussite de ce héros des temps anciens qui part à l'aventure.

Voici donc ces compagnons, la troupe de personnages qui campe désormais en permanence dans votre salon…

Le Shaman

Dans les quêtes mythologiques, certains personnages archétypaux sont récurrents. Pensez à n'importe quel livre, à n'importe quel film, et vous les reconnaîtrez : le Héros, l'Antihéros, le Bouffon, le Shaman. Le Shaman est un mentor, un professeur (comme Yoda ou M. Miyagi dans *Karaté Kid*). Un personnage qui épaule le héros et lui montre le chemin. Ces personnages de mentor prennent souvent la forme d'un oracle ou d'une vieille femme pleine de sagesse. Dans votre salon, ce sont les Mamies.

Les Mamies sont les seules véritables buveuses de thé. Elles peuvent en consommer d'énormes quantités sans jamais, semble-t-il, avoir besoin d'aller aux toilettes. Deux choses les caractérisent : la pulsion qui les obsède – déterminer à qui le bébé ressemble – et l'insistance à affirmer qu'elles ne vont pas vous donner de conseils… avant de vous en donner, et ce pendant des heures.

Le plus remarquable, c'est que leurs recommandations sont systématiquement en contradiction totale avec tout ce que vous avez jamais lu ou qu'un professionnel de la santé a pu vous raconter sur la question. Elles consistent généralement à prétendre qu'aujourd'hui, ce qu'on dit aux parents, c'est n'importe quoi, que les microbes, c'est super et que, de leur temps, nos aînés avaient des couffins en amiante et des soldats de plomb, ce qui ne les a pas empêchés de « très bien s'en sortir ».

(En réalité, ils ne s'en sont pas bien sortis du tout. Vous êtes-vous déjà demandé pourquoi vos parents et vos grands-parents ne savent jamais s'ils doivent cliquer avec le bouton droit ou le bouton gauche de la souris ? Pourquoi ils ne savent pas se servir d'une simple télécommande ? Ce n'est pas parce que ces technologies sont révolutionnaires, c'est parce qu'ils ont passé leur enfance à lécher de la peinture à base de méthanal sur le visage de leurs poupées.)

Les personnes âgées sont incroyablement attachées à leurs vieilles pratiques parentales. Et même si la plupart de ces méthodes désuètes ne sont pas aussi létales qu'on pourrait le croire, il vaut mieux les considérer avec un scepticisme salutaire. Chaque génération avance ses propres idées et, de façon générale, ces idées se sont améliorées avec le temps – sinon nous serions tous encore en train d'ajouter quelques gouttes d'opium au biberon du petit dernier avant de le coucher. Aussi, malgré tout le respect que j'ai pour la Mamie, il est préférable de prendre ses conseils stupéfiants avec des pincettes.

Cela dit, il y a quelque chose de réconfortant à parler avec quelqu'un qui est parvenu à garder un être humain en vie jusqu'à l'âge adulte sans bénéficier de tout l'équipement moderne, si essentiel aujourd'hui. Pensez-y : ils ont réussi à élever des bébés sans couches jetables ni babyphone ni micro-ondes ni tire-lait ni thermomètres électroniques ni leggins ni sièges bébé ni stérilisateurs… Et sans Internet, nom de Dieu !

Prenez deux secondes pour y réfléchir. Ils ont élevé des gosses sans Google !

D'ailleurs, une infirmière à domicile contemporaine serait probablement horrifiée d'entendre ce que nos aînés ont à dire en matière d'alimentation ou d'habillement, ou encore sur la meilleure façon de coucher les bébés. Néanmoins, leurs certitudes ont quelque chose de bienvenu, d'autant que, de nos jours, les conseils qu'on reçoit sont contradictoires : quelqu'un sait-il si cette semaine on a encore le droit de mettre des langes aux bébés, ou bien cet usage a-t-il été banni ? Le co-sleeping, est-ce mortifère ? Parce que, sur les sites américains, ça ne semble poser aucun problème, contrairement à ce que proclament leurs homologues britanniques. (Ce qui est étrange, d'ailleurs… ce n'est pas parce que les Américains n'arrivent pas à prononcer correctement le mot « tomate » à l'âge adulte que leurs bébés sont différents des nôtres.) Les Mamies ont raison sur un point : les conseils qu'on donne aujourd'hui sont souvent des conneries, des modes qui, la plupart du temps, se dissimulent derrière le masque de la sagesse.

C'est pourquoi le Shaman est essentiel à la quête de notre héros. Ce personnage a déjà effectué cette quête auparavant, il a emprunté la route sur laquelle vous vous trouvez à une époque où celle-ci n'était qu'un vulgaire sentier. Respectez-le, donnez-lui du thé et essayez de ne pas vous disputer avec lui. Même si son opinion est dangereusement périmée, un jour prochain, vous aurez besoin de lui pour un baby-sitting.

Le Bouffon

Il existe un autre personnage récurrent dans la mythologie des quêtes : le Bouffon. Celui qui soulage en faisant rire. Dans votre salon, c'est l'ahuri qui pose une fesse timide sur l'accoudoir d'un fauteuil en essayant de passer inaperçu.

Ça, c'était moi avant qu'on ait Charlie. L'homme sans enfant. L'andouille la plus accomplie de la pièce. En présence d'un nouveau-né, je me transformais en ado rebelle, je regardais mes pieds et j'essayais d'échapper à la perspective terrifiante d'être invité à le prendre dans mes bras.

Comme beaucoup d'hommes sans enfant, je me sentais maladroit et mal à l'aise avec un bébé. Ce n'est pas que je ne les aimais pas, mais j'avais peur de les saisir de travers et que leur tête ou leur bras se décroche à la suite d'une erreur de manipulation de ma part. Ils semblaient si fragiles, si faciles à casser. En plus, je ne pouvais m'ôter de l'esprit le fait que les bébés ont une sorte de sixième sens (comme un canari au fond d'une mine), et que lorsqu'un bébé pleure dans vos bras, ça révèle à tout le monde que vous êtes un peu con.

Bien sûr, tous les gens sentent cette peur, une peur qui se traduit par un rituel comique comprenant sept étapes que tous les Bouffons reconnaîtront :

Le rituel du Bouffon...

Quelqu'un suggère/exige que tu prennes le bébé dans tes bras.

Tu essaies de te dérober.

Tout le monde insiste pour que tu le prennes (avec des remarques passives/agressives, comme : « Allez, vas-y, il ne va pas te mordre ! », etc.).

Tu le saisis maladroitement, comme s'il s'agissait d'un poulpe enragé, tandis que tout le monde te hurle : « Tiens-lui la tête ! », comme si c'était toi qui avais eu cette putain d'idée.

Le bébé pleure... ou fait caca... ou vomit.

Tout le monde rit.

Tu rends le bébé à sa maman, et tu te sens stupide.

À l'évidence, pour éviter ce rituel, la solution la plus simple serait de refuser de prendre le bébé lorsqu'on vous y invite. Mais, soyons francs, personne n'est « invité » à tenir un bébé, pas plus qu'on ne l'est à chanter dans un karaoké. Plus vous refusez, plus l'assistance vous prend pour un affreux pisse-vinaigre.

J'ai accompli ce rituel à de nombreuses reprises au cours des années qui ont précédé la naissance de Charlie. Et maintenant que j'ai suffisamment confiance en moi pour tenir un bébé sans qu'il tombe en morceaux comme le jouet d'un Kinder Surprise, je me sens un peu niais d'avoir été si réticent à le faire.

Aujourd'hui, en y réfléchissant, je me rends compte que le Bouffon a un rôle à jouer, qu'il aide les parents à faire leurs premiers pas hésitants sur le chemin de la parentalité. Il leur donne le sentiment d'être compétents. Rien n'est plus encourageant dans la voie du progrès que de rencontrer une personne encore plus inapte que vous. Pour de jeunes parents, voir un sous-doué jongler avec leur premier bébé peut vraiment s'avérer stimulant.

L'Épave

L'Épave est un personnage qui présage les événements futurs. Un petit aperçu de l'avenir.

En général, ce sont des parents qui ont déjà des enfants plus âgés et qui calent une visite chez vous dans leur emploi du temps démoniaque, entre les anniversaires des gamins, les cours de karaté et les leçons de tuba.

Ces bonnes âmes, dans un état d'épuisement avancé, sont allées plus loin que vous dans leur quête, et la nouveauté de la parentalité commence à s'estomper. C'est pourquoi ils vous regardent comme si vous veniez de commettre la plus grosse erreur de votre vie.

Ils ont l'air brisés, ils errent chez vous comme des réfugiés dont la maison vient d'être bombardée. Ils ont perdu le sourire dopé à l'adrénaline des premiers instants et arborent à présent une expression vaguement fantomatique. Cette expression reste la même quand gamin n° 1 et gamin n° 2 détruisent votre salon, donnent un coup de poing dans les parties d'oncle Brian et hurlent comme s'ils voulaient faire un trou dans l'espace-temps.

On reconnaît les Épaves aux petits bouts de maïs, de chips et de salive qui parsèment leurs cheveux hirsutes, ainsi qu'à leurs vêtements durcis par la crasse, lesquels n'ont été ni lavés ni repassés depuis le jour où ils avaient encore du TEMPS pour ça. Le temps est une ressource qu'ils convoitent encore plus que le sommeil.

Ils ressemblent à des vagabonds, une impression renforcée par le fait qu'ils sautent sur la première occasion pour demander s'il reste du vin. Et s'il n'y en a pas, quelqu'un voit-il un inconvénient à ce qu'ils ouvrent une des bouteilles qui brinquebalent dans leur sac plastique depuis qu'ils sont arrivés ?

Toutes les quêtes ont un nadir, et les Épaves viennent dans votre salon pour vous le rappeler. Elles représentent les heures les plus sombres et augurent d'un avenir où les temps seront durs, au-delà du pensable. Mais vous pouvez trouver un certain réconfort dans le fait que, malgré tout ce qu'elles ont enduré, elles sont encore en vie, et elles vont vous faire découvrir un des meilleurs alliés pour la quête qui vous attend : l'alcool bas de gamme vendu dans les supermarchés.

Le Rebelle

Pour finir, il y a les Rebelles – les Antihéros : les tantes, les oncles, les cousins et les potes qui sont trop jeunes pour avoir des enfants. Ou qui ont décidé de ne pas en avoir, tout simplement parce que leurs vies sont bien trop cool pour qu'ils les foutent en l'air volontairement.

De même que l'Épave annonce votre avenir, le Rebelle vous renvoie des échos du passé. Quand les

Rebelles passent vous voir avant d'aller au pub, ils vous rappellent ce que vous avez perdu : la liberté qui accompagne l'absence de responsabilités. Ils représentent les cuites insouciantes, les week-ends à la campagne, les fêtes improvisées et le jour où vous aviez bu un cubi de vin et atterri la tête la première dans une poubelle devant le KFC de Wakefield.

Les Rebelles disent des choses comme : « Je ne suis pas prêt pour avoir des enfants », ou : « J'adore les gosses, mais c'est sympa de les rendre à leur propriétaire à la fin de la journée. » Ce qu'ils veulent vraiment dire, c'est : « C'est sympa de les rendre à la fin de la journée... parce qu'on est vendredi, et que le WildKatz propose deux pintes pour le prix d'une. Bonne chance avec la pisse, les couches et les braillements. À plus, bande de losers ! » Et qui pourrait les en blâmer ? Nous étions pareils, il n'y a pas si longtemps.

L'étions-nous vraiment ? Cela fait des années que je n'ai pas mis les pieds dans un pub (la dernière fois que je suis allé en boîte, le DJ passait un tube de Shanks & Bigfoot). Notre dernière fête improvisée, c'était à l'occasion de l'Eurovision (j'avais fait des lasagnes). Et si j'ai le choix, je préfère regarder un documentaire animalier en buvant une tasse de thé qu'aller plonger dans un bain de mousse au cours d'une fête à Ibiza... Mais ce n'est pas le problème. Avant l'arrivée du bébé, nous ne profitions peut-être pas de nos droits à vivre une existence d'hédonistes enragés, mais, à présent que ces droits nous ont été enlevés, ils nous manquent.

Plus le temps passera, plus vous jalouserez le mode de vie plein d'insouciance du Rebelle. Néanmoins, ces esprits libres ne viennent pas vous voir et squatter votre canapé pour vous faire regretter la vie que vous avez choisie. Au cours de ces premiers jours, ils sont essentiels à votre quête.

Héros, veuillez noter ceci : vous devez dire adieu au Rebelle qui est en vous. Adieu à votre ancienne vie superficielle, dénuée de sens et tellement cool. Il est temps de vous préparer à en vivre une autre. Votre quête pour devenir un parent fonctionnel a commencé, et tous les grands voyages commencent à la maison.

Alors, au bout d'une ou deux semaines, le camp de base qui s'était établi dans votre salon commence à péricliter. Les mamies, les cousins, les tantes, les oncles et le reste du casting d'*Eastenders* finissent par se barrer, et vous vous retrouvez enfin seul. L'heure est venue d'entamer le processus qui vous permettra d'accepter ce que vous venez de faire.

C'est à ce moment-là que j'ai commencé à comprendre, non sans douleur, l'inexactitude de mes idées préconçues sur le fait d'héberger un bébé. En fait, ces idées n'étaient que les élucubrations d'un crétin naïf doté d'un cerveau de la taille d'une noix.

Les experts avaient dit que, en rentrant chez soi, il fallait s'attendre à un « ajustement » au cours des premières semaines. Le terme n'était pas très bien choisi. Cet ajustement était du type de celui qu'ont vécu les dinosaures lorsqu'un astéroïde a heurté la Terre il y a 65 millions d'années.

Si vous êtes un parent et que vous lisez ces lignes avec une boisson chaude dans la main, il vaut peut-être mieux que vous la posiez avant de poursuivre, parce que vous êtes sur le point de lire une phrase à « pisser de rire ». C'est quelque chose que Lyns a dit en évoquant l'année sabbatique qu'elle avait prise à la naissance de Charlie. Elle a dit, je la cite : « Ça sera bien d'avoir du temps pour cuisiner. » Ouais. Ça montre à quel point nous étions aveugles aux réalités de la vie d'un foyer avec un bébé. Avant la naissance, tandis que Lyns prévoyait de meubler ses loisirs en préparant des brownies et des pop cakes, je sélectionnais les séries que je n'avais pas regardées en entier et les livres que je pourrais lire. Nous allions tous deux être dispensés de travailler pendant les premières semaines, alors pourquoi ne pas profiter de ces congés payés ? Pourquoi ne pas mener une vie familiale sereine pendant que le bébé dormait paisiblement, ne se réveillant à l'occasion que pour être rassasié ?

Appuyons sur avance rapide : deux semaines plus tard, nous errions dans notre maison en bafouillant comme des poivrots. Lyns essayait de trouver trente secondes pour faire griller un toast, quant à moi, j'avais décidé de remettre à plus tard mes lectures de romans pour me concentrer sur les articles en ligne traitant de la gerçure du téton, et j'avais laissé tomber les coffrets de séries afin de regarder des vidéos sur YouTube à propos de la couleur optimale du caca de bébé. Nous n'avions le temps ni de préparer des gâteaux ni de regarder *Breaking Bad*, pas plus que d'essuyer la bave qui suintait aux commissures de nos lèvres écumantes.

En quittant l'hôpital, nous avions déjà tout lu à propos des aspects pratiques du retour à la maison et nous disposions de tous les conseils sur ce à quoi nous devions nous attendre. Mais il nous manquait une information : c'est dur.

C'est vraiment dur.

L'espace et le temps

Il est impossible de ne pas admirer la force et l'endurance d'une femme en travail, mais sa capacité à conserver cette force après l'accouchement est proprement remarquable. Pour se remettre des affres physiques et psychologiques de cette épreuve, il faut du sommeil, des soins et de l'attention. Mais, lorsqu'elles rentrent chez elles, les femmes se retrouvent dans un environnement où toute l'attention (la leur comprise) est exclusivement consacrée au nouveau-né, quant au sommeil, c'est juste une vue de l'esprit. Elles sont chargées de plusieurs fardeaux : celui de l'allaitement, celui du réconfort et, dans le cas de Lyndsay, celui de mon ignorance et de ma stupidité. Pour les nouvelles mamans, la transition entre l'accouchement et le moment où elles s'occupent du bébé est fluide d'un point de vue temporel, mais déstabilisante dans les faits, comme si, juste après un accident, vous sortiez de la voiture et vous mettiez à jongler avec des assiettes. Les femmes qui viennent d'accoucher n'ont pas le temps de récupérer, tout simplement parce qu'elles n'ont pas de temps.

Aussi semble-t-il désinvolte de prétendre que c'est dur pour les deux parents. C'est pourtant le cas. Avec un nouveau-né en pension, votre domicile devient instantanément un lieu de travail. Un bureau où vous subissez la pression la plus intense, des heures à trimer sans fin dans des conditions archaïques : vous n'avez aucune pause, pas de vacances, et personne ne s'aventure du côté de votre bureau pour vous donner une tape sur l'épaule en disant : « Hé, Bob ! Beau boulot, aujourd'hui ! Prends-toi le reste de la semaine ! »

Quand nous sommes revenus de l'hôpital, notre maison était le même tas de briques que lors de notre départ quelques jours auparavant, mais à présent nous étions maman et papa, et, du coup, c'était devenu un endroit étrange, une singularité où les heures du quotidien sont avalées cul sec.

Ici, le temps n'a plus aucune signification. Vous consultez votre horloge, il est 7 h 30 du matin, et quand vous la consultez de nouveau, on est jeudi. Il n'y a plus ni jour ni nuit, simplement une distance entre deux cafés, et ces moments bénis où vous allez aux toilettes et où vous pouvez respirer un peu.

Pendant une quinzaine de jours, je ne me suis ni douché ni rasé, j'ai à peine mangé, et aucun de nous deux n'a eu le temps d'enlever sa robe de chambre ou son pyjama. On ressemblait à des patients oubliés dans les sous-sols d'un asile de l'époque victorienne. Et moi, je puais comme une merde de vagabond dans un sac à provisions.

Nous n'avions évidemment pas le temps de laver et repasser nos vêtements. La plupart d'entre nous avons déjà fait l'expérience de rentrer à la maison à la fin des vacances et de n'avoir plus rien de propre à se mettre. Pendant quelques jours, vous êtes obligé d'aller fouiller le fond de votre garde-robe, dans les vestiges de votre histoire vestimentaire. Les nouveaux parents ont le même problème, mais exacerbé. Pendant cette période, une femme qui démarchait afin de collecter des fonds pour une association de chiens d'aveugles a sonné à notre porte. Quand j'ai ouvert, j'avais les yeux dans le vague et une barbe dans laquelle on aurait pu enfouir un croissant, je portais une robe de chambre floquée *Star Wars*, un caleçon, des bottes en caoutchouc et un tee-shirt que j'avais eu à l'œil avec un album de Kiss, dont le slogan proclamait : « Presse la détente de mon love gun. » La femme a fait un pas en arrière, l'air d'hésiter entre me demander une contribution ou agripper sa bombe lacrymo.

Elle voyait ce que je voyais quand je me regardais dans la glace : un homme au bord du gouffre. Et Lyns se tenait à côté de moi, au bord du même abîme.

Il n'a fallu que quelques jours pour nous transformer en épaves. Lorsque la puéricultrice à domicile est venue pour son premier rendez-vous et qu'elle nous a demandé comment nous nous sentions, j'ai répondu pour nous deux : « Contents, mais complètement niqués. » Lyns était si fatiguée qu'elle ne s'est même pas excusée pour ma façon de parler. La puéricultrice a souri poliment et nous a dit que nous nous en sortions très bien. Elle a essayé de nous rassurer en nous précisant que ça deviendrait plus facile et que « la courbe d'apprentissage en matière de bébés était raide ». Ce qui est aussi vrai que d'affirmer que l'Everest est un peu pentu.

Courbe d'apprentissage parental pour un premier enfant :

La bonne nouvelle, c'est que cette période est effectivement la plus difficile. Au bout de quelques semaines, ça s'arrange. Le retour à la maison est un baptême du feu (et, aucun doute, ça brûle), mais vous apprenez vite et fiévreusement.

Tandis que vous développez vos propres méthodes pour affronter les défis quotidiens, il devient possible de gratter de petits fragments de temps, de faire le point et d'évaluer vos progrès. De prendre votre conjoint dans les bras et de profiter des petits doigts et des minuscules orteils de votre nouveau locataire, ainsi que d'une vie moins ordinaire.

La mauvaise nouvelle, c'est que votre courbe d'apprentissage commence à ressembler à ceci :

Et je ne suis pas certain que ça change par la suite. Il s'agit simplement de s'adapter.

Le nid

Nous pensions nous être préparés à cet « ajustement ». Ou, du moins, nous croyions avoir préparé notre maison à cela. Les experts appellent ça la « nidification », la pulsion qui vous pousse à vous assurer que tout est parfait avant l'arrivée du bébé. Pour la plupart des animaux et des oiseaux, la « nidification » consiste à rendre l'environnement aussi sûr et confortable que possible. Pour les êtres humains, il s'agit de transformer la pièce où vous entreposez vos merdes en chambre d'enfant.

En effet, la plupart des futurs parents concentrent leur pulsion de nidification sur la chambre de bébé. C'est compréhensible. Jusqu'à présent, le bébé résidait dans l'utérus de sa maman, l'environnement le plus confortable qu'un être humain connaîtra jamais. C'est un endroit sûr et chaud, où tout ce dont il a besoin est à disposition. Mais, par la suite, le bébé est tiré de là à travers un trou dont le diamètre fait un dixième de celui de son crâne, et il débarque en criant et en donnant des coups de pied dans une pièce où tout le monde est surexcité.

Le moins qu'on puisse faire, c'est de lui préparer une jolie chambre.

(La façon la plus évidente de faire en sorte que le bébé se sente comme chez lui serait de décorer la chambre comme si c'était l'intérieur de quelqu'un. En fait, j'ai même songé à collecter des dons pour lancer une ligne de papier peint appelée « L'utérus vivant ». Les parents pourraient décorer la chambre de leur petit avec notre « poche amniotique couleur aubergine » et son « liseré utérin ». J'en ai parlé à Lyns, mais elle n'a pas semblé convaincue. Elle s'est contentée de marmonner « crétin » en poursuivant ce qu'elle était en train de faire.)

La plupart des parents décorent la chambre de leur enfant de la façon qui leur paraît la moins menaçante, avec des lettres de l'alphabet en pochoir, des étoiles, des jouets en peluche et des meubles aux couleurs vives assorties au genre de l'enfant. Nous nous dépensons beaucoup pour que leur chambre devienne accueillante et gaie. Nous ajoutons de plus en plus d'objets mignons et adorables. Jusqu'à ce qu'on ait l'impression qu'un Bisounours suicidaire a déclenché sa ceinture d'explosifs au milieu de la pièce et que ses entrailles pleines de nuages, d'étoiles, de vœux et d'arcs-en-ciel se sont éparpillées sur tous les murs.

Quels que soient nos goûts, il faut que ce soit parfait : ce n'est que plus tard qu'on se rend compte que le bébé ne dormira probablement pas dans cette pièce avant d'être en âge d'exiger qu'on la redécore. Et tandis que cette chambre est entretenue comme un sanctuaire, le reste de la maison commence à ressembler à un taudis sordide et encombré.

Les bébés ne sont pas compatibles avec le mode de vie moderne à cause de tout le bric-à-brac qu'ils génèrent, tout simplement.

Le bric-à-brac

Les bébés, c'était bien autrefois, quand la mode en décoration d'intérieurs consistait à remplir la maison de bibelots et quand on jugeait la nature d'un foyer aux photographies et aux objets décoratifs qui encombraient ses étagères. Mais le mode de vie moderne tend vers le minimalisme et la simplicité. Nous lisons des magazines et nous regardons des émissions à la télé qui nous parlent de « lignes claires » et de « feng shui », mais lorsqu'on amène un bébé dans un tel environnement, le « feng shui » se résume à placer la poubelle pleine de couches usagées de façon à pouvoir manger sans en sentir l'odeur.

Étrangement, d'après mes observations, il semble que la taille de votre maison n'a aucune importance : le principal problème sera toujours le manque de place. La nôtre est d'une taille moyenne, mais que vous viviez dans un studio ou dans une belle demeure, tout l'espace dont vous disposez sera utilisé.

À Kensington, le palais du prince William et de Kate compte cinquante-sept pièces, mais je parie que, lorsque la reine vient leur rendre visite à l'improviste, elle se prend quand même les pieds dans un trotteur éducatif, et que Kate doit tout de même ôter la baignoire bébé posée sur les toilettes pour pouvoir les utiliser.

C'est une sorte de loi physique ou mathématique qui ne s'applique qu'à un foyer dans lequel il y a un bébé : « $Ba+Br \propto Vm$ », c'est-à-dire que le « Bric-à-brac acheté » plus le « Bric-à-brac récupéré » est directement proportionnel au Volume de votre maison. La nature a horreur du vide et tout particulièrement dans une maison où il y a un bébé.

Pour illustrer la façon dont tout ceci se traduit dans un foyer au cours des semaines qui suivent une naissance, observons ce qui se passe dans un trois-pièces moyen où réside un bébé.

En fait, intéressons-nous à mon propre trois-pièces.

… Regardez où vous mettez les pieds.

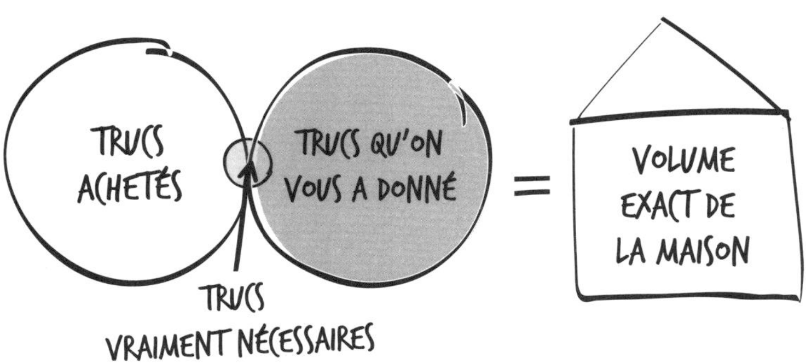

Notre maison

L'entrée

En passant la porte, vous remarquerez l'accumulation massive de bric-à-brac dans ce petit couloir. L'une des raisons pour lesquelles nous ne sortons plus beaucoup depuis la naissance de Charlie, c'est l'impossibilité de franchir ce capharnaüm pour rejoindre la porte. Cet étroit passage est constamment encombré par tout ce dont vous avez besoin pour affronter le monde extérieur : poussette, couvertures imperméabilisées, sacs de couches, jouets, siège bébé. Avant, quand je rentrais du boulot, je pouvais ouvrir la porte en grand, balancer négligemment ma veste et mes clés, et aller tranquillement chercher une bière dans le frigo. Maintenant, rassembler assez de forces pour pousser le battant de l'épaule n'est pas un mince exploit, et ensuite, il faut encore escalader une montagne de trucs dans l'espoir d'atteindre le salon.

Le salon

Après nous être frayés un chemin dans l'entrée, notre visite guidée nous emmène au salon. (Veuillez ne pas prêter attention aux personnes qui s'y trouvent, en train de boire du thé : ce ne sont que des invités qui refusent de foutre le camp. C'est bien toi que je regarde, tante Patsy.)

Nous avons passé les neuf mois précédents à transvaser dans notre salon le contenu de la boutique *Bébé confort* la plus proche. C'est pourquoi le parc, l'exerciseur, le trotteur et la table à langer se disputent l'espace avec un ameublement plus traditionnel, comme le canapé et la télé. Nous en avons trop acheté. Cette année, j'ai pleuré en trois occasions : la première fois que j'ai vu Charlie sur une échographie, le jour où il est né, et le jour où mon relevé de Carte bleue est arrivé. Nous avons vraiment acheté trop de trucs. Et ensuite, les membres de notre famille nous en ont rapporté encore plus. Les premières semaines, les gens se présentaient avec des cadeaux et des jouets, et d'autres parents arrivaient les bras chargés de cartons remplis de choses dont ils n'avaient plus besoin, et on était obligés de faire tenir tout ça chez nous, en remplissant l'espace comme si on jouait à Tetris. C'est pourquoi cette pièce a perdu sa fonction d'espace de détente et de socialisation pour devenir un lieu hybride entre une aire de jeu (sous avis défavorable des services de l'enfance) et un entrepôt d'Amazon.

La cuisine

La cuisine, ce n'est guère mieux. Personne n'a vraiment d'espace dans ses placards. Au fil des ans, le moindre vide est comblé avec des mugs fantaisie ou les verres à bière qu'on a rapportés du pub un soir de cuite. Alors, quand vous avez subitement besoin de caser des stérilisateurs ou des trucs de ce genre, vous vous apercevez que votre cuisine est minuscule et qu'elle a la capacité de stockage d'un cul de Hobbit. Les placards débordent et les plans de travail sont couverts de cuillères, d'anneaux de dentition et de biberons. Et comme chaque biberon se décompose en soixante-sept éléments fonctionnels, vous devez déplacer des milliers de bouts de plastique et de tétines en caoutchouc pour mettre la main sur la bouilloire.

Vous remarquerez l'impressionnante pile d'assiettes qui s'élève de l'évier jusqu'au plafond telle une tour de Kapla. Personne ne va faire la vaisselle, du moins dans un futur proche. Personne non plus pour passer une serpillière, et l'on peut raisonnablement imputer le caractère collant du carrelage au fait de transporter simultanément un bébé, de la nourriture, du thé ou du café. Le carrelage de la cuisine est un parfait exemple de la façon dont nous redéfinissons certaines notions, comme la propreté. Avant, il était jugé propre lorsqu'il brillait. Maintenant, nous considérons qu'il l'est tant que nous pouvons atteindre le lave-vaisselle sans que nos chaussures restent engluées par terre.

L'escalier

Prenez garde en montant l'escalier. Cette zone n'est pas non plus à l'abri des effets de la « nidification », parce qu'en parfait crétin, la seule chose que j'ai trouvé le temps de faire avant la naissance de Charlie, c'est d'y installer une barrière de sécurité. Maintenant, chaque fois que vous voulez passer, vous devez ouvrir et refermer ce satané machin, comme si vous appliquiez chez vous le code des usages ruraux pour le randonneur. À l'évidence, je l'ai posée avec deux ans d'avance, et pour l'instant, ce n'est qu'un obstacle de plus dans une maison dont l'agencement semble avoir été conçu par un crétin.

La salle de bains

Encore du bric-à-brac. Baignoire bébé en plastique, accessoires de toilette et toute une ménagerie de dauphins, de canards et de pingouins flottants. *CONSIGNES DE SÉCURITÉ* : veuillez ne rien toucher dans cette pièce. En surface, la salle de bains peut sembler propre, néanmoins, pour ne pas déranger le bébé, j'évite d'allumer quand je vais aux toilettes la nuit. Du coup, depuis qu'il est né, je pisse dans une obscurité presque totale. Comme je le disais, la salle de bains peut sembler propre, mais je soupçonne que si l'on avait une de ces lampes à ultraviolets dont les experts de la police se servent pour détecter l'urine, cette pièce s'illuminerait comme un tableau de Jackson Pollock.

Chambre numéro un

Pendant la visite de cette chambre, veuillez rester groupés. La chambre numéro un est à présent « le dépotoir » ou « le surplus », l'endroit où nous avons mis tous les trucs qu'on a déplacés pour faire la chambre de Charlie. On y trouve aussi tout ce qui ne rentre pas dans les autres pièces, les choses dont nous aurons peut-être besoin plus tard et les machins que nous espérons pouvoir vendre un jour sur eBay. Concrètement, d'un bout à l'autre de la pièce, ce ne sont que des merdes. Avant, nous avions un placard pour cet usage, maintenant, il nous faut une pièce, et elle est remplie du sol au plafond de Dieu seul sait quoi. (Au début, nous avons essayé de préserver une certaine forme d'organisation, en rangeant les affaires dans des cartons. Mais, comme la fenêtre de cette chambre donne sur notre allée, les cartons qui s'empilaient autour des vitres évoquaient furieusement le nid-de-pie d'où Lee Harvey Oswald a tiré sur JFK.)

Chambre numéro deux

C'est notre chambre. La mienne et celle de Lyndsay. Pendant des années, elle était principalement consacrée à deux activités, dormir et faire l'amour, lesquelles sont à présent suspendues jusqu'à nouvel ordre. Pas seulement parce que c'est ici que Charlie dort. En effet, il est recommandé que le bébé dorme dans la même chambre que ses parents pendant ses six premiers mois, et c'est donc ce que nous avons décidé de faire. Une mesure qui souligne l'inutilité de la chambre d'enfant immaculée qui se trouve de l'autre côté du couloir.

C'est là que nous passons le plus clair de notre temps, et la meilleure façon de la découvrir est de considérer qu'il s'agit d'une sorte de performance artistique à la Tracey Emin où voisinent en désordre des tasses de café à moitié pleines, des assiettes et des vêtements en boule. Des tiroirs entrouverts déversent leur contenu sur une scène chaotique qui donne l'impression qu'une vente de charité a été interrompue à la suite d'une attaque au mortier. Dans les années 1990, à la télé, il y avait une émission pour enfants où, après avoir équipé des gamins d'un casque et d'une banane, on les invitait à « faire un raid sur la maison », ce qui en l'espèce voulait dire qu'ils devaient trouver des prix cachés à l'intérieur en mettant littéralement à sac cette fausse demeure. Notre chambre ressemble à ce que l'on aurait vu pendant le générique de fin de cette émission si on avait laissé les enfants se préparer à y participer en sniffant des sels de bain.

La chambre d'enfant

La dernière étape de notre visite guidée est la chambre d'enfant.

Une oasis de calme. Un monument immaculé à la petite enfance.

Où personne ne met jamais les pieds.

Mesdames et messieurs, c'est ici que prend fin notre visite guidée. N'oubliez pas le guide, et passez par la boutique en sortant, vous y trouverez des lingettes gratuites pour essuyer les salissures éventuelles accumulées pendant votre visite.

Au cours de ces premiers jours, à part la chambre d'enfant, toutes les pièces ressemblaient à une zone sinistrée. Avant, nous étions tellement soigneux ! Mais, aujourd'hui, la maison est un dépotoir dans un tel désordre qu'on a toujours l'impression qu'on vient de se faire cambrioler par une bande de hooligans. Pour la première fois depuis que nous y habitons, nous avons la sensation que les murs se referment sur nous. Et à un ou deux passages près dans une boutique pour bébés, notre foyer, autrefois doux et parfait, est aussi fonctionnel que les maisons de ces accumulateurs compulsifs que l'on découvre un jour morts dans leur salon, ensevelis sous un tas de trucs inutiles.

Le culte du cargo

C'est ainsi que notre maison a été détruite. Ou qu'elle est devenue une « maison familiale ». Et une chose est sûre, subitement, elle s'est mise à ressembler à un endroit où vivait une jeune famille. Mais, étrangement, cela rendait encore plus difficile le fait de me considérer comme un parent. Nous avions fait un nid, mais nous avions l'impression d'être des coucous.

Je me sentais comme un imposteur. La maison était remplie de lits d'enfants, de jouets, de vêtements et de tous les attrape-nigauds que de jeunes parents acquièrent, mais on avait l'inconfortable sensation de se trouver sur le plateau d'un tournage amateur, entourés d'accessoires, plutôt que d'être une véritable famille.

À l'époque où j'avais encore le temps de lire, je me rappelle avoir feuilleté un exemplaire de *National Geographic* dont un article présentait des tribus primitives et le « culte du cargo ». Pendant la Seconde Guerre mondiale, tandis que les Alliés installaient des bases temporaires dans le Pacifique, des tribus îliennes isolées sont entrées pour la première fois en contact avec la technologie occidentale. Du jour au lendemain, elles ont été exposées à la « magie » des avions, des moteurs et du « cargo », terme qui désigne aussi bien les bateaux que les marchandises qu'ils transportent.

À la fin de la guerre, quand les Occidentaux ont disparu, des mythes et des religions ont commencé à circuler autour de l'histoire de ces mystérieux visiteurs et de leur technologie magique. Bientôt, les tribus se sont mises à sculpter des avions et des mitraillettes en bois. Parfois, elles ont même recréé des petites tours de contrôle en bambou, où l'un des leurs s'installait avec une moitié de noix de coco sur chaque oreille en guise de casque.

Ils croyaient que, s'ils reproduisaient ce qu'ils avaient vu, s'ils s'entouraient de ces objets, ils pourraient également devenir des magiciens.

En balayant du regard tout notre attirail, c'est ainsi que je me sentais : en plein culte du cargo. C'était comme si nous avions amassé tout ça chez nous afin de recréer les conditions de la parentalité, dans l'espoir que nous pourrions enfin nous sentir parents. En fait, je me sentais comme un petit homme dans une hutte en bambou avec des noix de coco sur les oreilles.

Néanmoins, il se produit une chose étrange quand vous faites semblant d'être parent : imperceptiblement, vous vous rendez compte que vous êtes en train d'en devenir un. Et ce n'est pas dû au bric-à-brac qui encombre votre maison. (Les livres, les meubles et les jouets ont autant de chances de vous transformer en parent que notre tribu zélée de fabriquer un Boeing 747 avec de la corde et du bambou.) D'une certaine façon, ce n'est même pas l'amour ou l'affection qui déclenchent cette évolution. Au cours de ces premiers jours, c'est quelque chose de bien plus effrayant : la prise de conscience grandissante que vous êtes absolument responsable de la survie de ce bébé. Si vous ne vous bougez pas un peu le cul, il ne survivra pas.

Pour votre bébé, vous n'êtes pas le membre d'une tribu primitive, vous êtes l'Occidental, le magicien... Pour lui, vous êtes Dieu.

Vous tenez sa vie dans vos mains et ce n'est pas grave d'être effrayé, parce que les bons parents doivent vivre dans la peur de merder.

On ne rentre pas chez soi

Voici la vérité.

Rentrer chez soi, ça n'existe pas. La maison que vous avez quittée quelques heures ou quelques jours auparavant ? Elle n'existe plus.

Ce que nous avons laissé derrière nous en fonçant vers l'hôpital, c'était un endroit où nous pouvions nonchalamment décider de regarder un film, d'ouvrir une bouteille de vin, de faire un saut au pub pour boire une pinte vite fait, d'avoir une conversation, de prendre une douche, de pisser... de penser.

Notre foyer avait tout pour être un lieu de repos, un espace d'évasion. Mais il s'avère que ce que nous avons passé tant de temps à essayer de fuir nous a suivis chez nous et s'y est installé à notre invitation. Et tout le monde sait que la pire chose à faire avec les monstres suceurs d'âmes, c'est les inviter chez vous.

Ça les rend encore plus puissants.

Mais, en réalité, il semble que les monstres, en dépit de leur propension à vous sucer l'âme, peuvent déployer un pouvoir de transformation magnifique, et qu'inviter celui-ci a été la meilleure chose que nous ayons faite de toute notre vie. Certes, notre maison a changé. Notre vie était géniale avant l'arrivée de Charlie, et je ne vais pas me vautrer dans la sentimentalité en disant que c'est lui qui a fait de notre maison un foyer. Notre maison était déjà un foyer. Mais, grâce à Charlie, elle est devenue un cratère, une ruine, un endroit où le temps nous mâchonne avant de nous recracher, un espace d'anarchie, de chaos et de folie.

Et qui aurait pu deviner que c'était précisément ce dont notre foyer avait besoin ?

3
Dormir

Je crains que dormir ne soit pas au programme ce soir.

C'est l'heure d'aller se coucher, mais Charlie vient de me lancer ce regard qui signifie :

« Eh bien, père, j'ai beaucoup apprécié mon bain, je suis plus qu'enchanté par l'histoire que tu viens de me lire (comme tu le sais, *Zog* est mon conte préféré). En outre, comme d'habitude, je profite de la lampe à berceuse de chez Rainforest Friends que vous avez payée 28,99 £ à Debenhams. Les mélodies sont apaisantes et extrêmement agréables, et j'ai toujours trouvé que le mélange de jazz et de classique me calmait.

« Cela étant, je pense qu'il est honnête de te prévenir que, malgré tes admirables efforts, si tu essaies de me mettre au lit ce soir, j'ai la ferme intention de hurler comme si j'étais torturé par la police irakienne.

« Je compte me démener, donner des coups de pied, me cambrer au mépris de toute loi physique et, de façon générale, me comporter comme si tu me déposais au centre d'un volcan en éruption plutôt que dans mon lit.

« Je me fous totalement d'être crevé : quand l'un de nous deux finira par s'endormir, les voisins penseront que tu viens de massacrer un troupeau de cochons. Alors attache ta ceinture, connard, parce que, ce soir, on va voir de quel bois tu es fait. »

… Un petit café, peut-être.

Dormir

Je me souviens du moment précis où je me suis rendu compte que la privation de sommeil commençait à avoir un effet sur moi. C'était au bout de trois mois, et je venais de me faire prendre à regarder les seins d'une femme dans un centre commercial John Lewis.

En fait, je ne regardais pas ses seins, j'avais les yeux fixés sur la crêpe posée devant elle. Je l'avais remarquée tout de suite (la crêpe), et ensuite, j'avais pensé à quel point j'avais faim. Puis je m'étais demandé comment ça se prépare, les crêpes, avant de remarquer que c'était un mot marrant... crêpe, crêpe, crêpe...

Je venais d'entrer dans ce que les scientifiques appellent un état hypnagogique. C'est tout à fait normal lorsque vous souffrez d'un manque de sommeil : vous vous retrouvez dans un brouillard semi-conscient, les yeux dans le vague. Du moins, c'est ce que j'aurais déclaré au tribunal si cette femme avait appelé la police pour se plaindre du fait qu'un homme à l'aspect blafard fixait ses seins depuis un quart d'heure, la bave aux lèvres, en marmonnant le mot « crêpe » sans arrêt.

Je devais avoir l'air d'un fou. Et d'une certaine manière, je l'étais. Ce n'est pas pour rien qu'on emploie la privation de sommeil comme moyen de torture. Ça brise la volonté en s'attaquant à l'esprit. Cela fait de vous une épave, physiquement et émotionnellement, incapable de raisonner correctement ou – c'est ironique – de faire tout ce que vous avez besoin de faire quand vous vous occupez d'un bébé. (Ça vous transforme aussi en pervers obsédé par les galettes et autres dérivés.)

La privation de sommeil

Étrangement, la privation de sommeil n'est pas spécifiquement interdite par la convention de Genève. Elle devrait l'être. Mais même les sociétés rétrogrades qui emploient la torture y repensent à deux fois avant de s'en servir lors d'interrogatoires. Non par clémence ou par manque d'originalité, mais parce qu'elle transforme ceux qui y sont soumis en crétins bafouillants dont on ne peut tirer rien de concret.

Amen.

Je ne vois pas comment l'interrogatoire de quelqu'un qui n'a pas dormi depuis plusieurs jours pourrait fournir la moindre information intéressante. Vous avez déjà essayé de parler avec les parents d'un nouveau-né ? C'est comme discuter de stratégie aux échecs avec un beignet. Impossible d'obtenir quelque chose qui ressemble à une information. Ils sont incohérents. Leur esprit dérive comme celui d'un enfant. Ils répondent bizarrement, et notamment par « oui » ou par « non » à des questions ouvertes.

Si les effets de la privation de sommeil sont les mêmes chez un détenu que chez un parent, tout interrogatoire serait voué à l'échec :

– Où sont les têtes nucléaires volées ?

– Quoi ? Oh les... [bâillement] euh...
– C'est quoi, ta mission ?
– Non... je ne... euh... Quoi déjà ?
– Tu fais partie du programme Janus ?
– ... euh... hi hi ! [ricanement]... Vous avez dit « anus » !
– Nom de Dieu ! Laissez dormir ce connard ! À son réveil, on essaiera de lui brancher les couilles sur une batterie de voiture !

Dormir, avant l'accouchement

Pendant des années, j'ai participé à ces non-conversations qu'on tient en général lorsque quelqu'un a un bébé : « Tu arrives à dormir un peu ? » « Ils t'empêchent de dormir ? » etc. Je ne me rendais pas compte à quel point ce n'était pas drôle. Certes, je savais bien que ça n'avait rien de comique, mais, aujourd'hui que ces commentaires s'adressent à moi, j'estime que leur potentiel d'humour se situe quelque part entre l'opération de la prostate et la série *Birds of a Feather* sur ITV.

Je souhaite aujourd'hui revenir vers chacune des personnes avec qui j'ai plaisanté sur la question, afin de m'excuser. Comme la plupart des non-parents, je pensais que les parents qui se plaignaient du manque de sommeil parlaient de quelque chose de simple : un bébé, ça vous réveille la nuit, et, du coup, votre sommeil est intermittent et pas très réparateur. Mais, en réalité, ce n'est pas le fait de vous réveiller la nuit qui vous tue. C'est l'effet cumulé du manque de sommeil pendant des mois et des mois.

La chose la plus choquante ? Vous êtes foutu avant même que le petit salaud ait fait son entrée brutale et cauchemardesque dans votre vie. Le jour de sa naissance, vous êtes déjà en manque de sommeil.

Peut-être êtes-vous chanceux, peut-être êtes-vous psychopathe, le genre de type insouciant qui parvient à avoir une quantité raisonnable de sommeil pendant les neuf mois de compte à rebours jusqu'à l'accouchement, mais c'est peu probable. Pour la plupart des futurs parents, le stress et la peur de ce qui va arriver ont le même effet sur le sommeil que les amphétamines. Pendant les trois mois qui ont précédé la naissance de Charlie, j'étais trop tendu pour dormir : chaque fois que je fermais les yeux, je me sentais shooté, comme si j'avais sniffé des kilomètres de rails ou bu l'urine de Lance Armstrong.

Pour la mère, la période avant l'accouchement est la plus inconfortable. Lyns décrit cela en ces termes : « Tu as la taille d'un bungalow, tes pieds sont enflés comme des chaussures de clown et ta vessie sert d'oreiller au bébé. » Le parent qui n'est pas enceinte porte un fardeau un peu plus léger, mais il a quand même pour tâche de faire sortir le bungalow de son lit pour l'accompagner jusqu'aux toilettes, de le masser quand il a des crampes et de lui mentir en prétendant que tout va bien se passer, alors que lui-même se sent aussi à l'aise qu'un astronaute dans un sous-marin.

Tout ça, c'est avant le début des contractions.

La prénatalité est une zone sans sommeil.

Ensuite (je l'ai peut-être déjà dit), il y a l'accouchement, lequel dure des siècles. Vous seriez surpris de voir à quel point on dort peu dans une pièce où quelqu'un est en train de faire passer une boule de bowling à travers son vagin.

Alors, effectivement, quand le bébé arrive, vous êtes déjà crevé, vous souffrez déjà d'une forme aiguë de jet-lag... Mais, dans ce jet-lag, vous ne descendez jamais de l'avion. Maintenant, le bébé est là. Et votre avion, alors ?... Il vient de s'écraser sur un flanc de montagne.

Dormir, après l'accouchement

Le National Health Service (le système de santé publique du Royaume-Uni) recommande de dormir pendant que le bébé dort.

> **Essayez de dormir en même temps que votre enfant. Il peut être tentant d'employer ce temps libre pour faire le ménage ou d'autres tâches en retard, mais, parfois, se reposer est plus important. Programmez un réveil si vous craignez de dormir trop longtemps.**

Alors voilà : il faut résister à l'attrait de ces tâches. Et faire attention à ne pas trop dormir.

... ?

Vous déconnez ou bien ?

Dans quel univers parallèle ces conseils ont-ils la moindre utilité ? Pour quiconque ? Le NHS est la plus noble et la meilleure des institutions britanniques, mais ces quelques lignes ont dû être rédigées par un stagiaire, ou par un type qui sortait des urgences à la suite d'une sévère commotion cérébrale.

Si vous demandiez à des parents s'ils sont préoccupés à l'idée de dormir trop longtemps, ils vous répondraient qu'ils estiment ce risque aussi probable que celui de passer trop de temps à faire du ski nautique ou de se faire kidnapper par une corbeille de fruits venue du futur. Dormir trop longtemps ? Ce n'est pas un gros problème.

Cela dit, une partie de ces conseils est répétée un peu partout ailleurs : dormir pendant que le bébé dort. Et pour être franc, ça n'a rien d'absurde.

Après tout, en théorie, un nouveau-né dort en moyenne seize heures par jour. (La première fois que j'ai lu ça, j'ai pensé que c'était une coquille, mais c'est vrai.) Et donc, si le bébé dort seize heures par jour et qu'on vous encourage à dormir pendant ce temps-là, vous autres, les non-parents, êtes excusés de penser : « Quel est le problème ? Espèce de feignasse ! »

Eh bien, le problème, c'est que les bébés dorment par tranches de quinze minutes. Le reste du temps, ils tètent le sein, ils font caca, ils vomissent ou ils ont besoin d'être changés. Et quand vous avez fini de gérer les dégâts qu'ils ont provoqués quinze minutes auparavant, ils se réveillent de nouveau. La plus longue période de sommeil que vous avez réussi à avoir depuis la veille a eu lieu vers deux heures du matin, quand vous avez eu le temps de cligner les yeux.

Les futurs parents ne se rendent pas compte de ça. Moi, je ne m'en rendais pas compte. Parce que rien ne vous y prépare. Récemment, dans un magazine consacré à la parentalité, j'ai lu un article de fond intitulé « Profitez de votre nouveau-né », qui prodiguait une série de conseils à l'intention des futurs parents. Des trucs tels que ceux-ci :

Prenez le temps de profiter de ces instants, vous ne les revivrez jamais.

et :

La joie que vous procurent les premières semaines en compagnie de votre enfant est d'une nature particulière. Un vrai trésor.

Mouais... Avant la naissance de Charlie, j'aurais trouvé ces conseils touchants. Aujourd'hui, je me rends compte que ces « avis d'expert » sont un déni de la réalité et qu'ils ne vous préparent en rien à ce qui vous attend.

En y repensant, je trouve que ce magazine a fait preuve de négligence. L'auteur de « Profitez de votre nouveau-né » devrait avoir honte. Les gens qui écrivent ça sont des Romains, leurs lecteurs, des chrétiens, et la parentalité, une horde de lions affamés.

Tout cela semble sans conséquences, mais, dans le meilleur des cas, il s'agit d'une philosophie plutôt vaine, comme celle qu'on trouve sur Internet sous forme de maximes inscrites sur des photos de coucher de soleil. Au pire, cela contribue au sentiment d'inadaptation et à la culpabilité que tous les nouveaux parents éprouvent. Un sentiment d'échec, simplement parce qu'ils ne sont pas en mesure de se balader en permanence un sourire béat au visage en profitant de chaque minute qui passe.

Vous ne pouvez pas jouir de chaque minute. C'est trop difficile. En outre, on ne mesure pas l'amour à l'aune du profit qu'on tire de quelque chose. Parfois, être éveillé, c'est suffisant.

Il y a deux mois, ce magazine m'a demandé quel conseil je donnerais à de futurs parents. Voici ce que je leur ai répondu :

Man vs Baby
Conseil N°1

AUX NOUVEAUX PARENTS

... Pourquoi ne pas vous préparer à l'arrivée du bébé en vidant votre compte en banque, en étalant du vomi sur vos épaules et en plaçant du caca jaune sous vos ongles, tout en évitant de dormir jusqu'à ce que vous ayez l'impression que vous allez mourir ?

Je serai franc. Je n'ai plus entendu parler d'eux.

La compétition de fatigue

Inévitablement, dans la marmite de stress que constitue la parentalité, les néophytes se chamaillent, se disputent, et le thème du sommeil devient le champ de bataille sur lequel on se bat le plus férocement. « La compétition de fatigue » est le sport idéal pour les couples épuisés. Vous discutez à propos de celui qui a le moins dormi, de celui qui a dormi en dernier, ou le plus longtemps, et chacun lorgne l'autre avec jalousie pour peu qu'il le soupçonne d'avoir fermé l'œil. Je ne suis pas un grand débatteur, mais, quand il s'agit de sommeil, je présentais mes arguments avec, selon moi, conviction, logique et cohérence.

J'étais en mesure de démontrer avec des camemberts et des tableaux Excel où et quand j'avais dormi moins longtemps que Lyns. Après tout, la nuit, j'assumais ma partie, je changeais les couches, je donnais un coup de main lors des tétées, et je continuais à bosser de neuf à dix-sept heures.

Mais Lyns travaillait à la maison, de midi à midi, vingt-quatre heures par jour. Elle avait également passé les neuf derniers mois enceinte, elle avait accouché, et elle était responsable de l'alimentation de Charlie, tous les jours et toute la journée.

Bien sûr que Lyns était plus fatiguée que moi ! Bien sûr que notre compétition de fatigue, elle l'avait gagnée d'avance. Aux Jeux olympiques de la privation de sommeil, Lyns était Usain Bolt, et moi, j'étais un concurrent à l'épreuve de saut à la perche arrivé du Kazakhstan avec quelques kilos de trop et qui demandait une médaille simplement pour participer.

Pourtant, j'ai discuté. Un nouveau-né, c'est une grenade dégoupillée, et un homme bon se jetterait dessus pour sauver la mère de son enfant… Mais je ne suis pas un homme bon, je suis un lâche. Non seulement je ne me suis pas jeté sur la grenade, mais, de temps à autre, je donnais un petit coup de pied dedans pour qu'elle roule du côté de Lyns et je me mettais à l'abri. Pour ma pitoyable défense, je dois dire que j'étais épuisé et que mon cerveau en compote se défendait avec des arguments fallacieux. Ce que je dirais à tout homme qui traverse cette phase et qui pense qu'il est plus fatigué que sa compagne : vous avez tort ! Rétrospectivement, je me rends compte que je tenais des propos délirants, et que je les balançais avec la conviction d'un maniaque qui engueule des pigeons. J'étais fatigué, c'est vrai. Mais pas autant que Lyns. J'avais tort. Voici ce que nous avons accroché au mur de notre chambre :

… Lyns m'a aidé pour la formulation.

(Soit dit en passant, tous les couples ne s'engagent pas dans cette bataille. De même que j'ai croisé des hommes qui n'avaient jamais changé une couche, j'en ai rencontré d'autres qui parvenaient à ne jamais se lever la nuit, et même à dormir toujours autant. Il y a peu, lors d'un mariage, j'ai été témoin d'une discussion intéressante entre un mari et sa femme. C'est le père qui l'a lancée, en désignant ses filles, des jumelles : « Ces deux-là n'ont posé aucun problème, a-t-il dit avec un air d'autosatisfaction. Elles ont fait leurs nuits à peu près dès le début. » Ce à quoi son épouse a répondu : « Tu te fous de ma gueule ? ! C'était un cauchemar. C'est toi qui faisais tes nuits dès le début, espèce de branleur ! » Puis elle lui a balancé la poussette et est partie comme une furie en direction du bar pour se retourner la tête. Le « branleur » et moi-même sommes restés à discuter voitures en nous balançant sur nos jambes, un peu gênés. J'avais peut-être tort de penser que je pouvais gagner la compétition de fatigue, mais, au moins, je n'étais pas comme ce type-là.)

La survie

Au moment même où nous pensions que nous ne pouvions pas être plus fatigués, Charlie a attrapé une jaunisse. Ce qui, apparemment, est extrêmement courant. (Pour ceux qui se passionnent pour les détails scientifiques et médicaux, ça a quelque chose à voir avec les vitamines, et ça vous fait ressembler à un personnage des *Simpsons*.) En général, ça n'a rien de grave, mais nous étions terrorisés à l'idée que ça puisse l'être. Et alors que nous pensions ne pas pouvoir survivre avec moins de sommeil, c'est exactement ce que nous avons fait. Pendant trois jours, nous n'avons pas fermé l'œil, tandis que Charlie faisait des prises de sang, passait plusieurs heures par jour dans un incubateur baigné de lumière ultraviolette, et que les médecins essayaient d'augmenter son taux de vitamine D et de refaire de lui le petit bébé rose qu'il était au début. Nous subsistions à l'adrénaline, au stress et à la peur, et nos limites ont été dépassées quand nous avons découvert ce que c'est que s'inquiéter et s'inquiéter vraiment.

Il allait bien. Mais, en découvrant ces nouvelles bornes, nous avons eu la révélation du peu de sommeil dont nous avons réellement besoin pour rester debout, et en vie.

Quand j'entendais les gens mentionner le fait que Margaret Thatcher n'avait besoin que de quatre heures de sommeil par nuit, je me disais : « Waouh ! C'est impressionnant ! » Aujourd'hui, je me dis que c'était une chochotte. Quatre heures de sommeil ininterrompu ? Une Dame de fer, mon cul !

Un nouveau parent peut survivre avec bien moins que ça. Certes, vous les verrez déambuler avec l'expression vide d'un type dont le cerveau a été colonisé par un parasite d'origine extraterrestre. Ils accomplissent les tâches nécessaires avec la détermination d'un explorateur épuisé, en se concentrant simplement sur le fait de mettre un pied devant l'autre. Ce n'est pas l'idéal. Tous les nouveaux parents racontent des anecdotes : les clés de voiture qu'ils ont retrouvées dans le congélateur, ou le jour où ils sont allés faire les courses avec une seule chaussure et où, une fois sur place, ils ne savaient plus ce qu'ils étaient venus chercher.

Comme je l'ai dit, le manque de sommeil pousse à faire de mauvais choix, favorise les disputes et la connerie en général. Thatcher a peut-être survécu pendant des années en dormant quatre heures par nuit, mais cela a dû influencer certaines opinions qu'elle a exprimées ou des décisions qu'elle a prises. Les historiens vantent sa capacité à peu dormir, mais les historiens devraient réévaluer leurs analyses. Il est plus que probable qu'elle a arrêté la distribution de lait à l'école, qu'elle a tenté d'imposer la *poll tax* ou qu'elle a réprimé les mineurs en grève simplement parce qu'elle était fatiguée et un peu ronchonne.

On voit donc que dormir, c'est important. Après le chaos des premières semaines, il est nécessaire de faire un plan. La clé pour rattraper le sommeil qu'on a perdu avant et après la naissance, pour vaincre le jet-lag dû au bébé (et pour ramener votre esprit fragile vers la raison), c'est d'abord de se débrouiller pour que votre bébé fasse ses nuits. C'est simple.

La routine

Rapport de police

Suspect: Matt Coyne. 11.12.2015 **Affaire N°: 885089**

Agent : Racontez-nous, avec vos propres mots, ce qu'il s'est passé, M. Coyne.

Coyne : Eh bien ils insistaient tous sur l'importance de la routine pour le bébé, alors je les ai étranglés à mains nues et j'ai mis le feu à leurs corps.

Agent : Je comprends. Vous pouvez rentrer chez vous.

Établissez une routine. C'est le principal conseil que reçoivent les parents néophytes. On le trouve dans les livres, dans la bouche des membres de la famille ou des amis. En fait, c'est un slogan, qui est toujours asséné comme si la personne qui le prononçait partageait avec vous une sagesse séculaire. Vraiment ? Une routine, dites-vous ? Je n'ai jamais entendu parler de ça. On comptait plutôt improviser. Le nourrir ou le mettre au lit suivant un processus aléatoire reposant sur la lecture des runes ou la phrénologie. On voulait qu'il prenne son petit déjeuner à l'heure du thé, lui lire une histoire avant le dîner et l'emmener faire du canoë-kayak vers minuit. Alors merci ! Maintenant, on sait que le nourrir, le baigner et le mettre au lit tous les jours à la même heure est la solution miracle.

Si vous lisez ceci et que vous êtes l'une des 46 619 personnes qui m'ont donné ce conseil, ne vous méprenez pas : j'ai apprécié votre intention. Je suis sûr que c'est sensé et tout ça, mais il y a un problème fondamental avec le concept de la routine : le bébé. Les bébés se moquent de la routine tout autant que du rachat de la dette ou du Brexit. La routine, c'est pour les gens qui existent depuis plus de six mois. La routine, c'est pour les êtres qui ne changent pas d'une façon frustrante et fascinante du jour au lendemain. Parfois, Charlie adore prendre son bain, et parfois, c'est comme si on le plongeait dans du nitrogène liquide. Parfois, il apprécie son livre, et parfois, il a envie de le déchiqueter et de s'en gaver comme une oie. Parfois, il a envie de dormir, et parfois, il a envie de vous en empêcher pendant des jours entiers, jusqu'à ce que vous ayez des hallucinations et que vous voyiez feu votre arrière-grand-mère faire ses besoins dans la salle de bains attenante.

L'entraînement au sommeil

Au moment où j'écris ces lignes, Charlie a environ huit mois, et je peux affirmer sans mentir que, au cours de cette période, il n'y a pas eu deux jours qui se ressemblent. Nous avons célébré sa première nuit de sommeil comme si nous avions franchi une étape essentielle, avant de découvrir qu'il prenait simplement des forces pour tenir les quatre nuits suivantes, où il a fait la fête dans son lit comme si nous l'avions gavé de PCP et de canettes de Red Bull.

Quand il a eu quatre mois, cette douloureuse imprévisibilité a atteint son paroxysme, et j'ai alors fait quelque chose dont je ne me serais jamais cru capable : j'ai cherché à savoir ce que les spécialistes en disaient.

La première chose que j'ai lue était l'article d'un des plus éminents psychologues de l'histoire, le Dr Benjamin Spock, lequel écrivait :

> **À quatre mois, la plupart des bébés font leurs nuits et ne se réveillent guère plus d'une ou deux fois.**

Je me rappelle parfaitement m'être dit : « Oh, va te faire, Spock ! », et j'ai cherché ailleurs…

Et la source la plus évidente pour avoir un conseil honnête, raisonnable et mesuré était bien sûr Daech.

Daech

Pendant les cours prénataux, j'avais remarqué un panneau dans la salle qui proclamait que, en cas de problème pour faire dormir bébé, le mieux était de consulter Daech. Cela m'avait paru une activité secondaire intéressante pour une organisation djihadiste fondamentaliste totalitaire, mais, en regardant d'un peu plus près, j'ai découvert que dans ce cas Daech était l'acronyme de « Dormir Avec l'enfant – Conseils de l'Hôpital ». C'est vraiment une association, qui s'accroche obstinément à son nom malgré la concurrence d'une autre association bien plus importante dont les effectifs grossissent en ce moment du côté de la Syrie et de l'Irak. J'imagine que les membres de Dormir avec l'enfant se disent : « On était là avant », et bravo à eux et à leur directeur, Alan Qaïda. (Ça, je viens de l'inventer.) Quoi qu'il en soit, même si taper leur nom sur Google a dû me mettre sur une liste noire du MI5 ou de la CIA, et qu'à partir de maintenant je ne pourrai pas aller à l'étranger sans me faire retourner comme un gant par les services des douanes, Daech m'a prodigué de bons conseils.

D'après leur site Web, il existe deux approches pour encourager le bébé à faire ses nuits : la préventive et la thérapeutique.

C'est assez parlant, je crois : « préventive », ça signifie : « Voilà ce qu'il faut faire si vous ne voulez pas merder », et « thérapeutique » : « Voilà ce qu'il faut faire maintenant que vous avez merdé. » Très naturellement, nous nous sommes tournés vers l'approche thérapeutique.

Voici les méthodes que nous avons testées.

Le journal de sommeil

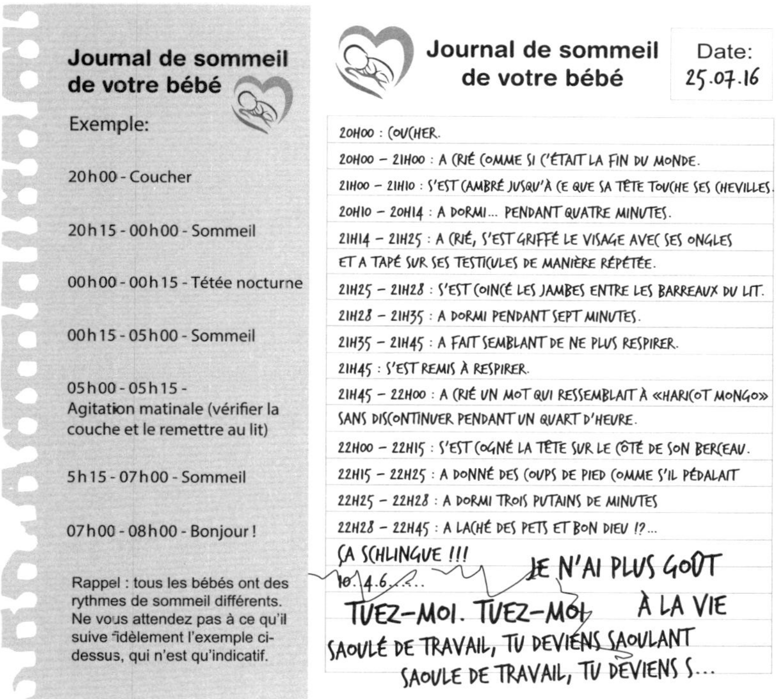
Journal de sommeil de votre bébé

Exemple:

20h00 - Coucher

20h15 - 00h00 - Sommeil

00h00 - 00h15 - Tétée nocturne

00h15 - 05h00 - Sommeil

05h00 - 05h15 - Agitation matinale (vérifier la couche et le remettre au lit)

5h15 - 07h00 - Sommeil

07h00 - 08h00 - Bonjour !

Rappel : tous les bébés ont des rythmes de sommeil différents. Ne vous attendez pas à ce qu'il suive fidèlement l'exemple ci-dessus, qui n'est qu'indicatif.

Journal de sommeil de votre bébé

Date: 25.07.16

20H00 : COUCHER.
20H00 – 21H00 : A CRIÉ COMME SI C'ÉTAIT LA FIN DU MONDE.
21H00 – 21H10 : S'EST CAMBRÉ JUSQU'À CE QUE SA TÊTE TOUCHE SES CHEVILLES.
20H10 – 20H14 : A DORMI... PENDANT QUATRE MINUTES.
21H14 – 21H25 : A CRIÉ, S'EST GRIFFÉ LE VISAGE AVEC SES ONGLES ET A TAPÉ SUR SES TESTICULES DE MANIÈRE RÉPÉTÉE.
21H25 – 21H28 : S'EST COINCÉ LES JAMBES ENTRE LES BARREAUX DU LIT.
21H28 – 21H35 : A DORMI PENDANT SEPT MINUTES.
21H35 – 21H45 : A FAIT SEMBLANT DE NE PLUS RESPIRER.
21H45 : S'EST REMIS À RESPIRER.
21H45 – 22H00 : A CRIÉ UN MOT QUI RESSEMBLAIT À «HARICOT MONGO» SANS DISCONTINUER PENDANT UN QUART D'HEURE.
22H00 – 22H15 : S'EST COGNÉ LA TÊTE SUR LE CÔTÉ DE SON BERCEAU.
22H15 – 22H25 : A DONNÉ DES COUPS DE PIED COMME S'IL PÉDALAIT
22H25 – 22H28 : A DORMI TROIS PUTAINS DE MINUTES
22H28 – 22H45 : A LACHÉ DES PETS ET BON DIEU !?...
ÇA SCHLINGUE !!!
10.4.6....
JE N'AI PLUS GOÛT À LA VIE
TUEZ-MOI. TUEZ-MOI
SAOULÉ DE TRAVAIL, TU DEVIENS SAOULANT
SAOULE DE TRAVAIL, TU DEVIENS S...

Le journal du sommeil repose sur une idée simple : vous notez à quelle heure votre bébé se réveille la nuit et pendant combien de temps. Cela vous donne un aperçu de ses rythmes circadiens. Vous pouvez dès lors mieux programmer ses siestes et ses tétées dans la journée, et concevoir une routine sur mesure pour le mettre au lit. L'un des tenants de cette méthode nous a donné un journal qu'il suffisait de remplir, où l'on trouvait un exemple du schéma de sommeil idéal pour un bébé de quatre mois. Ça n'a pas été extraordinairement utile : nous avons laissé tomber au bout de quatre jours. On aurait peut-être dû essayer un peu plus longtemps, mais, quand on le relisait dans la journée, on avait l'impression que c'était le journal le plus déprimant depuis celui d'Anne Frank.

L'hypnose pour bébé

J'ai toujours été dubitatif quant aux effets de l'hypnose. Notamment depuis que Martin Bignall m'avait dit, au lycée, que l'hypnose était un plan génial pour « se faire des meufs ». Martin Bignall, quatorze ans, quarante-cinq kilos, avait des hublots sur le nez et une acné à faire pleurer le bon Dieu. Si jamais une « meuf » lui avait effectivement adressé la parole dans la vraie vie, il aurait implosé. L'hypnose n'a pas marché pour Martin et, pour autant que je sache, ça ne fonctionne pas pour les autres non plus. Le seul cadre dans lequel l'hypnose semble rencontrer un certain succès, ce sont les boîtes de nuit de camping, lorsqu'un animateur tente d'attirer l'attention d'un public à moitié bourré pour le convaincre de manger un oignon cru ou de faire semblant d'être un poulet. Pour endormir un bébé, ça ne sert à rien.

Mais, une fois, j'ai quand même essayé. J'ai amené Charlie à me regarder dans les yeux, je lui ai expliqué d'une voix apaisante que ses paupières devenaient lourdes. Charlie me fixait aussi et, pour être franc, il semble être un hypnotiseur bien plus doué que moi. Il est resté parfaitement éveillé, tandis que je me suis assoupi pour me réveiller une heure plus tard, couché par terre à côté de son lit, en me demandant s'il m'avait fait déambuler dans la maison en caquetant et en essayant de pondre un œuf imaginaire.

La méthode E.A.S.Y.

Cette méthode (inventée par quelqu'un qui dit « murmurer à l'oreille des bébés », ce qui fait quand même un peu peur) insiste sur le fait qu'il ne faut pas bercer le bébé pour l'endormir. Elle consiste à le prendre dans vos bras quand il pleure, et à le remettre au lit dès qu'il arrête. Même s'il faut le faire cent fois. Le problème, c'est que vous le prenez et vous le reposez si souvent que vous pourriez tout aussi bien être en train de le bercer. En réalité, c'est ce que vous faites, sauf que le mouvement est vertical plutôt que latéral. C'est simplement une question de sémantique. Soulever et reposer un bébé de dix kilos trente fois par heure est une façon merdique de l'endormir, mais un très bon moyen de muscler vos biceps. Nous avons essayé pendant environ deux semaines. À la fin, nous étions encore plus épuisés qu'avant, mais pas plus avancés. Et j'ai beau m'être taillé de beaux biscottos au cours du processus, j'ai aussi adopté le maintien de Gollum. Comme l'écrivait une femme dont le pseudo était « #PrincessAnne12 » sur le fil consacré au sommeil dans un forum pour jeunes mamans : « Ça te nique complètement le dos. » (Je ne suis pas sûr qu'il s'agisse de la vraie princesse Anne.)

S'éclipser

On appelle également ça « le retrait ». L'idée, c'est d'habituer petit à petit votre bébé à s'endormir en votre absence. Pour ce faire, vous prenez place sur une chaise à côté du lit de bébé, puis vous éloignez votre chaise un peu plus chaque soir, jusqu'à ce que vous vous retrouviez en dehors de la pièce. En théorie, le bébé n'aura bientôt plus besoin de vous pour dormir. Un site suggérait de reculer la chaise de trente centimètres chaque jour. Cette technique présentait un inconvénient. Je ne sais pas quelle est la taille moyenne des chambres d'enfant, mais la nôtre n'est pas très grande, et le lit de Charlie n'est qu'à soixante centimètres de la porte. Dès le deuxième soir, nous étions dans le couloir. Ça ressemblait plutôt à « va te faire foutre » qu'à un retrait. Apparemment, cette méthode est censée donner des résultats au bout de deux semaines. Si je compte bien, deux semaines, ça fait quatre mètres cinquante. Si j'avais déplacé ma chaise à ce rythme, au bout de quinze jours, je me serais retrouvé hors de portée de voix, assis dans l'allée du voisin, l'air un peu con. Certains proposaient même de continuer pendant des mois. Si je l'avais fait, au bout d'un mois, je me serais retrouvé devant la poste, au bout de deux, à la bibliothèque et au bout de cinq, à la piscine municipale.

La méthode de l'extinction

Étant donné la controverse qui entoure cette méthode, on peut penser qu'ils auraient dû trouver un nom un poil moins agressif. Ça ressemble au genre d'euphémisme qu'un tueur à gages emploierait pour décrire son travail. Certes, buter le bébé réglerait définitivement le problème de son sommeil, mais la méthode de l'extinction n'est pas aussi drastique. En fait, elle est accompagnée d'un slogan, lequel n'arrange pas vraiment les choses : « Laissez-les pleurer jusqu'à ce qu'ils en aient marre. » Ils auraient pu appeler ça « la méthode ferme ta gueule », ou « la méthode fais-toi une raison », ce qui présenterait au moins l'avantage de se débarrasser du mot « extinction » et de ses connotations : meurtre, mort, ou génocide des espèces en voie de disparition pour fournir des aphrodisiaques aux Chinois.

Cette méthode consiste donc à laisser pleurer les bébés jusqu'à ce qu'ils s'endorment.

Nous n'avons pas essayé ça. Je ne juge pas les gens qui le font. (On se sera déjà rendu compte, à ce stade de la lecture, que je ne connais strictement rien à ce dont je parle.) J'ai rencontré beaucoup de personnes qui ont essayé et dont les enfants semblent se développer sans sombrer dans la triade meurtrière des problèmes psychologiques : faire pipi au lit, être cruel avec les animaux et aimer mettre le feu aux choses.

D'après ce que je comprends, l'idée n'est pas de les ignorer, mais de les amener à se rendre compte qu'ils sont en sécurité quand ils sont tout seuls. De leur permettre de s'auto-calmer. (Ce qui suggère la remarque suivante : pourquoi n'appellent-ils pas ça la méthode auto-calmante ?)

Je tiens à préciser une chose : je n'ai pas gardé le souvenir de la façon dont mes parents géraient mes pleurs quand j'étais bébé, mais ma maman raconte toujours la même histoire. Alors que j'étais un peu plus vieux que Charlie ne l'est aujourd'hui, je pleurais à m'en décrocher les plombages lorsqu'on me mettait au lit. Alors un soir, après la tétée, ma maman et mon papa ont décidé de me laisser pleurer. Au bout d'environ une heure, ils ne m'ont plus entendu. À l'évidence, ils étaient ravis : c'était dur de me laisser m'égosiller, mais, en fin de compte, ça marchait, ça marchait ! Puis, deux heures plus tard, quand ils sont entrés dans ma chambre pour s'assurer que tout allait bien, ils ont découvert que je ne dormais pas du tout. J'avais passé les deux heures précédentes à me tartiner et à tartiner les murs avec mon caca.

J'ai souri en agitant une main marron en direction de ma maman, et on ne m'a plus jamais laissé m'auto-calmer.

*

Il existe des milliers d'autres méthodes que les coachs en sommeil et les gourous recommandent en tirant parti de votre fatigue pour vous déverrouiller le porte-monnaie. Mais, en réalité, toutes ne sont que des variantes de trois méthodes de base :

- **Méthode 1 : Ne les laissez jamais pleurer – pour les hippies invertébrés qui élèveront des chochottes.**
- **Méthode 2 : Laissez-les pleurer un peu – pour les pitoyables crétins, incapables de prendre une décision.**
- **Méthode 3 : Laissez-les pleurer – pour les monstres inhumains, pervers et sans cœur.**

Alors, ne vous inquiétez pas, quelle que soit celle que vous choisirez, vous aurez tort. En outre, si l'on en juge par le nombre de parents connectés sur Facebook à trois heures du matin, aucune ne fonctionne.

Ce qui marche

Comme pourront vous le dire tous ceux qui, au bord du craquage, ont effectué des recherches sur le sommeil des bébés, séparer le bon grain de l'ivraie est virtuellement impossible. Aucun autre sujet n'est un tel champ de mines de contradictions. La première fois que j'ai mentionné « l'entraînement au sommeil » sur mon blog, j'ai reçu des tombereaux de messages de professionnels. Les deux premiers (et les deux seuls) que j'ai lus commençaient ainsi :

1. Laisser pleurer un bébé n'est pas de la torture. Cela ne provoque ni stress ni dommages psychologiques durables chez le bébé.
2. Pour un bébé, quand on le laisse pleurer, c'est de la torture.

Quand les experts se contredisent de façon aussi flagrante, leurs conseils n'ont plus aucun sens.

Je suis sûr que tous ces gourous qui promeuvent leurs théories ont fait beaucoup de recherches sur les rythmes de sommeil des bébés, qu'ils ont mené toutes sortes d'expériences et qu'ils ont des diplômes en pagaille. Il n'y a qu'à voir. Ils commencent leurs paragraphes avec des phrases telles que : « Jeune ou vieux, quand l'obscurité se fait, votre glande pinéale libère une hormone, la mélatonine. Ceci met en route... »

... Désolé, j'ai piqué du nez, là.

Et c'est ça qui est si énervant avec les conseils des experts. S'ils se contredisent, c'est parce qu'en réalité personne n'y connaît rien. Pas vraiment. Et déblatérer sur la glande pinéale ou sur toute autre glande à l'intention de parents privés de sommeil et qui ont besoin de réponses, c'est se foutre de la gueule des gens. Les parents ne veulent pas faire un doctorat, ils veulent un truc qui marche tout de suite. Et qu'on ne dise pas que ce truc n'existe pas. On en veut un !

L'expert : « Oui, mais il n'y a pas de truc immédi... »
Le parent : « Vous ne m'écoutez pas ! »

Aussi vient-il un moment où ne pas écouter les conseils devient une attitude éminemment raisonnable. Un moment où bercer son bébé, le nourrir quand il en a envie ou même le laisser dormir dans votre lit vous paraît intelligent. « Je comprends bien que je suis en train de créer un monstre et que, dans deux ans, j'aurai un enfant qui ne s'endormira jamais... et alors ? Si je ne parviens pas à dormir quelques heures par nuit, je serai mort bien avant ! » Et vous vous rabattez sur tout ce qu'on vous a constamment enjoint de ne pas faire, et que vous ne faites que parce que ça fonctionne.

Marcher

... jusqu'à ce que vos pieds soient en sang. Prendre un bébé dans ses bras quand il pleure suffit souvent à le calmer. L'étape suivante consiste à le bercer. Et si cela ne fonctionne pas, il faut marcher... jusqu'à ce que vous ayez creusé un sentier sur votre moquette qui ressemble à celui qu'on trouve devant le panneau à fléchettes d'un pub ouvrier du nord de l'Angleterre. En guise d'expérience, j'ai calculé avec un podomètre la distance que j'avais parcourue en une semaine. Je m'en servais déjà avant la naissance de Charlie, et je faisais environ 32 000 pas par semaine. Mais voici, en comparaison, les statistiques d'une semaine pendant la période où Charlie avait quatre mois et refusait de dormir.

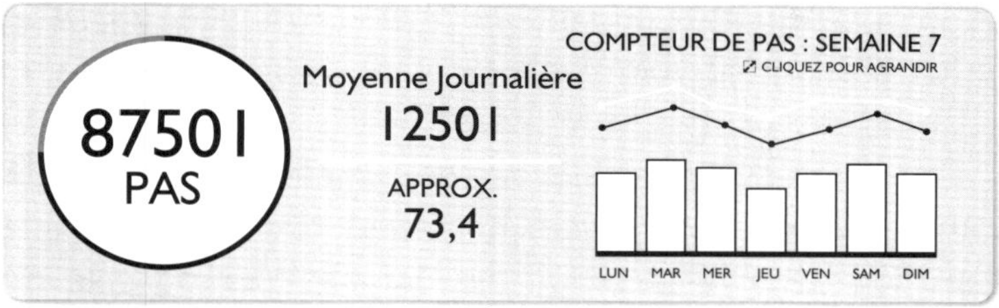

En une semaine, j'avais fait presque soixante-quinze bornes. J'ai regardé : c'est comme si j'étais allé de chez moi à Hull. Pieds nus.

Alors on peut dire sans crainte de se tromper que cette solution consume une énergie précieuse. Mais elle présente trois avantages importants.

1. **Ça fonctionne. Le bébé s'endort effectivement (assez pour que vous puissiez le recoucher, en tout cas).**
2. **Ça vous met en forme.**
3. **Si vous faites des allers-retours au lieu d'avancer tout droit, vous n'atteignez jamais Hull.**

Le principal désavantage de cette méthode, c'est que, selon presque tous les experts, c'est « la pire chose que vous puissiez faire ». « Marcher avec un bébé dans vos bras revient à le conditionner de telle sorte qu'il sera exagérément dépendant de… » Bla, bla, bla… Chut ! Vous allez le réveiller.

La voiture

Si l'on est réaliste, il n'existe que deux explications possibles au fait de rouler dans des rues désertes à trois heures du matin vêtu d'un simple slip. Soit vous essayez désespérément de vous débarrasser du cadavre d'une prostituée, soit vous tentez d'endormir votre bébé.

La voiture, ça marche vraiment.

Cela faisait plusieurs mois que nous menions la bataille du sommeil lorsque nous avons découvert que mettre Charlie dans son siège bébé et lui faire faire le tour du pâté de maisons avait sur lui l'effet du chloroforme. Nous nous en sommes aperçus parce que, dans la journée, il protestait toujours à l'heure de la sieste, mais si nous sortions en voiture, au bout de quelques mètres, il sombrait dans le coma tel un mouton narcoleptique. Nous avons tous deux eu l'idée en même temps ; et si ça fonctionnait aussi la nuit, en dernier recours ?

Évidemment, le soir même, quand Charlie a commencé à s'agiter, je l'ai mis sur la banquette arrière et nous sommes allés faire un tour. En moins de cinq minutes, il dormait profondément. À tel point qu'en rentrant j'ai pu déboucler son siège bébé et l'emporter jusqu'à sa chambre. Après, vous vous contentez de mettre votre bébé dans le lit.

Convaincu d'avoir trouvé un truc extraordinaire, je suis allé dès le lendemain sur Internet pour voir si d'autres que nous employaient cette méthode, et effectivement, j'ai trouvé des millions de parents qui faisaient exactement la même chose. J'ai aussi constaté que, pour les experts, c'était « la deuxième chose la pire que vous puissiez faire ». Bande de branleurs.

Comme je le disais, nous avons découvert que le tour en voiture fonctionnait en observant comment Charlie et nous-mêmes nous comportions pendant la journée. Et ce fut vraiment une révélation...

La simulation en journée

Lorsque quelqu'un dit qu'il a dormi « comme un bébé », en général, il ne veut pas dire qu'il a dormi par intermittence et qu'il s'est régulièrement réveillé en hurlant et en se griffant le visage pour attirer l'attention. Ce qu'il veut dire, c'est qu'il a dormi profondément et la conscience tranquille. Parce que les bébés ne sont pas dérangés par leur conscience... mais bien par tout le reste.

Le moindre bruit va perturber un bébé qui dort, raison pour laquelle chez eux, la nuit, les parents se déplacent comme des fantômes. Ils se transforment en ninjas de la nuit, des ninjas dont le code de l'honneur ne repose pas sur le Bushido, mais sur la prise de conscience qu'il ne faut jamais tirer la chasse d'eau après vingt heures. Les parents doivent apprendre à ne faire qu'un avec leur maison, à devenir experts dans l'art d'éviter les lattes de parquet qui grincent et d'enjamber la septième marche de l'escalier, dont le couinement, qui évoquait autrefois le soupir d'une bonne sœur, ressemble aujourd'hui au cri que pousserait Björk si on lui donnait un coup de pied au cul. Pour devenir des maîtres du silence, les parents doivent apprendre à réprimer leur toux jusqu'à ce que leur gorge soit en feu et à éternuer vers l'intérieur, ce qui vous donne l'impression que vous allez vous faire dessus et que vos yeux vont sauter de leurs orbites. Ils doivent savoir s'éloigner du lit de bébé sans respirer et si possible en forçant leur cœur à s'arrêter de battre. Pas suffisamment longtemps pour que cela entraîne la mort, mais assez pour mettre fin à cet infernal ba-boum, ba-boum qui semble assourdissant dans le silence qu'ils ont créé.

Les parents apprennent à communiquer en silence, en échangeant des regards ou grâce à une langue des signes improvisée, comme celle des commandos qui s'avancent dans la jungle en territoire ennemi. Et quand le silence a enfin été obtenu, quand tout bruit a été dompté, juste au moment où la paix et le calme emportent votre bébé vers ce néant reposant… le salaud qui habite dans la maison voisine passe devant chez vous en ouvrant un paquet de chips, et tout ça n'a servi strictement à rien. Merci beaucoup, Trevor, profite bien de tes chips fromage-oignons, espèce de connard égoïste.

Remarquant que Charlie semblait content de s'endormir dans un environnement aussi bruyant que celui de la voiture, nous avons commencé à nous dire que nous faisions peut-être fausse route dans cette affaire. Peut-être étions-nous trop silencieux. Peut-être que le silence que nous nous obstinions à instaurer provoquait cette exagération des bruits qui réveillait Charlie la nuit.

Voici un post de blog à propos de cette épiphanie :

Man vs Baby : le combat pour le sommeil continue…

Chut, Charlie dort. Mais quelqu'un peut-il m'expliquer pourquoi, lorsqu'il dort pendant la journée, on pourrait livrer bataille dans notre maison avec une fanfare de cuivres sans qu'il bouge un cil ? Mais la nuit, si une souris pète dans la soie à soixante kilomètres d'ici, il bondit instantanément, l'air de dire : « Qu'est-ce que c'est que ce bordel ? »… Ce n'est pas qu'il ne dort pas, c'est qu'il a le sommeil plus léger que la régulière d'O.J. Simpson.

Le plus énervant, c'est quand il dort profondément et que je le remets dans son lit... ou que je l'en ressors... et que mon coude ou mon genou craque... il n'en faut pas plus pour le réveiller.
Il se trouve que j'ai le physique d'un arthritique âgé de quatre-vingts ans, ce qui n'arrange rien. Je n'avais jamais remarqué à quel point mes articulations grincent et craquent... Dans une maison silencieuse, quand j'essaie de me déplacer sans faire de bruit, on aurait l'impression que quelqu'un vient de mettre du bois humide dans un feu.
Alors, j'ai essayé le « bruit blanc », mais dormir dans une pièce avec un poste de radio qui crache de la friture me donne envie de m'écorcher vif. On a aussi essayé le son de la pluie qui tombe, mais ça m'incitait à me lever pour aller pisser toutes les dix minutes.
Je me dis que, pour le faire dormir la nuit, il faudrait qu'on recrée les conditions de la vie diurne, qu'on allume toutes les lumières, qu'on passe l'aspirateur, qu'on allume la télé, qu'on mette à fond un enregistrement de nos voisins en train de mettre leurs bouteilles dans la poubelle de recyclage, ou de moi en train de péter les plombs avec « Martin », de British Gas. Je parie qu'il dormirait comme une souche.

Alors, c'est ce qu'on a fait. Nous avons recréé les conditions de la journée. Quand Charlie ne s'endormait pas, on essayait de brancher l'aspirateur, d'allumer la radio ou la télé, la machine à laver ou le sèche-linge. Et pour incroyable que ça paraisse, ça marchait. Et tout le monde a enfin pu dormir un peu. Au moins jusqu'à l'arrivée de la facture d'électricité. Là, on s'est blottis l'un contre l'autre et on a pleuré.

Le sommeil viendra

Le sommeil est une obsession pour la plupart des jeunes familles. Une enquête estime que les parents perdent en moyenne vingt-six heures de sommeil par semaine pendant la première année de parentalité. Pas étonnant qu'ils soient tous décalqués, qu'ils grimpent aux murs et qu'ils rêvent avec langueur du jour où ils seront morts.

Comme nous l'avons vu, il y a des millions de conseils différents pour amener votre bébé à s'endormir, et je suis certain que chacun de ceux qui les donnent a raison. Leur théorie fonctionne… pour leur bébé. Les spécialistes les plus honnêtes vous diront qu'aucune méthode ne fonctionne pour tout le monde. Comme notre puéricultrice à domicile, une adorable Espagnole du nom de Sylvia, aime à le dire : « Il n'y apache de méthode miracle. »

C'est vrai. Il n'y a pas de truc universel, et parfois, pas de truc du tout, à part laisser le temps passer.

En ayant cela à l'esprit, un de mes amis m'a dit la chose la plus sensée, la plus réconfortante et intelligente que j'aie jamais entendue sur la question :

« Ils ne dorment pas… et un jour, ils dorment. »

Ce n'est pas très profond. Ce n'est pas une conclusion à laquelle il est arrivé après des années de recherche ou d'expériences menées sur des rats ou des chiots. Mon ami n'a pas une ribambelle de diplômes, il n'a pas fait dix ans d'études. Mais sa conclusion est juste, invariablement.

Je ne peux pas m'empêcher de penser que si votre bébé décide de faire ses nuits alors que vous êtes en train d'essayer une de ces méthodes, vous jurerez jusqu'à la fin de vos jours que c'est la bonne. C'est dans la nature humaine que de voir des schémas et de l'ordre là où il n'y en a pas.

Et en matière de sommeil des bébés, les schémas et l'ordre sont des concepts élusifs au point de vous rendre dingue.

Au moment où j'écris ces lignes, Charlie se réveille rarement la nuit. Il a commencé à les faire vers dix mois. Il ne dormait pas… Et il s'y est mis.

Mais à ceux d'entre vous qui sont encore en train de tailler un sentier dans la moquette, à ceux qui côtoient les assassins dans leurs virées nocturnes, ou à ceux qui lisent ce livre au beau milieu d'une longue nuit, j'offre à nouveau ce truisme, comme une lumière d'espoir au bout d'un long tunnel :

Ils ne dorment pas… et un jour, ils dorment*.

* **(Mais ils se réveillent quand même super-tôt, putain !)**

4

Déchets

Cet enfant produit plus de merde que Kanye West.

Sérieusement, si je mettais un exemplaire de chaque disque que West a produit dans une poubelle de rue, je pense que ça ne la remplirait pas… Trois jours de couches et je ne peux même plus fermer le putain de couvercle de la mienne.

Déchets

Lorsque l'inventeur de la bombe atomique, Robert Oppenheimer, a vu la dévastation inhumaine que sa création était en mesure de provoquer, il paraît qu'il a cité une phrase du *Bhagavad Gita*, un des écrits fondamentaux de l'hindouisme : « Je suis devenu la mort, le destructeur des mondes. » Ça m'est revenu à l'esprit la première fois que Charlie a fait caca dans son bain.

Rien ne vous prépare à cela. On était en train de s'amuser à s'éclabousser, et l'instant d'après, j'avais sous les yeux une scène de guerre et de dévastation. Le genre de désastre écologique duquel les défenseurs de l'environnement extraient des poissons morts et des mouettes agonisantes. Un bourbier, où notre fils, telle une minuscule créature des marais, continuait à s'éclabousser, l'air plutôt content de lui.

De toutes vos épreuves, c'est la pire. Mais cinquante pour cent du temps qu'on passe à s'occuper d'un bébé, c'est de la merde. Littéralement.

Méconium !

D'après le site du NHS, dès le premier changement de couche, « il faut essayer de ne montrer aucun dégoût devant le contenu de celle-ci, si vous ne voulez pas qu'il apprenne que faire popo, c'est désagréable ou négatif ». Tout d'abord, les spécialistes peuvent dire ce qui leur chante, le bébé n'a pas la moindre idée de ce que c'est, « avoir l'air dégoûté ». Deuxièmement, d'une façon générale, la merde, c'est désagréable. Faire comme si c'était un petit animal de compagnie marron risque de causer des ennuis.

Avec tout le respect que j'ai pour les psychologues du NHS, à leur place, je m'inquiéterais plutôt des effets psychologiques à long terme que peuvent provoquer sur l'enfant des parents qui sourient bêtement devant ses excréments. Déballer une couche comme si c'était un cadeau de mariage : c'est comme ça qu'on élève un tueur en série. Alors, malgré ce que disent les professionnels, je ne pense pas qu'on doive trop culpabiliser si on a un petit peu l'air horrifié quand on change une couche. En général, il y a une putain de bonne raison.

Dès le jour de sa naissance et pendant environ une semaine, le bébé expulse un truc qu'on appelle le « méconium ». La première fois que j'ai entendu ce mot, je me suis dit que c'était dommage de ne pas l'avoir connu quand je cherchais un nom pour mon groupe indé, en 1998. On dirait le nom d'une planète imaginaire, ou celui d'un des X-Men. En fait (et ce livre n'ira pas plus loin en matière de diffusion de l'information), le méconium, ce sont les restes de tout ce que le bébé a ingéré quand il était dans le ventre de sa mère : le liquide amniotique, la bile, le mucus, une vieille botte, un pneu de vélo...

C'est noir. Ça a la consistance du goudron. On dirait de la Marmite démoniaque, ou le genre de substance dont le diable se servirait pour refaire la chape de l'allée devant chez lui. En fait, quand vous verrez ça, vous vous mettrez à scruter le cuir chevelu de votre bébé pour vous assurer qu'il n'a pas une tache de naissance en forme de triple six. Non seulement c'est perturbant, mais quand vous voyez du méconium, vous pouvez légitimement penser que votre bébé est à l'article de la mort.

La bonne nouvelle, c'est qu'au bout de quelques jours la période méconium prend fin. La mauvaise, c'est que vous allez bientôt regretter la simplicité de ce caca-là, car les conversations des mois à venir porteront essentiellement sur les variations qui caractérisent les cacas suivants. Leur couleur, leur consistance, leur fréquence, leur odeur, et la ressemblance frappante de l'un d'eux avec Jeff Goldblum.

C'est quoi cette merde ?

À part le caca-leurre (voir introduction), voici les abominations auxquelles il faut prêter attention :

Le Standard : Tout est dans le titre : c'est le caca quotidien, le truc ordinaire.

L'Enroulé : Apparemment, c'est le Standard habituel, mais à cause d'une couche mal fixée, ou de la position dans laquelle le bébé a dormi, le contenu s'est enroulé autour du corps du bébé, ce qui donne l'impression que quelqu'un a délibérément enduit votre enfant. Si vous n'êtes pas celui qui l'a changé en dernier, désignez un coupable. Si c'est vous, mettez ça sur le compte d'une couche défectueuse.

Le Fantôme, ou le Caca imaginaire : Celui-ci aussi a toutes les caractéristiques du Standard. L'effort fourni, le son, et même l'odeur. Pourtant, quand vous ôtez la couche, rien. Ne vous inquiétez pas. En gros, l'espace-temps s'est déchiré entre les fesses du bébé et la couche, et ses excréments ont quitté notre univers. (Je ne sais pas où atterrissent ces excréments barbares, mais j'ai de bonnes raisons de croire que c'est dans la salle à langer du TK Maxx de Doncaster.)

L'Ermite : Comme dans le cas du Fantôme, la couche est vide, mais vous apercevez quelque chose qui pointe. Vous l'essuyez, confirmant ainsi sa présence, mais l'Ermite est timide. Revenez plus tard.

L'Expressionniste : Le combiné pet/caca. La concomitance de gaz sous pression et d'excréments peut produire un chef-d'œuvre postmoderne. (Ne restez pas là à l'admirer, ce pourrait tout aussi bien être un caca-leurre.)

La Soupe : La couche a pris la forme d'un bol, et il est plein. Ne vous contentez pas de la plier : il faut la manipuler avec le respect dû à un calice, et l'emporter dans le creux de ses mains jusqu'à la poubelle ou tout autre endroit où l'on pourra en déverser le contenu, de préférence par-dessus la clôture au fond du jardinou dans le Mont Destin.

Le Caca de la mort : Ce qui caractérise cette monstruosité, c'est l'effort que fait votre bébé pour la produire, les veines qui saillent à ses tempes comme s'il était en train de soulever une voiture. C'est ce caca-là qui a tué Elvis. Et la prise de conscience que l'effort est une chose au pouvoir redoutable. Si d'autres déjections ressemblent à un bombardement aérien, celle-ci, c'est « Choc et Stupeur », comme si en l'espace d'une seconde votre bébé perdait la moitié de son poids. N'essayez sous aucun prétexte de nettoyer ça tout seul. Contactez votre partenaire. Bon Dieu, prévenez l'ONU !

Le Jeff Goldblum : Le plus probable, c'est que vous n'en voyiez jamais. Ça ne nous est arrivé qu'une seule fois, mais ce caca-là avait vraiment quelque chose de Jeff Goldblum.

Bien sûr, vous n'êtes pas obligés de vous souvenir de ces différents types d'excréments. On peut simplifier les choses en les classant par gravité croissante. Chez nous, on se sert d'une variante de l'échelle de Richter. Au-dessus de 4, c'est un boulot pour deux, et au-dessus de 6, c'est l'alerte rouge. Sur 7 et 8, on passe en mode « Bestial ».

On n'a jamais eu de 9.

Dans les coins les plus sombres d'Internet, on entend parler du 9. D'après tous les témoignages, le 9 nécessite le recours à des combinaisons de protection et transforme n'importe quelle table à langer en zone contaminée, avec la même demi-vie que la cantine de Fukushima.

Experts de merde

Quel que soit le type de caca que vous ayez à gérer, les spécialistes semblent ignorer l'existence des variations. Les best-sellers sur les bébés sont truffés de paragraphes qui commencent ainsi : « Si votre bébé se salit... », sans reconnaître que « se salir » couvre tout le spectre entre un peu de poussière et les horreurs mentionnées ci-dessus.

Le même problème se pose lorsque ces livres, avec une délicatesse toute caractéristique, parlent de pipi. En tant que père d'un garçon, je pensais que le truc consistant à placer un mouchoir sur ses parties pour éviter qu'il me pisse à la figure était vraiment bon. Il n'empêche que, parfois, il pisse comme s'il avait passé la nuit à enterrer sa vie de garçon, et un petit bout de tissu n'arrêtera jamais un tel débit. Dans ces cas-là, on aurait plutôt besoin du genre d'imper plastic qu'on vous donne à Sea World pour vous protéger des éclaboussures. Et à part l'astuce du mouchoir, aucun de ces livres ne propose de solution quand votre bébé a tellement uriné que la table à langer n'est plus qu'une grande flaque dans laquelle il s'ébat comme un joyeux canard.

En relayant le mythe selon lequel toutes les couches pleines (et tous les bébés) se valent, presque tous ces livres dissimulent la vérité du changement de couche et la remplacent souvent par le dessin ridiculement simpliste d'un bébé placide qui se laisse tranquillement essuyer le derrière.

Je suis toujours déçu lorsque je découvre en tournant la page qu'ils n'ont pas dessiné un parent en train de gérer d'autres variantes, comme la frustration d'avoir plaqué la languette collante de la couche salle sur celle de la couche propre. (Je fais ça tout le temps. Mon record, c'est quatre fois de suite. Ça a donné une guirlande très décorative, l'air d'être tout droit sortie de l'atelier de travaux manuels d'un asile psychiatrique.)

Les Jedi du caca

Pour être franc, les cours prénataux constituent une très bonne préparation à la gestion de tous ces désagréments. La plupart des cours fournissent une initiation au changement de couches, mais, pour ma part, j'y ai assisté en me disant que c'était probablement une perte de temps. Ça ne devrait pas être si compliqué que ça de changer une couche, non ? Stupidement, en voyant les couches pleines de couleurs et les bandes autocollantes, je croyais que ce serait comme envelopper un cadeau particulièrement répugnant.

Dans cette « Initiation aux couches », on m'a mis en binôme avec un autre homme et on nous a donné une poupée pour nous exercer. (Je ne sais pas pourquoi ils ne nous associaient pas avec nos conjoints – quelque chose à voir avec la responsabilisation du père.) Pour ajouter une touche de réalisme, ils avaient fourré une sorte de sauce chutney dans la couche de la poupée. C'était plus difficile que je ne l'aurais cru. Je n'ai pas décollé correctement l'une des languettes et, quand j'ai essayé d'ôter la couche, elle s'est ouverte brusquement et un petit bout de chutney a atterri dans la bouche de Jeremy. Pris par son rôle, il a momentanément oublié que ce n'était que de la sauce et s'est penché sur la poubelle, saisi d'un haut-le-cœur.

Mes débuts dans la carrière n'étaient pas prometteurs, et la femme de Jeremy le regardait comme si elle pensait avoir fait la plus grande erreur de sa vie. (Ce qui, bien sûr, était le cas : au cours de la semaine que durèrent ces cours prénataux, il devint clair que Jeremy était un parfait crétin.) Mais malgré ce départ hésitant, au cours des leçons suivantes, nous nous sommes entraînés et nous sommes devenus meilleurs, et bientôt, nous sentions tous que nous maîtrisions parfaitement la technique. Nous étions les Jedi du caca.

Mais la réalité quotidienne du changement de couches a ridiculisé cette confiance initiale. Les cours prénataux ont beau être très utiles, souvenez-vous d'une chose : les poupées ne bougent pas. Elles ne vous pissent pas dans les yeux et ne font pas caca sur vos manches pendant que vous les changez. Elles ne trempent pas leurs mains dedans comme si c'était du Nutella, elles ne vous arrachent pas la lingette des mains pour se la mettre dans la bouche. Et les poupées ne braillent pas tout du long comme si c'était la fin du monde... ou, bien, bien pire, elles ne vous rigolent pas au nez en constatant à quel point vous êtes dépassé.

Le « changeur »

Le problème principal, c'est qu'il n'y a aucun moyen sûr de savoir quelle sorte d'avatar s'est présenté dans la couche, à part regarder dedans. Vous êtes donc désigné d'office, vous serez le « changeur ». Avant d'avoir Charlie, je trouvais toujours bizarre de voir des parents, au restaurant ou ailleurs, soupçonner leur bébé d'avoir fait ses besoins, planter leur nez sur ses fesses et aspirer comme s'il s'agissait d'une brise marine, avant de lâcher d'un ton nonchalant : « Oui, il a fait caca ! » Aujourd'hui, je sais que, en dépit de toutes les technologies sophistiquées qui permettent de mesurer le moindre signal vital, cette méthode à l'ancienne est le seul moyen de savoir si le bébé s'est soulagé. Mais cette méthode elle-même n'offre pas toutes les garanties. Vous pouvez estimer sa nature par son odeur, le son ou les gargouillis qu'elle fait, mais en réalité, en baissant sa culotte, vous pouvez tout aussi bien tomber sur un Fantôme ou nez à nez avec un 9.

Les horaires réguliers n'ont pas cours non plus : ce n'est pas le genre des bébés. Comme quand j'étais étudiant et que je ne mangeais que de la viande industrielle, les bébés peuvent être muets pendant plusieurs jours. En d'autres occasions, ils sont prolifiques. Notre recherche Google la plus fréquente au cours du premier mois, c'était : « À quelle fréquence un bébé fait-il ses besoins ? » Étonnamment, les spécialistes déclaraient qu'une fois tous les cinq jours, c'était normal, mais douze fois par jour aussi. Comment les deux peuvent-ils l'être en même temps, bordel ? Si un bébé d'un mois lâche une crotte tous les cinq jours, au cours de sa vie, il ne l'aura fait que six fois, alors que si c'est douze par jour, ça fait trois cent soixante fois ! J'ai calculé que si vous posiez ces deux bébés côte à côte dans un aquarium, le prolixe les aurait noyés tous les deux avant que le constipé n'ait produit l'équivalent d'une cuillère à café.

Il est important de garder cela à l'esprit pour développer une approche intelligente du partage des tâches. Il y a le système de la simple alternance : « C'est moi qui l'ai changé la dernière fois. » Ou, plus controversé, le système : « C'est toi qui l'as dans les bras. » Chaque méthode présente des avantages et des inconvénients. La « C'est moi qui l'ai changé la dernière fois » exige que les deux parties en présence se rappellent qui a changé la dernière couche, et quand vous faites ça douze fois par jour, ça peut devenir difficile. De plus, ce flou peut être exploité et la faiblesse d'un individu privé de sommeil peut être utilisée au détriment de ce dernier. Mais si votre conjoint réagit au quart de tour et qu'il a la mémoire d'un cyborg, vous n'aurez pas moyen d'y couper quand ce sera votre tour. Lyns est comme ça, et dans ce scénario, l'approche « C'est moi qui l'ai changé la dernière fois » manque un peu de flexibilité. Une météorite pourrait tomber dans notre chambre et me couper les jambes et les bras : Lyns poserait les yeux sur mon torse tremblant et dirait : « C'est ton tour, p'tit gars. »

La méthode « C'est toi qui l'as dans les bras » est beaucoup plus flexible. Celui qui est avec le bébé au moment où il fait ses besoins est censé s'y coller. Le problème, c'est que cette façon de faire ressemble au jeu du paquet, et que votre bébé devient un ballon de rugby nucléaire. Après l'avoir adoptée pendant quelque temps, nous sommes entrés dans une sorte d'escalade de la Guerre froide, une politique de la terreur où chacun de nous le gardait le plus longtemps possible, afin de le passer au tout dernier moment. Accessoirement, la clé d'une passe réussie, c'est de repérer « le visage » suffisamment tôt. Dans les secondes qui précèdent une livraison, le visage du bébé prend une tonalité rougeâtre, il a l'air de se concentrer, comme s'il essayait d'ouvrir un pot de confiture particulièrement rétif. Le truc, c'est de faire la passe avant qu'il soit parvenu à ôter le couvercle.

Que vous optiez pour « C'est moi qui l'ai changé la dernière fois » ou pour « C'est toi qui l'as dans les bras », un ou deux facteurs viennent compliquer les choses. Par exemple, que faire lorsque le bébé fait caca alors qu'il est tout seul dans son lit, ou surveillé par une tierce personne, ou encore par un membre de votre famille suffisamment éloigné pour pouvoir vous envoyer paître quand vous lui proposez de retrousser ses manches. Quoi qu'il en soit, à partir de l'ensemble des informations présentées ci-dessus, nous avons trouvé une méthode qui fonctionnait pour nous. Ça a l'air compliqué comme ça, mais je l'ai résumée par un diagramme simple :

C'EST À QUI DE CHANGER LA COUCHE ?

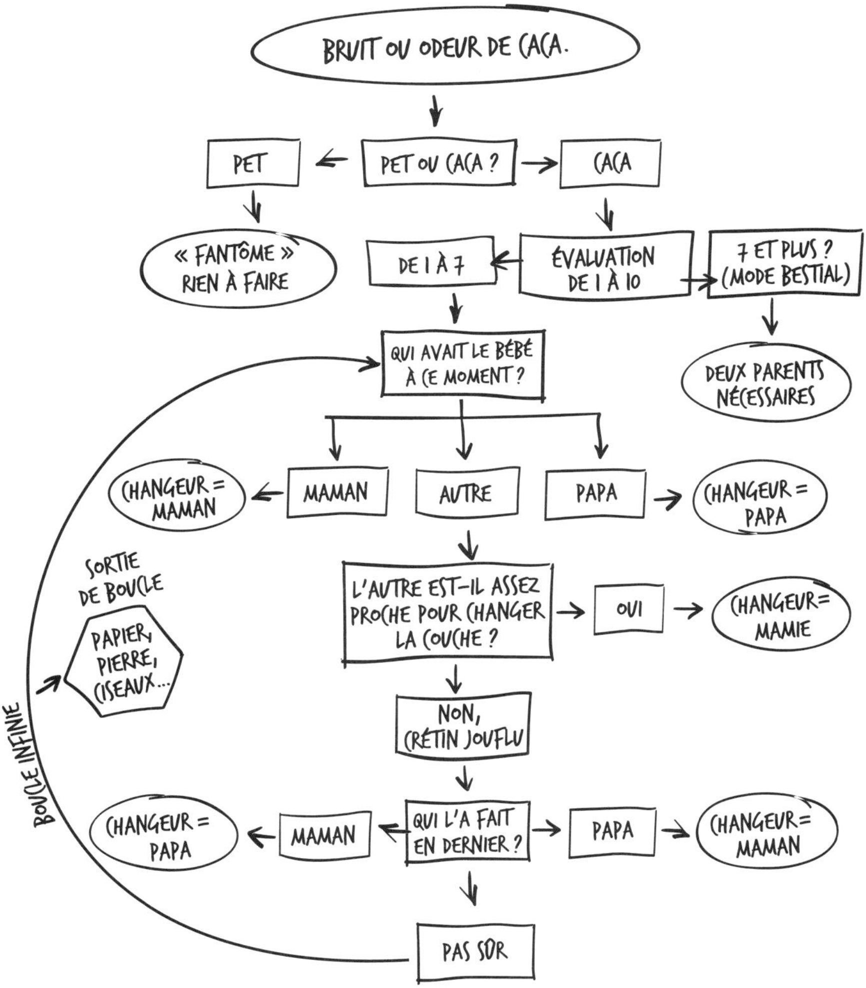

De la « Révélation » à l'« Indiana »

Après évaluation des dommages, vous avez écarté l'éventualité du Fantôme, il faut changer la couche et c'est votre tour.

Comme je le disais, je suis devenu très performant dans l'exercice. Je trouve utile de m'imaginer que je suis un candidat de *The Cube* ou de *Fort Boyard*, et que je dois accomplir une série d'épreuves en un temps limité. Dès que vous commencez à changer la couche, le compte à rebours est lancé et vous devez accomplir chaque tâche avant de passer à la suivante. En fait, si l'on avait disposé des tuyaux permettant d'asperger les candidats de pipi et de caca chaque fois qu'ils perdaient une vie, on aurait là une simulation précise de la pression ressentie par le changeur de couches.

Plusieurs défis se posent au candidat.

Le premier, c'est la « Révélation ». La Révélation est caractérisée par l'espoir qui l'accompagne. Tandis que vous décollez les languettes et que vous mettez au jour le contenu de la couche, quelque chose en vous espère et prie pour que ce soit un Fantôme – ou alors juste une ombre évanescente.

Puis vient le « Déni ». Vous avez vu un des avatars, mais vous refermez la couche aussitôt et niez son existence. Vous tentez de revenir à l'état de non-connaissance, tel Schrödinger essayant de refermer le couvercle sur son chat mort.

Vient alors l'étape du « Retournement ». C'est un très bon conseil que m'a donné notre puéricultrice à domicile : en gros, il s'agit de retourner la couche sur elle-même afin d'envelopper le chaos dans une sorte de gâteau au caca.

En général, cela empêche le contenu de se répandre sur vous et votre bébé.

Le Retournement est rapidement suivi du « Nettoyage » (nul besoin d'expliquer le terme), puis d'une étape cruciale : l'« Indiana ».

L'Indiana est la phase la plus délicate de l'opération, car elle consiste à écarter la couche sale pour la remplacer d'un geste fluide par une propre. C'est exactement le geste que fait Indiana Jones dans *Les Aventuriers de l'Arche perdue*, quand il doit remplacer une idole en or par un sac de sable du même poids. Indiana se plante et c'est la merde. Ne vous plantez pas, sinon, il y aura de la merde partout, sur les murs, la moquette et le chien. Sérieusement, si la foudre frappe à ce moment-là, vous êtes foutu.

Il reste une dernière étape, peut-être la plus vitale, mais aussi la plus sous-estimée. Le « Recollage ». C'est en général le moment où vous vous rendez compte que vous avez mis la couche à l'envers. Putain, elle est toujours à l'envers. Toujours. Il est pratiquement impossible de distinguer l'avant d'une couche de son arrière. L'arrière est juste un peu plus large. Les fabricants de couches, dans leur grande sagesse, ont tendance à imprimer des images de petits lapins sur les deux côtés plutôt que ce qui serait vraiment nécessaire, en l'espèce des putains de majuscules indiquant « AVANT » sur le devant et « ARRIÈRE » sur le derrière. Pour une raison mystérieuse, ils sont convaincus que les parents font une pause au milieu de l'opération afin d'admirer à loisir les éléphants qui batifolent, au lieu de se dire : « Seigneur, par pitié, faites qu'elle soit dans le bon sens, ce bébé va me faire caca sur la main. »

FIG 1. BREVET EN INSTANCE FIG 2.

Bien sûr, si tout cela vous semble trop compliqué, vous pouvez opter pour l'approche « sans couches ». Oui, ça dit bien ce que ça veut dire, et encore oui, c'est aussi dingue que ça en a l'air.

L'idée, c'est que, au lieu d'obliger un bébé à porter une couche, vous devez tenter de repérer quand il est sur le point de faire caca et, pile à ce moment-là, le tenir à bout de bras au-dessus d'un pot ou des toilettes. C'est l'exemple parfait d'une de ces idées à la con qui prétendent nous ramener vers des usages plus naturels en matière d'éducation des enfants. Les tenants de cette méthode ressassent les arguments habituels selon lesquels « on n'avait pas de couches quand on vivait dans des grottes ». C'est peut-être vrai, mais on n'avait pas non plus de moquette ! *La parentalité orientée vers le bébé* est un livre où l'on apprend qu'il faut s'attendre à « beaucoup de loupés » et « quelques réussites »... Sans blague ? En réalité, en moins d'une semaine, votre maison va ressembler, tant par l'aspect que par l'odeur, à un chenil. Au lieu de changer des couches, vous serez obligés de la récurer du sol au plafond une fois par semaine et vous vous demanderez pourquoi plus personne ne vient vous voir. (Accessoirement, qu'est-ce que vous faites quand Junior est en vadrouille au supermarché ?)

C'est encore une de ces théories bizarres. Au début du chapitre, nous avons vu que le NHS conseille de ne pas prendre un air dégoûté quand on change les couches de crainte de perturber l'enfant. D'autres spécialistes vont plus loin et vous incitent à discuter du sujet avec votre nouveau-né (qui ne connaît rien à rien), de lui dire qu'il a fait popo ou pipi et de lui expliquer pourquoi vous le changez. D'après eux, si vous suivez ces règles simples, le changement de couches peut devenir un « merveilleux moment d'intimité partagée ».

Bon, chacun son truc, mais, personnellement, je préfère lire *L'Escargot et le Cachalot* à Charlie que lui changer ses couches, et je ne vais pas me sentir coupable de trouver ça moins marrant que de sortir en soirée. Je ne vais pas me flageller parce qu'il m'arrive d'afficher mon dégoût et de grimacer en criant : « Doux Jésus de la mer Morte, mon gars ! » quand je découvre un monstre. Je ne vais certainement pas me sentir inadapté parce que je n'envisage pas un seul instant que mon gamin puisse se promener dans la maison en déposant ses petits paquets-cadeaux un peu partout.

Un mot à propos des jumeaux

J'ai bien conscience que, parmi les lecteurs, certains ont des jumeaux ou en attendent, et qu'ils vont glousser de mépris en lisant ce chapitre, voire ce livre en entier. Que ce soit clair : je suis en admiration devant les parents de jumeaux, et tout particulièrement quand je songe à toute cette histoire de déchets.

Un de mes amis a eu deux paires de jumeaux, et quand je lui ai parlé des difficultés que nous rencontrions en la matière, il m'a ri au nez. Il m'a raconté qu'en surveiller un tout en changeant l'autre, c'était difficile, mais que quand ils se synchronisaient, c'était *Apocalypse Now*. Du pipi jaillissait de l'un et du caca de l'autre. Ça devenait un jeu de confinement, un vrai jeu de massacre. À l'entendre, c'était la fin du monde. Un autre ami, Gavin, était présent lorsque nous en discutions, et il a eu l'idée d'une solution simple : choisissez celui que vous préférez et laissez l'autre dans son caca. Gavin n'a pas d'enfants. Mais, avec un tel talent, il sera un père fantastique, un jour.

Alors...

C'est en changeant une couche qu'on perçoit à quel point, dans l'espèce humaine, le nouveau-né est vulnérable. Dès leur naissance, les animaux peuvent courir, se mettre à l'abri, reconnaître un danger, communiquer et se comprendre. Mais un bébé dépend entièrement de vous. Il est incapable de faire quoi que ce soit, à part manger, produire des excréments et faire des bulles de salive.

Quand vous vous rendez compte que vous avez l'entière responsabilité de subvenir aux besoins de ce petit être humain, c'est écrasant, mais gérer les déchets que la parentalité entraîne donne la mesure de l'amour que vous avez pour lui tout autant que lorsque vous le faites sauter en l'air ou que vous lui chantez des chansons sur les animaux de la ferme.

Souvenez-vous aussi, tandis que votre enfant fait des moulinets sur la table à langer en plongeant les pieds dans ses excréments, qu'un jour vous serez peut-être à sa place : quand l'âge et l'infirmité auront jeté leur manteau sur votre corps flétri, quand le temps aura déroulé sa boucle inexorable et que l'enfant sera devenu un père pour son père.

Et quand ce jour viendra, quand Charlie aura la responsabilité de subvenir à mes besoins les plus vitaux, je saisirai cette opportunité avec une étincelle dans le regard et la vengeance dans le cœur…

Et je me chierai dessus.

5
L'alimentation

En matière d'alimentation des bébés... tout le monde a un avis.

Vous pourriez lire l'énorme quantité de publications universitaires sur l'obésité infantile, vous focaliser sur les conseils des nutritionnistes et vous retrouver encerclé par des graphes à codes couleur qui mesurent les prises quotidiennes de sel et de sucre dans chaque petit bout de matière organique qui passe les lèvres de votre bébé...

Mais tout cela se résume à ce qui suit :

Allaitez si vous pouvez. Ne vous inquiétez pas si vous ne pouvez pas. Et quand les petits commencent à manger du solide, essayez de ne pas les nourrir exclusivement de Twix et de Monster Munch écrasés. Sinon, ils deviendront aussi gros et cons que les types qui pensent que nourrir leurs enfants avec des Twix et des Monster Munch ne présente aucun inconvénient.

L'alimentation

Au cours de la première année de parentalité, il y a des moments que vous trouvez étranges. Des moments qui vous font comprendre à quel point on cache au grand public les premiers stades de cet état. Des moments qui sont tout simplement surréalistes et bizarres.

Pour moi, l'un de ces moments s'est produit dans la salle de bains, quand j'ai trouvé la femme avec qui je venais de passer les vingt dernières années de ma vie branchée à des tuyaux, en train de se faire traire par le genre de machines que Willy Wonka aime bien.

Un tire-lait électrique, en gros, c'est ça : une trayeuse automatique, apparemment conçue par un génie dément et fétichiste.

Dans le bric-à-brac que nous avons acheté avant la naissance de Charlie, je me souvenais vaguement de ce truc-là. Mais le voir fonctionner, c'est quelque chose. Un empilage de câbles et de tubes reliés à une sorte de grand entonnoir que Lyns pressait contre son sein. Avec le son rythmé de succion de la pompe, on avait l'impression qu'elle jouait d'un obscur instrument d'Europe de l'Est.

(En fait, ça fait un son très agréable. Une fois habitué à son étrangeté, j'ai songé que si je pouvais apprendre à Lyns à jouer de l'harmonica et à faire claquer des cymbales entre ses genoux, on tenait peut-être quelque chose.)

Il s'avère que le spectacle d'un tire-lait en action est l'une des choses les moins bizarres que vous soyez amené à voir dans l'étrange monde de l'alimentation infantile. Ça veut tout dire. Ce qui est vraiment bizarre, ce sont les opinions, les jugements et l'attitude excentrique des omniscients, des dérangés, des types blessants et des bas du front, tout simplement.

Ouais, ça, c'est vraiment bizarre !

Biberon ou sein

En mars 2016, un célèbre réchauffeur de plats, Jamie Oliver, nous a donné son avis sur les mérites de l'allaitement. Il a insinué que le choix de ne pas allaiter pouvait plonger votre enfant dans l'horreur. Des choses comme le retard de croissance, l'obésité et une mauvaise santé.

À sa décharge, il disait tout cela avec les meilleures intentions, mais il ignorait totalement qu'il venait de mettre le pied dans le champ de mines ultime de la parentalité : la polémique biberon/sein. Et petit à petit, tandis que le retour de bâton gagnait en importance, il a pris conscience que, s'il avait publié un livre de recettes avec des caricatures de Mahomet dans les marges, la controverse eût été moindre.

Il a poursuivi en affirmant que l'allaitement réduit les risques de cancer du sein, que c'est pratique, nourrissant, meilleur et gratuit. Tout cela est peut-être vrai, mais, quand il a dit que c'était facile, il a été assailli par un groupe de personnes soutenant que leur opinion était plus valable que celle d'un type qui faisait la cuisine à la télé : les femmes. Et, plus spécifiquement, des femmes avec de vrais seins… qui avaient effectivement essayé de s'en servir pour alimenter des bébés.

Allaiter n'est pas facile. D'après ce que j'ai vu, ça peut même être incroyablement difficile, et très souvent impossible.

Je pense que tout le monde comprend l'argument selon lequel « le sein, c'est mieux ». En fait, Lyns allaite Charlie, mais dire que c'est facile est un mensonge. Et d'après les autres femmes avec qui j'en ai parlé, le sein, ce n'est pas forcément mieux, si l'effort que ça vous demande vous ronge l'esprit au point de vous rendre folle ou favorise l'apparition du détestable spectre qui hante les nouvelles mamans : la dépression.

Je ne suis pas en train de dire qu'allaiter n'est pas une bonne chose, mais un millier de facteurs différents affectent la saine croissance d'un enfant et la santé mentale de sa mère est certainement le plus important de tous.

D'ailleurs, moi, j'ai été nourri au biberon. Je suis encore en vie, je ne suis pas obèse, je ne vole pas leurs chaussures aux femmes, je ne mesure pas un mètre vingt, et j'ai survécu. Posez la question autour de vous. Ça m'étonnerait que vous puissiez faire la différence entre ceux qui ont été nourris au sein et les autres. En dépit de tous les commentaires pétris de bonnes intentions à propos des vertus de l'allaitement, on peut affirmer sans risque que c'est un peu plus compliqué que ça. Sinon, quand ces bébés deviendraient adultes, les tenants du « sein, c'est mieux » pourraient démontrer leur thèse en plaçant un assortiment de personnes dans une pièce et en les identifiant facilement : ceux qui ont allaité auraient une carnation parfaite et des abdos en béton, ceux qui ont tété le biberon seraient rachitiques et édentés.

Facile ?

L'ignorance dans laquelle je me trouvais avant de devenir papa m'avait, moi aussi, amené à croire que l'allaitement, c'était facile. Je pensais que le processus d'alimentation du bébé était un exemple de l'élégance de l'évolution. Que la nature avait doté les femmes d'une source de nourriture naturelle et permanente pour leur progéniture : toujours disponible, facilement accessible, avec des tétons parfaitement adaptés à la forme des lèvres de leur bébé, jusqu'au jour où ils se mettent à réclamer des chicken nuggets. Mais, en réalité, l'évolution s'est plantée. Le bébé n'a pas l'air de se rendre compte que ses lèvres sont parfaitement adaptées, ni même qu'il a besoin de se nourrir. À la naissance, les bébés n'ont pas la moindre idée de ce genre de trucs et il faut tout leur enseigner. Le problème, c'est qu'ils sont vivants depuis si peu de temps qu'ils n'ont vraiment pas la tête à apprendre.

La campagne pour encourager les femmes à allaiter commence à l'hôpital, lorsqu'un téton se met à focaliser l'attention de tous les présents – à part le bébé, qui, après tous ces millénaires d'évolution, fouaille autour comme un cochon aveugle en balançant la tête jusqu'à ce que le bout protubérant se trouve près de sa bouche. On a alors l'impression qu'il va s'y « accrocher » (un terme délicat qui évoque les rapports entre une voiture et une caravane), mais au dernier moment il s'en détourne et balance sa tête encore un petit bout de temps, tandis que tout le monde fait des Ooooh ! et des Aaaah ! comme s'il venait de louper un but devant une cage vide.

La dignité simple et belle de l'allaitement viendra plus tard, parce que, dans cette période d'orientation spatiale, les bébés sont à l'ouest et montrent autant de dignité qu'un poisson essayant de copuler avec une porte.

Apparemment, les raisons pour lesquelles les bébés ont du mal à prendre le sein sont nombreuses. Parfois, le lait ne vient pas, ou ils peinent à trouver le téton, ou ils n'ont pas un réflexe de succion assez développé, ou, allez savoir, ils n'en ont peut-être rien à péter. Toutes ces raisons nous sont devenues familières pendant ces premiers jours frustrants où l'on tente de convaincre le bébé de faire quelque chose qui devrait lui venir naturellement. À la fin, on voulait simplement que Charlie « capte le truc ». Mais c'était un peu comme essayer de monter un réseau wi-fi quand aucun élément ne communique avec un autre. On savait qu'on avait les bons mots de passe, toutes les diodes clignotaient au vert... mais ça ne fonctionnait pas.

Finalement, les derniers lambeaux de notre dignité furent balayés lorsqu'une infirmière qui avait de la bouteille se mit à pétrir le sein de Lyns comme un fermier qui encourage une vache rétive. L'infirmière Bennet était rougeaude et terre à terre, et j'ai bien cru qu'elle allait sortir un tabouret à trois pieds et remplir un seau métallique en donnant de grandes claques sur les flancs de Lyns et en gueulant « bonne fifille » dès que celle-ci lâcherait une goutte.

Mais Charlie a capté. Subitement, il a capté. Et ce fut un moment de triomphe.

Rétrospectivement, il semble étrange de penser que c'était aussi difficile. Au moment où j'écris ce chapitre, Charlie tète comme un vieux pochetron tirant sur un doseur à bouteille avec un verre à whisky. Mais pour Lyns, comme pour beaucoup de femmes, ce fut difficile.

Ce que je ne voudrais pas, maintenant, c'est qu'il arrête. Apparemment, après tous ces efforts, ils ont du mal à lâcher l'allaitement. Et les conseils qu'on vous donne pour les faire arrêter ne valent guère mieux que : « Plantez solidement un pied par terre, l'autre sur le sein de la maman, saisissez votre bébé par les hanches et tirez aussi fort que possible. »

L'allaitement et les tordus

Il y a une certaine controverse autour du choix entre le biberon et le sein, et sur la facilité à opter pour cette dernière option, mais ce n'est rien en comparaison de celle qui entoure l'allaitement en public. Tous les quelques mois, une célébrité va intervenir pour dire qu'elle trouve ça « dégoûtant ». Ou un quelconque restaurant, dans un trou perdu, va bousiller son classement sur TripAdvisor en exigeant d'une pauvre femme qu'elle « se couvre » (comme si elle dansait nue devant le buffet au lieu de donner le sein à son bébé).

Sur l'allaitement, les remarques de Katie Hopkins, connasse professionnelle, sont typiques du genre :

> **Elles n'ont pas le droit d'écœurer tous ceux qui veulent mettre du lait dans leur thé. Cachez-les, les filles.**

Apparemment, Nigel Farage est d'accord, puisqu'il suggère que les femmes qui allaitent (et pas simplement les bronzées) aillent « s'asseoir dans un coin ».

Et que dire de Katie Price, l'arbitre moral du bon goût ? Du haut de ses airbags, elle déclare :

Je voudrais pouvoir dîner sans voir les nichons d'autres femmes.

Il ne faut quand même pas charrier, pendant presque une décennie, tous les habitants du Royaume-Uni n'ont pu manger ne serait-ce qu'un toast sans voir ses seins gonflables à l'écran ou dans les journaux.

Et même la philosophe sociale Kim Kardashian s'est invitée au débat, mettant à profit l'étendue de son vocabulaire pour tweeter « Beurk » quand une femme s'est mise à allaiter à côté d'elle.

Beurk, en effet.

Il y a quelque chose de monumentalement déprimant à voir une femme faire beaucoup d'efforts pour allaiter son bébé et perdre courage à cause de ces opinions bizarres et ces déclarations publiques de dégoût. Pour être honnête, je pensais réellement que, dans la vraie vie, ces tentatives de découragement étaient un mythe. Qu'à part de rares exceptions il était impossible que des gens défendent de telles opinions… Mais, un jour, vous vous rendez compte que c'est le cas.

J'ai écrit un article sur mon blog quand j'ai découvert ça :

L'allaitement et les tordus

Je sais que quelqu'un a probablement déjà dit tout ça, mais qui sont ces tarés qui ont un problème avec l'allaitement en public ? Ou ces tordus qui disent que « ça ne les dérange pas à condition que ce soit fait discrètement » ?

Bon... Vote à mains levées... Est-ce que quelqu'un a déjà été témoin d'un allaitement fait autrement que discrètement ? Quant à moi, je n'ai jamais vu une femme donner le sein en dévoilant ostensiblement ses tétons pailletés au son d'un remix house de *Here Comes the Bloom*. Ou fixer son bébé à une cible tournante et, au son du roulement de tambour, balancer des jets de lait en se pressant les seins à trois mètres de distance.

En fait, quand j'y pense, je n'ai jamais vu le téton d'une femme en train d'allaiter parce que... (et c'est le passage scientifique)... c'est par là que le bébé se nourrit. Donc le téton est, par conséquent, recouvert par la bouche de l'enfant. (Peut-être que je ne lorgnais pas assez, contrairement à ces tordus qui sont tellement choqués.)

Ce que vous voyez, lorsqu'un bébé tète au sein, c'est... sa putain de nuque. Et si une nuque de bébé vous dégoûte, vous devriez voir ce qui sort d'entre leurs fesses.

La chose étrange, c'est que ce sont aussi bien des hommes que des femmes qui ont un problème avec ça, mais, cela dit, qui sont ces gens ? Qui sont ces femmes si délicates que l'éventualité de voir un sein les fait défaillir ? Et qui sont ces hommes tellement couvés que la vue d'un téton à l'air libre déclenche chez eux des palpitations. (Pas la bonne sorte de palpitations.)

C'est bizarre... ces gens sont dégoûtés par un bébé qui dîne... En général pendant qu'ils sont eux-mêmes en train de dîner... Qu'y a-t-il de si terrifiant à entrevoir un mamelon pendant qu'on mange sa soupe ?

Si vous vous reconnaissez dans cette description, vous êtes probablement le plus grand crétin dans le restaurant. Et vous serez probablement aussi celui qui va râler quand le bébé pleure parce qu'il a faim. Alors pourquoi suis-je en train de déblatérer là-dessus ?
Nous venons d'aller dîner dans un pub, et le couple en face de nous avait manifestement un problème avec le fait que Lyns allaitait... (Ils employaient le langage international des cons : ils levaient les yeux au ciel.) C'était la première fois que je faisais l'expérience d'une hostilité franche à l'allaitement (je pensais vraiment qu'il s'agissait d'un mythe).
Alors... je n'ai rien dit, mais, pour les énerver, j'ai ôté ma chemise et j'ai mangé le reste de ma grillade torse nu. (Et après les excès pendant les fêtes, je dois avouer que j'ai du monde au balcon.)
Quoi qu'il en soit... je suis content de pouvoir dire que j'ai remporté une petite victoire : ils sont partis sans prendre de dessert, et monsieur Connard n'a même pas fini sa pinte.
Cela dit, il y a quand même eu des conséquences... Je me suis brûlé un téton avec un bout de pudding au Yorkshire, et la vision de mon corps blanc et empâté a coupé l'appétit à Lyns.
... Mais ils sont repartis en secouant leurs têtes vides, et à ce moment-là, j'ai éprouvé un sentiment de sororité.

Pour être franc, ç'aurait pu n'être qu'un incident isolé. Et on m'a fait remarquer que j'avais peut-être surréagi, que j'étais trop protecteur, ou paranoïaque, et que tout ça, c'était peut-être uniquement dans notre tête. Mais, depuis, nous avons été plusieurs fois confrontés à des réactions similaires.

En outre, les réponses que j'ai reçues en ligne étaient bizarres et révélaient que ce dégoût de bas étage se reproduit dans les lieux publics un peu partout dans notre délicat pays.

Les commentaires et les messages que j'ai reçus étaient truffés d'anecdotes illustrant une hostilité passive ou affichée envers les mamans qui allaitent. Et si vous croyez que les femmes qui sont entrées en contact avec moi étaient paranoïaques ou mythomanes, sachez que les messages des anti-allaitement étaient bien plus parlants. Ces commentaires étaient la preuve que les tordus existent bel et bien, et qu'ils sont nombreux. Quand vous les lisez, le degré de « démence » monte d'un cran. Genre, niveau 10... ce qui correspond à Lady Gaga faisant sortir Charlie Sheen d'une poire à chantilly... dingue.

Voici un exemple des réactions que j'ai pu lire à propos de ce post de blog :

> **Délires types de gauchiste. Pourquoi ces féminazis veulent-elles tellement montrer au monde leurre [*sic*] seins ? Je ne veux pas les voir, ma famille ne veut pas les voir. Couvrez-les.**

Mmm... Bondieusard, bas de plafond, tordu, mais pas complètement dingue. D'accord ! Alors, que pensez-vous de celui-ci :

> **Alors, on devrait me laisser me promener avec les couilles qui pendent à ma braguette pour leur faire**

prendre l'air. Ce ne sont pas des organes sexuels, car elles aussi servent de réservoir de stockage. Encore un excellent exemple du désir des femmes d'être nos supérieures et non pas nos égales.

Et celui-ci :

Comment jugerait-on des hommes qui se promèneraient le nœud à l'air, prêts à pisser. C'est une attitude normale chez l'animal ainsi que dans les régions non civilisées du monde, mais, si vous êtes un homme, essayez et vous verrez ce qu'on vous dira.

Vous voyez ? Des dingues. C'est une chose que de se rendre compte que les gens ne supportent pas la vue d'un téton, mais là, j'avais mis au jour quelque chose. Et sous le sable, j'avais trouvé toute une sous-culture d'étranges objecteurs, qui, bizarrement, semblaient avoir une approche sexuée de la question. Les posts ci-dessus ne sont pas les seuls parmi ceux que j'ai reçus à promouvoir l'idée que les seins devraient être traités comme des bites et/ou des couilles, et être couverts pour des raisons de décence.

Pour être franc, je n'ai pas répondu à la plupart d'entre eux. Je me suis rendu compte qu'il vaut mieux ne pas engager de débat avec des personnes aussi instables. Il y a toujours un risque de les retrouver en train de baver dans les buissons de votre jardin. Mais, étant donné qu'il est peu probable qu'aucun d'entre eux soit capable de lire une phrase un peu longue, je dirais ceci :

C'est tordu de ne considérer les seins que comme des attributs sexuels. Je suis un homme hétérosexuel qui aime vraiment les seins, mais j'ai également conscience que la raison première de leur présence n'est pas de me donner la possibilité de jongler avec à pleines mains en gueulant « Youpi ! » chaque fois que j'en ai l'occasion. Leur fonction première, c'est l'alimentation. Et en tant qu'adulte raisonnablement équilibré, je suis capable de les considérer à la fois comme des attributs de la sexualité et comme une source de nourriture pour le bébé. Je suis capable de penser en contexte. Après tout, certains appendices corporels évoluent en fonction du contexte. Par exemple, le pénis est quelque chose qui vous sert à uriner jusqu'au jour où vous lui faites faire l'hélicoptère en surgissant d'un buisson, ou encore, pour rester dans notre propos, un cul, ça sert à déféquer jusqu'à ce que vous vous mettiez à parler avec.

Au cours de l'année qui vient de s'écouler, j'ai passé beaucoup de temps à discuter de ce sujet, mais il semble que le vieux dicton est dans le vrai : il n'y a pas de pire sourd que celui qui ne veut pas entendre. Aussi, plutôt que de m'époumoner dans le vide, je me suis dit qu'il était temps de mettre un terme à ce débat, et j'ai conçu ce questionnaire à choix multiples qui vous permettra de savoir si vous êtes ou non dans l'erreur sur cette question :

Quand vous voyez une femme donner le sein, vous vous dites :

A: Quelle scène charmante, une femme qui nourrit son enfant comme la nature avait prévu qu'elle le fasse.

B: Tiens, un bébé en train de dîner.

C: C'est répugnant, ça devrait être interdit, maintenant je suis obligé de rentrer chez moi pour me laver les yeux, je suis tellement choqué que j'ai fait dans ma culotte, etc.

Réponse : si vous avez une majorité de «c», vous êtes un con.

Le sevrage

Que vous choisissiez d'affronter les bizarreries de l'allaitement, de le nourrir au biberon, d'opter pour un mélange des deux, de prendre une nourrice ou de le laisser téter une chèvre amicale, tôt ou tard, le bébé doit passer à la nourriture solide. Sinon, vous deviendrez une de ces mères qui continuent à nourrir leur enfant en glissant un téton entre les barreaux des grilles du lycée. (Je ne suis pas de ceux qui jugent les gens par rapport aux décisions qu'ils prennent en matière d'allaitement, mais, une fois que votre enfant est suffisamment vieux pour que le lait lui coule sur la moustache, il est peut-être temps de passer à autre chose.)

Au Moyen Âge, passer du lait à la nourriture solide était considéré comme une étape très importante. En ces temps de mortalité infantile élevée, on prenait ça très au sérieux. Dans le livre le plus sérieux de tous les temps, la Bible, il est dit que « quiconque en est au lait n'a pas l'expérience de la justice », tandis que « la nourriture solide est pour les adultes, pour ceux qui, par l'usage, ont le sens exercé au discernement du bien et du mal * ».

Il semble un peu exagéré de suggérer que, à moins de mettre toutes affaires cessantes votre gamin au poisson pané, il ne distinguera pas le bien du mal. Mais si un bouquin qui raconte des histoires d'animaux qui parlent, d'hommes qui vivent dans des baleines et d'un buisson qui cause prétend que c'est super-important, il vaut probablement mieux prendre ça au sérieux.

*** Hébreux, v, 13-14. Traduction Nouvelle Bible Second, © 2002 NBS – Société biblique française.**

Certes, de nombreux experts prodiguent toutes sortes de conseils sur le sevrage et quand le commencer. En général, c'est au bout de six mois. Mais nous, nous étions sûrs que Charlie était prêt à manger de la vraie nourriture avant cette date, parce qu'il avait commencé à réclamer plus de lait et à mâchonner son poing comme si c'était un burger. Nous avons estimé que, lorsque votre bébé commence à pratiquer le cannibalisme sur sa propre personne, il devait être prêt à manger un gâteau sec. En fait, il s'avère que ces comportements ne sont pas du tout des signes qui indiquent que l'heure du sevrage est venue. Ce ne sont que de fausses alertes, tous les bébés font ça. L'un des principaux indices qu'il est temps de changer, c'est le moment où le bébé devient vraiment curieux de ce que vous mangez, alors nous avons commencé à faire attention à ça. Vers sept mois, Charlie était plus que curieux. Un jour, j'étais rentré tard du boulot et je mangeais de la pizza. Il me fixait, hypnotisé, chaque fois que je portais une part de pizza à ma bouche, et quand j'ai mangé la dernière, il m'a jeté un regard qui signifiait : « Je jure devant Dieu que, s'il ne reste pas une autre part pour moi dans cette boîte, je vais tout casser dans cette maison. » Il était prêt.

Nous étions inquiets, et c'est compréhensible, à l'idée de basculer Charlie vers la nourriture solide. À peine l'avions-nous habitué au liquide qu'il allait devoir gérer quelque chose qui pouvait l'étouffer. Ça semblait un saut important dans l'inconnu, comme si on enlevait les petites roues stabilisatrices du vélo de son enfant et qu'on le lâchait sur une autoroute. Bien sûr, il y a une phase de transition, pendant laquelle la nourriture solide l'est à peu près autant que la soupe dans un hospice. Mais un jour vient le moment où vous ajoutez à la cuillerée un petit peu de riz, ou un bout de spaghetti. Et bien que ces morceaux de nourriture plus substantiels soient si petits qu'ils sont difficilement visibles à l'œil nu, votre cœur cesse de battre tandis que vous le regardez essayer d'avaler. Ce qu'il fait. Tout va bien. Il est très rare qu'il s'étouffe.

Outre ces craintes d'étouffement aussi tenaces que courantes, nous avions également peur des allergies. Apparemment, ces choses se transmettent de génération en génération, et quand j'étais petit, j'étais allergique à tout un tas de trucs. Quand j'avais plus ou moins l'âge de Charlie, j'étais allergique à un colorant alimentaire jaune et je me suis mis à gonfler comme un poisson-globe. On a dû me faire rouler jusqu'à l'hôpital, où l'on m'a administré un traitement contre le choc anaphylactique. « Tu ressemblais à Roscoe "gras double" Arbuckle, en plus mignon, me dit ma maman. – J'ai failli mourir, lui réponds-je. – Un Arbuckle gros et gras, tout mignon », insiste-t-elle en pinçant mes joues de quadragénaire. Incroyable !

Dieu merci, il semble que je n'aie pas transmis mes gènes allergéniques, et Charlie n'a aucun mal à avaler la bouillie que nous lui servons.

En fait, une fois que nous avions vaincu nos propres peurs, sevrer Charlie s'est révélé incroyablement simple. Je sais que certains parents ont toutes sortes d'ennuis lorsqu'ils essaient de faire ingérer du solide à leur enfant, mais j'imagine que nous avons eu de la chance, puisque le nôtre s'y est mis avec l'entrain dont font preuve les canards pour les quignons de pain.

Il y avait très peu d'aliments qu'il n'aimait pas. L'une des brochures que nous avions lues indiquait qu'il est important d'essayer différents types de nourriture afin de voir ce que votre enfant aime et ce qu'il n'aime pas. Ça précisait qu'il fallait apprendre à lire les expressions de votre bébé, parce que la différence peut être difficile à déceler. Pas vraiment, en fait. D'après l'expérience limitée qui est la mienne, quand un bébé aime ce qu'il mange, son visage s'illumine et il ouvre la bouche comme un hippopotame qui bâille. S'il n'aime pas ça, il fait des grimaces et déforme son visage comme si vous veniez de lui donner de la purée d'anus de rat. On peut difficilement se tromper.

Mais même si vous avez la chance d'avoir un bébé qui bouffe n'importe quoi, il est important de se rappeler qu'il faut éviter certains aliments. À l'évidence, il va falloir attendre un bout de temps avant que Junior puisse bâfrer un faux-filet ou un truc de ce genre, mais il semblerait que ce n'est pas le seul aliment déconseillé.

Bonne nourriture, mauvaise nourriture

On nous ressasse que, si nous ne faisons pas suffisamment attention à la nourriture que nous donnons à notre bébé, il va faire une overdose de sel et de sucre, et devenir un gros lard, qui, à six ans, aura besoin d'un de ces tricycles électriques qu'on trouve dans les centres commerciaux. Les jours où vous pouviez balancer quelques raviolis dans le micro-ondes et vous considérer de bons parents sont révolus. Ces trucs-là sont mortels.

Alors, que leur donner à manger ? Après une brève recherche sur un site de conseils aux mamans, Netmums.com, il se dégage une règle plutôt claire : plus la nourriture entre dans les canons de la classe moyenne, mieux c'est.

D'après le guide du sevrage de Netmums.com, les aliments tels que les avocats, les gressins, le fromage frais et le tofu sont d'excellents choix pour manger avec les doigts. (Si vous n'arrivez pas à mémoriser toute la liste, en gros, vous pouvez prendre n'importe quel truc qu'on vend dans un supermarché bobo.)

De façon assez pratique, ce guide vous met en garde contre le fait de nourrir votre enfant avec certains produits alimentaires de base qu'on trouve dans les placards de n'importe quelle famille. Le lait de chèvre, le stilton, le miel et, bien sûr, le requin ou l'espadon.

Quant à moi, je suis content d'avoir lu cette mise en garde avant de préparer à Charlie ma recette préférée : le « requin au miel et au stilton ».

On pourrait arguer que ces listes d'aliments ne concernent pas tout le monde, et qu'elles comportent des éléments qu'on voit rarement dans les celliers des gens normaux. Elles sont également censées encourager une alimentation saine pour le bébé et combattre l'obésité infantile. Mais les quartiers les plus pauvres ont tendance à être ceux où cette pathologie prospère et, pour être tout à fait honnête, dans la cité où j'ai grandi, l'avocat, le houmous et le bleu d'Auvergne n'étaient pas tous les jours au menu.

Le budget courses des familles les plus pauvres est serré, et celles-ci n'invitent pas un chef étoilé pour qu'il leur fasse un menu. Ces listes devraient être un peu plus pertinentes, non ? Des crackers plutôt que des gressins, du yaourt plutôt que du fromage frais et les semelles élimées d'une vieille paire de tongs plutôt que du tofu. Le fait de conseiller aux gens de limiter leur consommation de stilton suggère que les experts sont un peu déconnectés de la réalité.

Les aliments reconditionnés font également partie de ceux qu'on nous déconseille de donner à notre bébé : tout ce qui se présente dans une boîte, dans une conserve ou dans un pot. Essayez de sortir un sachet alimentaire pour bébé devant des parents obsédés par le bio, pour voir... et vous verrez des regards de désapprobation, comme si vous vous apprêtiez à lui faire ingérer une cuillerée de soufre.

Ce que les parents sont censés faire, c'est cuisiner et écraser personnellement à la fourchette tout ce qu'ils donnent à manger à leur enfant, de préférence en ayant eux-mêmes cueilli les légumes, une nuit de pleine lune, tout nus, en remerciant Gaïa, la Terre nourricière, pour sa bénédiction et son sacrifice.

Le problème avec cette méthode, c'est notre vieil ennemi : le temps. Éplucher des légumes, les faire cuire à la vapeur ou bien bouillir avant de les écraser en purée, c'est plus long qu'on croit, d'autant qu'il faut ensuite nettoyer tout le bordel qu'on a fait. Et le plus décourageant, c'est la toute petite quantité de nourriture que vous obtenez à la fin du processus. Vous pouvez préparer un tas de légumes de la taille d'une voiture, mais, une fois cuits et écrasés, vous obtenez trois petits pots de purée et vous êtes là à vous gratter la tête en vous demandant où le reste a bien pu passer. Vous vous retrouvez aussi avec une pile d'assiettes légèrement moins haute que l'Everest.

En fait, les pots ou les sachets alimentaires pour bébés sont parfois un véritable don du ciel. Notamment lorsque vous êtes sorti sans emporter votre stock de légumes frais, de poulets élevés en plein air, votre autocuiseur, vos couteaux, votre stérilisateur et votre mixeur. Je sais que certains gourous du sevrage sont vent debout contre tout ce qui sort d'un sachet, et il est probablement vrai d'affirmer que tous les sachets alimentaires ne naissent pas égaux. Et que la plupart d'entre eux sont moins nutritifs que de vrais aliments. Mais je parie qu'on a fait beaucoup de progrès depuis les petits pots qu'on nous donnait quand j'étais gosse, lesquels étaient composés d'un tiers de sel, de deux tiers de sucre et de suffisamment de colorant pour faire briller nos selles dans le noir.

Alors, si Charlie en consomme un de temps à autre, je ne pense pas que ses cheveux vont tomber ou qu'il va mourir du scorbut. Je pense qu'il va très bien se porter.

En outre, au bout d'un an en moyenne, tout ceci devient plus facile, parce que le bébé devrait commencer à manger les mêmes choses que vous. Le problème, c'est qu'au cours de l'année écoulée vous n'avez pas vraiment mangé. En fait, c'est même un miracle que vous soyez encore en vie.

Le dernier repas que nous avons fait avant la naissance de Charlie, c'était un dimanche midi. Une plâtrée de rosbif et de légumes avec différentes sauces. Au moment où j'écris ces lignes, je peux dire que, dimanche dernier, nous avons mangé un sandwich au beurre de cacahuète. Ai-je dit sandwich ? En fait, nous n'avions plus de pain, alors Lyns et moi nous sommes assis l'un à côté de l'autre et nous avons vidé le pot en nous servant de nos doigts comme des ours faméliques qui seraient tombés sur un pot de miel jeté à la poubelle.

En fait, si Charlie mange comme un roi, les repas que sa mère et moi parvenons à prendre sont invariablement des plats à emporter. Il est à souhaiter que Charlie ne se mette pas à manger la même chose que nous, étant donné que nous subsistons à base de bouffe chinoise ou indienne et de *fish and chips*. Je n'ai jamais eu une alimentation très saine, mais, depuis la naissance de Charlie, on mange comme si on voulait se suicider par ingestion de glutamate monosodique. Mon taux de cholestérol est monté à 7,6, ce qui, en termes profanes, signifie que je suis principalement constitué de gras de porc plutôt que de chair humaine. Comme je le disais, il est stupéfiant que nous soyons encore en vie. L'idée, c'est de rendre notre alimentation plus saine avant de la partager avec Charlie. Mais je pense que nous allons devoir procéder petit à petit. Pour le moment, mon corps ne supporterait pas un régime comprenant un fruit ou un légume. Je pense qu'il le rejetterait, que je serais en état de choc et que mes intestins exploseraient.

Au combat

À l'évidence, quand vous regardez un bébé qui vient de finir de manger, vous songez qu'il est impossible qu'une quelconque parcelle de nourriture soit entrée dans sa bouche, et ne parlons même pas de son estomac. Charlie n'est pas différent : quoi qu'il mange, il finit son repas comme s'il s'était trempé dedans. En fait, on n'a pas du tout l'impression qu'il a mangé, on dirait plutôt que son repas a explosé sous son nez avant qu'il ait pu commencer.

Apparemment, c'est bon signe. D'après ce que j'ai constaté, jusqu'à l'âge de trois ans, tous les enfants finissent leurs repas comme s'ils étaient allés dans l'arrière-cour pour se vautrer dans les poubelles. L'une des caractéristiques principales définissant un bébé heureux et en bonne santé, c'est qu'il est couvert de yaourt, qu'il s'est enduit les cheveux de sauce tomate et rempli les oreilles de compote de pommes.

Il existe deux approches principales en matière d'alimentation des bébés :

Le sevrage orienté bébé et le sevrage orienté cuillère

À ce stade, on nous dit que les bébés « explorent » leur nourriture. Même s'il serait bon qu'ils en mangent une partie dans la foulée, tous les avis convergent sur le fait qu'il faut encourager cette exploration. Et les tenants du sevrage orienté bébé encouragent vivement ces derniers à explorer leur nourriture avec les doigts.

Tout cela, c'est très bien, mais on ne nous donne pas beaucoup de conseils sur la façon d'éviter que la zone adjacente ressemble à une reconstitution de la bataille de Little Big Horn dans un buffet de mariage.

Le bavoir est le vêtement le plus inutile qu'on a inventé depuis les chaussettes anti-poussière pour chat. Ça recouvre une zone d'environ quinze centimètres carrés sous le menton du bébé, mais vous, ça ne vous protège pas du tout, pas plus que les meubles ou le reste de la pièce – plus communément appelée la « zone de déflagration ». J'ai vu des gens qui conseillaient de mettre des journaux par terre, ce qui n'est pas une mauvaise idée si vous souhaitez protéger votre moquette. Mais si votre enfant ressemble à Charlie, il vaut mieux bâcher la pièce du sol au plafond, comme le fait Dexter, le tueur en série de la télé, juste avant d'assassiner brutalement une de ses victimes. Charlie a un rayon d'action prodigieux. Un jour, après un repas particulièrement animé, j'ai ramassé des spaghettis sur la télé et sur la porte du patio... qui ne sont pas dans la même pièce. Nous pensions avoir tout nettoyé, mais plus tard, en regardant la télévision, nous avons senti une odeur de brûlé, qui provenait d'un spaghetti resté collé sur une ampoule. (Le lendemain, en partant travailler, j'en ai trouvé dans la poche de ma veste.) Néanmoins, les pâtes, c'est beaucoup plus facile à nettoyer que certains autres aliments de bébé. D'après *New Scientist*, le matériau le plus dur connu de l'homme est le nitrure de bore hexagonal, mais il est clair qu'ils n'ont jamais testé le Weetabix écrasé qu'on a laissé sécher sur une vitre. Tant qu'il est humide, un coup de chiffon peut facilement en venir à bout. Quand il sèche, vous pouvez griller une meuleuse d'angle sans parvenir à ne serait-ce que l'ébrécher. Si vous comptez opter pour le sevrage orienté bébé, je vous conseille d'adopter un chien. Eddie, notre jack russel, a pris sept kilos au cours des derniers mois en furetant dans la maison à la recherche de nourriture perdue. Et s'il continue à lécher le Weetabix sur la vitre, il pourrait nous en débarrasser en quelques années à peine.

Le sevrage orienté cuillère recèle aussi certains défis. Bien que cette méthode soit légèrement moins salissante, il est conseillé de se munir d'une combinaison et de lunettes de protection quand on donne un aliment liquide ou crémeux à son bébé... ce qui, à l'âge qu'il a, signifie tout le temps.

L'avantage de nourrir bébé à la cuillère, c'est que cela vous permet d'estimer la quantité de nourriture qu'il ingère effectivement. Ça vous évite de vous promener dans la pièce en essayant de calculer le volume qui n'est pas entré dans sa bouche. Vous pouvez mesurer ça en cuillerées. Vous pouvez aussi l'encourager à manger en employant des méthodes éprouvées, telles que lui dire que la cuillère est un train ou un avion. (Il est stupéfiant de constater la façon dont les bébés ferment leur bouche comme des huîtres devant une cuillerée de nourriture, mais avec quel entrain ils l'ouvrent si vous parvenez à les convaincre qu'il s'agit d'un moyen de transport.)

Bien sûr, ce n'est pas si simple. Charlie a beau apprécier ce qu'il mange, il préfère de loin s'amuser à attendre qu'une cuillère bien pleine soit juste devant sa bouche pour l'envoyer valser au dernier moment. Cela crée de magnifiques peintures abstraites à l'arrière du canapé ou sur les murs. Si vous placez le bol trop près de lui, il le renversera aussi. Délibérément. Le nourrir, c'est comme être un souffre-douleur dans une cantine de prison. Vous ne vous occupez que de vos oignons et un type renverse votre plateau sans raison aucune en criant : « Nettoie-moi ce bordel, salope, t'es chez moi, ici ! »

Il ne s'agit donc pas d'une méthode très propre. En outre, il y a une règle très importante : ne lui laissez jamais le contrôle de la cuillère.

Donner la cuillère à Charlie, c'est comme lui mettre une arme plus puissante entre les mains. Quand la cuillère est pleine, il peut balancer la nourriture beaucoup plus loin. Quand elle est vide, il se la plante dans l'œil ou se l'enfonce dans la gorge comme un avaleur de sabres. Essayez de la lui reprendre et c'est de nouveau « les règles de la prison ». Il la brandit comme si c'était un couteau pendant une révolte de détenus. Il joue du tambour avec, dirige un orchestre invisible et tente de la faire entrer de force dans son nez. Il fait tout sauf manger avec. Ne lui laissez jamais la cuillère. (Jusqu'à ce que vous ne puissiez plus faire autrement, bien sûr. Vous ne voulez sûrement pas être obligé de l'accompagner à la cantine pour lui donner la becquée en criant « tchou-tchou ! » quand il ira à l'université.)

Tant pis pour le bordel

J'adore regarder Charlie manger. Tant pis pour le bordel.

J'adore le voir balancer sa nourriture partout, faire des bruits de pet avec sa bouche, avoir le hoquet et roter jusqu'à la fin du repas. J'adore ses expressions quand quelque chose lui plaît et je les aime encore plus quand il déteste. J'adore la façon dont il se lave le visage avec sa purée ou la désinvolture sauvage avec laquelle il peut aborder un simple haricot ou une banane écrasée.

C'est dommage de lui apprendre à perdre cette joie. C'est peut-être nous qui devrions apprendre quelque chose, et non lui.

Nous, les adultes, nous prenons toute cette histoire de nourriture bien trop au sérieux. Nous avons une façon pitoyable de séparer nos patates de nos carottes, comme de diviser nos plats entre salé et sucré, et de les manger selon l'ordre établi, avec les couverts appropriés et en mâchant la bouche fermée. C'est triste.

Je ne compte plus le nombre de fois où j'ai regardé un épisode de *MasterChef* et où j'ai pensé, tandis que la musique mélodramatique atteignait son climax : « C'est quand même pas la crise des missiles de Cuba, putain ! C'est juste une tourte à la viande ! »

D'où nous vient tout ce sérieux ? Que s'est-il passé avec la joie pure que nous voyons quand un bébé se nourrit ?

Je ne prétends pas obliger les adultes à recommencer à manger avec leurs doigts et à balancer leurs sauces sur les murs quand ils dînent au pub (quoique). Ce que je veux dire, c'est que nous avons perdu le véritable plaisir de manger. Et que si nous plaquons ce sérieux sur nos enfants et nos bébés (même avec les meilleures intentions), nous leur gâchons peut-être quelque chose de merveilleusement enfantin.

Tous les avis, pour honnêtes et bien intentionnés qu'ils soient, vont un peu trop loin.

Alors, je crois que nous allons laisser Charlie explorer sa nourriture aussi longtemps qu'il le voudra et la balancer partout jusqu'à ce qu'il décide de ne plus le faire. On le laissera peut-être manger de temps à autre un des aliments qui ne figurent pas sur la liste officielle des nourritures saines. Il ne mangera peut-être pas exclusivement du bio. Ça sortira parfois d'un sachet alimentaire ou d'un petit pot, et ça contiendra trop de sucre.

Et peut-être qu'un jour, quand il sera plus vieux et qu'il se tournera vers moi en disant : « Papa, je n'aime vraiment pas ces légumes », je lui répondrai :

« Tu sais quoi, Charlie boy ? Moi non plus… Laisse tomber. Mangeons plutôt du pudding. »

6
À l'extérieur

Il y a un bout de temps, j'étais en vacances et, alors que j'étais passablement ivre, deux potes m'ont convaincu de faire un saut en parachute. Le lendemain, juste avant de monter dans ce petit avion minable, j'étais en train de remplir un formulaire de décharge lorsque j'ai remarqué une notule en petits caractères. On y lisait que, en cas d'incident, nous étions assurés au tiers. J'ai demandé à l'Australien qui gérait l'endroit ce que cela voulait dire, et il m'a répondu : « Mon pote, ça veut dire que si ton parachute ne s'ouvre pas et que tu tombes sur un abri de jardin... eh bien... l'abri de jardin est assuré. »

À ce moment-là, j'ai ressenti exactement ce que je ressens aujourd'hui, alors que nous sommes sur le point de sortir pour la première fois avec Charlie... comme si nous nous apprêtions à sauter de sept mille mètres de haut. Notre maison était devenue un endroit sûr, et abandonner cette sécurité est intimidant. Je sais que ça va probablement bien se passer... mais je ne peux m'ôter de l'esprit que c'est le grand saut, qu'on risque de paniquer, que le parachute va se mettre en torche, qu'il ne va pas s'ouvrir correctement et que nous allons nous écraser sur un abri de jardin.

En fait, on va juste au supermarché.

À l'extérieur

Le 23 août 1973, pendant un cambriolage, trois femmes et un homme ont été pris en otages dans l'une des plus grandes banques de Stockholm. Ils ont été retenus prisonniers pendant plusieurs jours par deux ex-détenus. Les otages étaient privés de sommeil, affamés et traumatisés. Mais quelque chose d'étrange s'est produit : ils ont commencé à s'identifier aux cambrioleurs et se sont même pris d'affection pour eux. (Deux des femmes ont fini par se fiancer à leurs ravisseurs.)

Les psychologues qui ont étudié ce phénomène ont découvert que c'était une réaction normale chez les victimes de prises d'otages. À tel point que, à la suite de cette affaire, ils ont donné un nom à cette pathologie : ils l'ont appelée « le syndrome de Stockholm ». Elle présente certaines caractéristiques :

- **La perception d'une impossibilité de fuir**
- **L'isolement par rapport aux perspectives autres que celles du ravisseur**
- **La perception des petits actes de gentillesse des ravisseurs dans un contexte de terreur**

J'ai rarement vu une meilleure description de ce que signifie être un nouveau parent.

Tout en gardant cela à l'esprit, au bout d'un certain temps, il est important de sortir pour prendre l'air et rencontrer des gens – ne serait-ce que pour vous assurer que vous avez créé un lien avec votre bébé et que vous ne souffrez pas plutôt du syndrome de Stockholm et d'un début d'identification à votre ravisseur.

Alors, souhaitez-nous bonne chance tandis que nous nous avançons dans la lumière du jour pour la première fois, en clignant des yeux. L'extérieur : cet endroit où nous avions l'habitude d'aller avant d'avoir un bébé. Un lieu mythique, étranger, où l'on boit, où l'on mange et où l'on rencontre des gens.

Pas lavés, débraillés et privés de sommeil, nous avons l'air d'avoir passé la dernière décennie à Beyrouth, attachés à un radiateur. Mais nous sommes résolus à quitter le confort de notre nid, déterminés à vivre une vie en dehors de nos quatre murs, désireux de partir fièrement à l'aventure, d'une démarche assurée, dans le...

... Oh, putain... On a oublié quelque chose...

La mobilisation

La quantité de trucs nécessaires pour garder un bébé en vie à l'extérieur est stupéfiante. Les nazis ont eu besoin de moins de matériel pour envahir la Russie qu'il ne vous en faut pour faire un tour au centre commercial : des lingettes, des couches, des sacs pour les couches, des jouets, une poussette, un coupe-vent pour la poussette, un siège bébé, des couvertures, un chapeau, des vêtements, des vêtements de rechange, d'autres vêtements de rechange en cas d'urgence, un téléphone, un chargeur, des serviettes pour essuyer le vomi, des tétines, une volonté de vivre qui s'étiole peu à peu.

J'ai entendu des histoires de personnes obligées de rentrer chez elles parce qu'elles avaient oublié le bébé. Et je les crois. C'est une mobilisation générale plutôt qu'une promenade. Avant la naissance de Charlie, quand je sortais, ma préparation consistait à prendre un KitKat et à vérifier que j'avais bien mis mon pantalon. Mais maintenant, avec un bébé en remorque, la totalité du contenu de notre maison doit être transvasée dans la voiture. Ou, si nous nous aventurons dehors à pied, dans le petit panier qui pend comme des couilles de chameau sous la poussette du bébé.

Le « promeneur »

Assumons donc, pour notre première sortie, que nous allons explorer le monde à pied. L'élément le plus vital pour cette sorte d'expédition, c'est la poussette. Le landau. Ou, comme les salauds du marketing l'ont rebaptisé pendant que nous regardions ailleurs : le promeneur. (Parce que, au pays du marketing, les nouveaux parents « se promènent ». Ils ne galopent pas comme des tarés en poussant leur landau comme un char dans *Ben Hur*, dans l'espoir de faire une semaine de courses pendant la fenêtre de tir d'un quart d'heure que leur offre la sieste du bébé.)

Avant, je croyais que la poussette n'était qu'un moyen de fixer des roues à votre enfant. Il ne peut pas marcher, vous ne pouvez pas le porter en permanence, alors que pourrait-on imaginer de plus simple qu'un dispositif muni de quatre roues, d'un siège et d'une poignée ? Je pensais qu'une poussette, c'était juste une brouette capitonnée. Après avoir passé six mois à faire rouler 472 modèles différents dans les travées des boutiques pour bébés, je me suis rendu compte que j'avais tort. Il en existe d'innombrables sortes, qui portent toutes des noms ronflants comme « la Windsor » ou « Joie de vivre ». Loin d'être simples, ces objets sont les inventions les plus inutilement complexes et alambiquées jamais conçues par l'homme. Et les sociétés qui les fabriquent et qui les vendent compliquent encore le processus d'achat avec les conneries qu'elles racontent.

Considérons ces deux descriptions :

Le cadre est un châssis en fibre de carbone muni de roues en alliage d'aluminium à la suspension indépendante dont l'ergonomie est conçue pour affronter les terrains les plus difficiles. Le bas de caisse est recouvert d'un revêtement anti-chaleur qui permet de conserver une température constante.

Le cadre ultraléger est constitué d'un alliage d'aluminium et de composés carbones, des roues en aluminium sont montées sur une suspension rocker-boogie, afin de pouvoir toujours être en contact avec le sol quel que soit le terrain. Chacune d'elles peut être pilotée indépendamment et pivoter à 360 degrés.

Le premier exemple est tiré de la notice de la poussette que nous avons achetée.

Le second est la description de « Curiosity », le rover que la NASA a envoyé sur Mars.

Vous voyez ce que je veux dire quand je parle de conneries d'une complexité inutile ? En lisant ces deux notules, qui pourrait faire la différence entre la poussette et le projet d'ingénierie à deux milliards et demi de dollars développé pour aller sur la planète rouge et y collecter des données ?

(En fait, si j'avais commandé ma poussette en ligne, j'aurais pu me tromper. Si le plafond de ma Carte bleue n'était pas inférieur à deux milliards et demi de dollars, nous aurions très facilement pu nous retrouver à pousser Charlie dans les allées du centre commercial dans un véhicule robotisé interplanétaire.)

Le « Promeneur de la mort 1000 »

Pour être franc, la femme qui nous a vendu la poussette a fait de son mieux pour simplifier les caractéristiques de toutes celles qu'elle nous a montrées. Janet nous a expliqué que « châssis en fibre de carbone », ça voulait simplement dire « légère », « cadre en acier renforcé », ça signifiait « solide », etc. Mais, comme son métier l'exige, Janet a pris soin d'insister sur les avantages des modèles les plus onéreux. Pour info, je lui répondais dans ma tête :

Janet : Ce modèle est doté de suspensions indépendantes et de roues tout terrain, adaptées à toutes les conditions météo.

C'est génial, mais on veut simplement l'emmener faire des courses, pas en haut du Kilimanjaro.

Janet : Ce modèle est celui qu'ont choisi le prince Charles et Kate pour le prince George.

Je vais être franc, Janet. Je me fous royalement de savoir si le pape a baladé Jésus dedans. Elle est chère. Même si elle était plaquée or avec les poignées en diamant et équipée d'un canon à confetti qui se déclenche dès que le bébé fait caca, elle resterait chère.

Janet : Ce modèle dispose d'une protection solaire UPF 50+ UV

On est en Angleterre.

Janet : Ce modèle est doté d'un parasol rétractable.

On est en Angleterre.

Janet : Ce modèle a une moustiquaire.

Janet, vous vous rendez compte que nous sommes en Angleterre, non ? Pour l'instant, vous me vendez des engins parfaits pour emmener un bébé en haut d'une montagne, dans le désert ou dans un marais infesté par la malaria.

Janet : Ce modèle est garanti à vie.

Génial... Si on perd une roue en promenant Charlie dans quarante ans, on pourra se faire rembourser.

Janet : Ce modèle dispose d'un mécanisme qui permet de plier facilement la poussette en trois étapes.

Alors désolé, Janet, mais c'est faux. Vous venez de passer un quart d'heure à essayer de plier ce truc, les veines saillaient à vos tempes, et pourtant, vous bossez ici.

Finalement, avec un geste théâtral, Janet a désigné les autres accessoires de cette brouette à enfant dernier cri.

Janet : Ce modèle a des finitions en similicuir, un crochet en plastique pour fixer votre cabas et un porte-gobelet.

... Un porte-gobelet ?

Sur le coup, ça ne m'a pas impressionné, et je le suis encore moins aujourd'hui. Je ne sais pas qui conçoit les poussettes, mais je suis certain que n'importe lequel d'entre nous qui en a utilisé une, même très brièvement, pourrait trouver un accessoire plus pratique qu'un porte-gobelet... Et je ne parle même pas des finitions en similicuir.

Ces engins devraient être customisés, comme les voitures dans *Mad Max*, avec des lance-flammes et des plaques de métal : les gens qui se dirigent vers vous la tête enfouie dans leur téléphone portable devraient être balayés par cette machine, ou déchiquetés sous ses roues. Et que Dieu ait pitié du pauvre hère qui se met en travers d'une maman pilotant le « Promeneur de la mort 1000 » quand elle cherche frénétiquement l'endroit où elle pourra changer son bébé. Il n'a aucune chance de s'en sortir.

Pendant qu'on y est, la chose devrait être équipée de roues géantes à piquants, d'un klaxon de voiture ou, mieux

encore, de haut-parleurs crachant à plein volume du *death metal* norvégien ou « Highway to the Dangerzone ». Et le porte-gobelet n'a qu'à aller se faire foutre. Pourquoi pas une rangée de porte-bouteilles le long de la poignée, ou un side-car où placer un petit tonneau ? Ça pourrait être vraiment impressionnant.

Dans une veine plus pratique, oubliez le crochet en plastique. Le panier sous le siège devrait avoir la taille d'une maison. L'engin devrait avoir une répartition des masses asymétrique, tout le poids à l'avant, pour que, quel que soit le nombre de sacs que vous accrochez à l'arrière, le bébé ne puisse pas basculer cul par-dessus tête. Il devrait être doté d'un auvent antibruit, d'un GPS intégré indiquant la pharmacie la plus proche et d'un distributeur de lingettes. Il faudrait qu'il soit autonettoyant et qu'une alarme se déclenche juste avant de le plier pour le ranger dans le coffre, afin de vous rappeler que vous avez mis une boîte de donuts au fond du panier et que vous allez les écrabouiller.

… Mais revenons à Janet.

Nous l'écoutions nous dire que « ce modèle » était génial, parce qu'il était muni d'un porte-gobelet où nous pouvions glisser une canette de soda.

Tandis que je fantasmais sur le « Promeneur de la mort 1000 », Janet débitait son argumentaire de vente à propos d'une poussette particulièrement chère (elle avait pour nom « L'Inspiration », ou un délire marketing du même genre). Cela faisait une demi-heure qu'elle nous vantait les nombreux mérites de « ce magnifique promeneur », démonstrations à l'appui. Je me rappelle parfaitement avoir gloussé quand elle nous a annoncé le prix. Je me suis dit qu'elle nous prenait pour des imbéciles, qu'elle pensait que c'était nous qui étions nés la veille.

J'ai souri et j'ai jeté un coup d'œil complice à Lyns, un bref regard indiquant que je trouvais ridicule que Janet nous prenne à ce point pour des nigauds.

J'ai attendu que Lyns me renvoie mon regard complice, mais, dans ses yeux, j'ai lu : « C'est la bonne ! »

… Alors, j'ai dépensé la majeure partie d'un mois de salaire, et j'ai vécu une petite mort à l'intérieur.

En général, c'est plutôt moi l'ingénu susceptible de mettre huit cents livres dans une chaise avec quatre roues. Une fois, j'ai dépensé nos vingt dernières livres dans un casque de Boba Fett, édition limitée, qui vous faisait une voix de robot. Mais, devant Janet, il y a eu inversion des rôles. Car Lyndsay était déjà amoureuse de Charlie bien avant sa naissance. Un amour que je n'ai vraiment découvert que lorsqu'il s'est posé en catastrophe dans notre vie. Et la seule façon de montrer cet amour sans que Charlie soit là pour qu'on puisse prendre soin de lui, c'était de lui acheter des trucs. Et pas n'importe quel truc, mais les trucs les meilleurs. Ce n'était ni raisonnable ni sain, mais, en se caressant le ventre, Lyndsay m'a convaincu que nous devions dépenser plus d'argent que nous pouvions nous le permettre pour acheter la poussette idéale. Et, en l'absence d'un modèle avec lance-flammes, celui-ci était le meilleur sur le marché.

À l'usage, il s'est avéré que le « promeneur » que nous avons acheté valait vraiment le coup. Même si Janet mentait comme une harpie. L'aspect tout terrain était grandement surévalué : ça ne fonctionnait que si le terrain n'était pas de la boue, de l'herbe, de la glace, de la neige, des lattes de bois, des graviers, du bitume légèrement craquelé ou du tarmac gondolé.

Nous avons également découvert que William et Kate n'ont pas acheté la même poussette que nous. J'ai vérifié : d'après ce que les journaux racontent, la leur a coûté 17 000 livres, alors, à moins que nous n'ayons bénéficié d'une grosse remise (ou que le futur héritier du trône ne se soit fait proprement arnaquer par Janet), ce n'était pas la même.

L'idée selon laquelle « le modèle disposait d'un mécanisme permettant de plier facilement la poussette en trois étapes » n'était pas infondée, mais ce n'est vrai qu'en ces rares circonstances où vous avez les deux mains libres. Quand vous n'en avez qu'une, vous êtes obligé de vous battre avec le putain d'engin, selon les règles du combat de parking, jusqu'à ce qu'il s'épuise. (Si vous avez vraiment de la chance, il vous faudra moins d'une heure de lutte pour que ce satané truc rende les armes et accepte de s'ouvrir.)

Cela étant, « L'Inspiration » était confortable, chaleureuse, et Charlie semblait l'apprécier.

Jusqu'à ce qu'il change d'avis.

La guerre des poussettes

Il arrive un moment où les bébés n'ont plus envie d'être dans leur poussette tout le temps. J'imagine qu'ils en ont marre de se balader à hauteur des couilles des gens et qu'ils souhaitent adopter une autre perspective. Le problème, c'est que ce désir de liberté leur vient avant la capacité de marcher. Du coup, quand ils ne sont pas dans la poussette, vous devez les trimbaler comme si vous étiez un garçon de ferme débile avec un sac de patates dans les bras. Heureusement, la bonne nouvelle, c'est que, si vous décidez de laisser le bébé dans sa poussette, il n'a pas l'intellect pour être en mesure de faire quoi que ce soit. Son cerveau n'est pas encore totalement formé, il ne peut lutter contre votre intelligence supérieure et est donc incapable de trouver le moyen d'éviter ça... Je plaisante. Bien sûr qu'il peut. En fait, il dispose de deux techniques très efficaces pour y parvenir.

Technique n° 1

La première méthode qu'emploie un bébé pour ne pas être placé dans sa poussette est de refuser de plier. Lorsqu'un bébé décide qu'il ne veut plus rester dedans, il peut et il va arquer le dos et tendre chacun des muscles de son corps jusqu'à devenir aussi maniable qu'un bout de bois, et il est impossible de les replier, de les assouplir ou de les faire obéir.

Peu importe votre force, que vous soyez un gringalet ou Hulk Hogan, vous êtes désemparé devant cette démonstration de la puissance inouïe du *rigor mortis*. Ce combat ne fait pas uniquement intervenir la force, mais aussi l'adresse, ou plutôt la maladresse. C'est comme si vous essayiez de mettre des skis dans une huche à pain. La technique est vraiment brillante. C'est une alternative simple au « battez-vous ou fuyez », et un moyen extraordinaire d'éviter de faire à peu près n'importe quoi. À mon boulot, la prochaine fois qu'on me demandera un truc que je n'ai pas envie de faire, je vais essayer ça :

– Matt, tu pourrais jeter un coup d'œil aux chiffres du dernier trimestre ?

– Va te faire foutre, Carl...

Je me raidirai comme un bout de bois, je m'allongerai par terre et je resterai là comme une planche.

Personne n'y peut rien. C'est ingénieux.

Technique n° 2

Si d'une manière ou d'une autre, que ce soit en le prenant de vitesse ou en détournant son attention, vous êtes parvenu à replier comme un origami votre bébé dans la poussette, celui-ci dispose d'une autre technique éprouvée pour ne pas y rester confiné.

Lorsqu'elles sont menacées, les termites de Malaisie et de Guyane française réagissent en explosant. Elles se font sauter, littéralement, et les bébés ont une « option nucléaire » similaire à leur disposition. C'est une méthode de défense qu'ils emploient dans toutes sortes de circonstances, précisément parce qu'elle est d'une redoutable efficacité.

En termes profanes : ils pètent les plombs. Ils donnent des coups de pied, mordent, luttent, griffent et poussent des cris hystériques jusqu'à ce que tout le monde à cinq mètres à la ronde ait l'impression que son visage va exploser. Et, tandis que vous remarquez que les passants, dont les oreilles saignent, tombent par terre en suppliant Dieu de mettre un terme à cette torture, vous cédez. Vous abandonnez. Vous êtes vaincu. Vous reprenez le bébé dans vos bras, et il se calme instantanément. Vous vous dites alors : OK... Mais la prochaine fois...

Or, à ce moment même, sans que vous n'en sachiez rien, des neurones s'excitent dans le minuscule cerveau de votre enfant. Des chemins neuronaux sont explorés, des connexions sont faites qui ne se briseront jamais. Toutes ces petites étincelles dans cette matière grise toute neuve fabriquent un nouveau savoir. Un savoir que votre bébé exprime avec le plus léger des sourires, maintenant qu'il est tranquillement installé dans les creux de vos bras :

« Tu es ma chose. »

Le porte-bébé

L'alternative à la poussette, c'est de porter son bébé en permanence sur soi. Le problème, c'est qu'un bébé, ça pèse entre cinq et douze kilos. Ce qui revient à trimbaler un petit sac de ciment partout. Sauf qu'un sac de ciment, c'est un poids mort, ça ne bouge pas. Alors qu'un bébé adore naviguer dans vos bras et changer de posture toutes les quinze secondes tel un danseur dans un show de Madonna, ce qui vous oblige à ajuster constamment votre position, sauf à le laisser tomber sur sa tête ingrate et bizarre. C'est envisageable pour une période de quinze minutes maximum, mais, au-delà, vous avez l'impression que vos bras n'ont plus d'os à l'intérieur et que votre colonne vertébrale est en train d'être arrachée par un Alien qui la brandit sous la lune.

La solution à ce problème est simple : le porte-bébé. Lequel n'est en fait qu'une sorte de holster à bébé.

J'ai refusé d'en acheter un. Pour être franc, j'associais ces trucs avec ces maris qui « essayent vraiment de vivre l'expérience de la naissance avec leur partenaire » et qui aiment bien les pantalons en velours côtelé. J'avais l'impression qu'en porter un, c'était plus ou moins la même chose qu'enfiler une paire de faux seins pleins de lait et endormir le bébé en jouant de la guitare acoustique. Je trouvais aussi que sur un homme, ça faisait un peu bête. Voir les femmes porter ainsi leur nouveau-né me paraissait charmant, mais, pour une raison mystérieuse, chaque fois que je voyais un homme avec, je trouvais qu'il ressemblait à une créature hybride entre l'homme et le kangourou (un hommegourou), et que le bébé qui pendait à son torse avait l'air du mutant Kuato dans le film *Total Recall* (une référence obscure mais rigoureusement exacte, si vous prenez la peine de vous bouger le cul pour aller regarder ça sur Google).

Lyns avait déjà une écharpe dont elle se servait tout le temps, et quand Charlie n'avait pas envie de rester dans sa poussette et que nous étions tous ensemble, elle le mettait là-dedans. Mais, quand je me trouvais seul avec lui, le porter partout dans mes bras était des plus pénible. Finalement, après y avoir longtemps réfléchi, j'ai cédé et j'ai commandé un porte-bébé. (Je me suis dit que, si je devais essayer, il était inutile de repousser le moment. Sinon, le temps que je me décide, Charlie serait un ado et, quand il prendrait place dedans, ses pieds toucheraient le sol. On aurait alors plutôt l'impression qu'il trimbalait un vieux dans son sac à dos.)

Quand je l'ai reçu, j'ai trouvé que c'était de la merde. Un assortiment d'attaches plastique et de courroies avec un support rigide des plus inconfortables au niveau du dos. On aurait dit un mélange de camisole de force et du genre de soutien-gorge industriel et sans fanfreluches qu'une femme assez balèze pour vous casser la gueule pourrait mettre.

Son aspect n'était pas le seul problème. Au bout d'une quinzaine de jours, j'ai posté un avis sur Amazon à propos de ce porte-bébé. Sans le reproduire entièrement, voici les points principaux que j'y développais :

– Le bébé est juste assez haut pour vous donner des coups de tête en arrière sur le menton, mais juste assez bas pour vous donner des coups de pied répétés dans les testicules.

– Quand vous l'enfilez, vous avez l'impression d'être violé par une bande de cornemuses.

– Dans la notice, il est écrit que l'engin est conçu pour vous permettre de créer un véritable lien avec le bébé... Quand je le mets, j'ai l'impression de m'apprêter à faire un saut en parachute en tandem avec Verne Troyer.

– C'est difficile à décrire, mais quand mon petit bébé est dedans, j'ai peur de tomber vers l'avant. Quand je marche, on dirait que mon torse est incroyablement lourd, comme ces femmes dont les poitrines battent des records de volume.

On ne vous en voudra pas si, à la lecture de ces extraits, vous pensez que l'avis que j'ai posté était négatif. En fait, je lui ai mis quatre étoiles – pour la simple raison que Charlie l'adore. Subitement, il mesurait un mètre vingt de plus et il profitait de nos balades comme s'il était King Kong. (Après avoir passé les premiers mois de sa vie sur cette planète en tant que gringalet d'une soixantaine de centimètres de haut, grimper dans le porte-bébé doit lui procurer un sentiment semblable à celui qu'éprouve Sigourney Weaver à la fin d'*Alien*, quand elle se glisse dans ce costume en forme de chariot élévateur et qu'elle s'énerve vraiment.) Voir la joie dans son regard la première fois que nous sommes allés nous promener, c'était génial. Un bonheur tempéré par la prise de conscience particulièrement douloureuse du fait que cet enfant n'allait plus jamais vouloir réintégrer sa poussette.

Au bout de cinq minutes, j'ai effectivement tenté de l'y remettre, mais il m'a regardé : « Euh, papa, je ne retourne pas là-dedans. Les poussettes, c'est pour les nazes. »

Après mon post sur Amazon, j'ai été inondé de suggestions et de recommandations à propos d'autres modèles moins testiculo-agressifs. J'ai fini par en trouver un qui fonctionne très bien, qui est très confortable et qui, quand vous l'enfilez, vous donne l'impression d'être attaqué par un monstre marin. À présent, je le porte en permanence, et pas seulement parce qu'il me soulage les bras et le dos : c'est également agréable de partager une perspective avec Charlie et de voir le monde sous le même angle que lui l'espace d'un moment.

Et si j'ai l'air d'un « hommegourou » ou de l'un de ces pères qui « essayent vraiment » dont je me suis tellement moqué, eh bien tant pis, il y a pire.

En voiture

Parcourir le monde à pied peut se révéler compliqué, c'est pourquoi vous aurez probablement envie de prendre votre voiture pour faire votre première excursion.

L'un des principaux problèmes lorsque vous voyagez en voiture, c'est que, pour commencer, vous n'allez pas très vite. Au cours des premiers mois, j'allais partout, mais à une allure d'escargot. J'étais ridiculement prudent quand Charlie se trouvait sur la banquette arrière, mais on n'y peut rien : avec une créature aussi fragile à bord, vous avez l'impression de vous déplacer à la vitesse de la lumière, mais quand vous regardez le compteur, il indique 25 km/h et une file de véhicules s'étire derrière vous – elle comprend des tracteurs, des caravanes et un cortège funéraire qui vous talonne, tandis que les membres de la famille du défunt, endeuillés, se penchent aux fenêtres de leurs voitures en gueulant : « C'est pour aujourd'hui ? Putain de grand-mère ! »

(En fait, un vieux type à la mine agressive avec une barbe grise hirsute s'en est effectivement pris à moi parce que j'allais trop lentement, ce qu'il m'a fait comprendre en roulant à quelques millimètres de mon propre pare-chocs tout en m'adressant le signe international qui signifie « branleur ». Je ne suis pas du genre à m'énerver en voiture, mais quand nous nous sommes arrêtés à un feu rouge, j'ai baissé ma vitre côté passager et je lui ai calmement fait remarquer que je ne faisais que respecter la limitation de vitesse et qu'il devrait faire plus attention. Je pense que mes mots précis étaient : « Va te faire foutre, Dumbledore ! »

Satisfait d'avoir eu gain de cause, j'ai alors pressé le bouton censé remonter ma vitre, mais je me suis trompé de bouton. Et j'ai baissé la vitre arrière. Le pare-soleil fixé dessus a été aspiré à l'intérieur de la portière avec un horrible grincement. Il doit encore s'y trouver. Au feu rouge suivant, j'étais toujours à côté du même type, et j'ai dû affronter les quarante secondes les plus longues de ma vie, tandis que, du coin de l'œil, je voyais Albus Dumbledore se pisser dessus de rire et m'adresser de nouveau le geste universel qu'il affectionnait tant.)

Le problème quand on conduit, c'est qu'on voit aussitôt du danger partout, chaque rond-point, chaque feu rouge recèle un désastre potentiel et l'autoroute devient une sorte de course à la mort dystopique. Ça peut être terrifiant. Le plus ridicule, c'est que le problème se trouve à l'intérieur de votre voiture. Quand vous conduisez, le plus grand danger, c'est vous. Vous lorgnez constamment le rétroviseur pour vous assurer que le bébé n'a pas mâchouillé son harnais pour se faire la malle. Ou pire, vous vous tournez sans cesse pour le rassurer parce qu'il pousse des cris stridents depuis que son gâteau sec est tombé, ou pour toute autre raison d'importance cosmique.

La distraction que provoque la présence d'un bébé dans une voiture est bien supérieure à celle due à un téléphone portable ou au fait de bidouiller l'autoradio. C'est un peu comme se faire prendre en otage et conduire avec un flingue sur la tempe. Ou, plus précisément, c'est comme si vous aviez pris en stop un psychopathe, qu'il était assis sur la banquette arrière, qu'il se comportait normalement pour l'instant, mais qu'il pouvait devenir dingue à tout moment.

En fait, si l'on voulait vraiment tester le talent et l'adresse des pilotes de Formule 1 contemporains, il faudrait équiper leurs voitures d'un siège bébé et mettre un nourrisson dedans. Après six tours de circuit à Silverstone, Kimi Raïkönnen rentrerait aux stands, lessivé, en larmes, et il mangerait du chocolat couvert de morve en répétant : « Je ne peux plus continuer. »

Le siège bébé

Bien sûr, conduire, ce n'est pas aussi dangereux que nous le croyons. Grâce au siège bébé. Vous ne pouvez aller nulle part sans en avoir un. C'est la loi.

Les sièges bébés ont pas mal évolué depuis leur invention dans les années 1930. Si vous cherchez sur Internet des images des premières versions, vous serez horrifiés. Les sièges bébés modernes sont conçus par les meilleurs cerveaux scientifiques, tandis que les premières versions semblent avoir été bricolées par votre père dans sa remise. Ils étaient en fer et en bois, et les différentes pièces étaient clouées ensemble, comme si l'idée était de créer un objet susceptible de se refermer comme une vierge de fer en cas d'accident. Les types qui fabriquaient ces trucs n'auraient pas pris plus de risques s'ils avaient choisi de les truffer de verre cassé et de dents d'ours. Non seulement ces sièges-là étaient extraordinairement dangereux, mais ils avaient l'air aussi confortables que les genoux de Margaret Thatcher.

Pour être franc, à l'époque, on ne concevait pas ces sièges pour le confort ou la sécurité, mais simplement pour maintenir le bébé en place. Pour éviter qu'il ne crapahute sur la banquette arrière pendant que vous écrasiez le champignon, cigare aux lèvres, de retour d'une virée au pub.

Suis-je le seul à me demander comment les bébés du passé ont réussi à atteindre l'âge adulte ? La santé et la sécurité pour les bébés sont des sujets qui ne semblaient pas à l'ordre du jour avant les années 1980. Auparavant, la politique en matière de sécurité consistait à s'assurer que, si votre bébé s'emparait d'un couteau de boucher, il le tienne par le bon bout. D'ailleurs, maintenant que j'y pense, sur toutes les photos de moi quand j'étais môme, je suis en train de jouer sur la route, de faire du vélo sans casque ou de me précipiter vers une mort certaine sur une luge fabriquée avec des palettes de chantier. Mes parents n'avaient certainement pas de siège bébé. En fait, je me rappelle vaguement avoir passé la plus grande partie de mon enfance à me disputer avec mon frère et ma sœur pour savoir qui aurait le droit de voyager dans le coffre.

Dieu merci, la sécurité et le confort sont apparus dans le domaine des sièges bébés au cours de la dernière décennie du XXe siècle, et les modèles les plus récents ont l'air de pouvoir résister à une rentrée dans l'atmosphère. Ils sont molletonnés, luxueux, ils basculent comme des fauteuils lazy-boys et s'appuient sur la technologie des baquets des voitures de course, conçus pour absorber n'importe quel choc. Ce qui est heureux, puisqu'il y a dix fois plus de voitures sur les routes que quand j'étais petit et que la plupart d'entre elles roulent plus vite que la Mini Morris merdique de mes parents (qui atteignait à peine les quarante-huit kilomètres à l'heure avant de tomber en pièces et de prendre feu).

Comme je le disais, les meilleurs cerveaux scientifiques se sont réunis pour concevoir le siège bébé moderne. Le problème, c'est qu'il faut un cerveau du même calibre pour parvenir à le fixer dans la voiture. Apparemment, jusqu'à tout récemment, soixante-quinze pour cent des sièges bébés n'étaient pas correctement installés, et ce n'est pas surprenant. Il fallait enfiler la ceinture de sécurité dans des encoches plastique déroutantes et faire des boucles par-dessus et par-dessous jusqu'au moment où on arrivait au bout de la courroie, à dix centimètres de l'attache. Les parents passaient la moitié du temps à tenter de fixer ce siège et l'autre moitié à combattre le diable sur leur épaule qui leur murmurait : « C'est bon, ça va le faire », en se remémorant qu'il s'agissait d'une question de vie ou de mort, avant de se résoudre à attacher le bébé au repose-tête de la banquette arrière avec de la bande adhésive.

Voilà pourquoi Isofix est une invention fabuleuse. Isofix, c'est un ensemble de petites barres métalliques dissimulées sur votre banquette arrière. Le châssis des sièges bébés modernes se fixe sur ces barres, et vous n'avez plus du tout besoin de vous servir de la ceinture de sécurité. C'est génial. Et ça sauve vraiment des vies. Notamment parce que, après avoir passé quatre heures à essayer d'installer les anciens sièges bébés, les parents avaient tendance à desserrer le frein à main de leur voiture et à s'allonger devant pour qu'elle leur roule dessus.

Soit dit en passant, notre premier siège bébé était un des accessoires accompagnant la poussette que Janet nous avait vendue, et même s'il était Isofix-compatible, c'est avec un soulagement certain que j'ai noté qu'un membre du personnel pouvait vous l'installer sur place. Dieu merci, me suis-je dit. Je suis nul pour ces trucs et il est important que ce soit bien fait.

Le problème, quand j'ai demandé l'installation gratuite, c'est que Janet s'est mise à insister sur combien ces nouveaux sièges étaient « à l'épreuve des nuls », ou sur le fait que « même un singe y arriverait ». Alors, malgré la suggestion de profiter de cette offre que Lyns a calmement formulée, je ne pouvais absolument pas faire appel à eux. Ç'aurait été admettre que je n'étais qu'une moitié d'homme.

J'ai mis la boîte dans le caddie que j'ai poussé jusqu'à la voiture en me demandant si je serais à la hauteur.

Sur le chemin du retour, quelque chose en moi me disait que peut-être, juste peut-être, je me trouvais à un moment charnière.

Je ne suis pas ce que vous pourriez appeler un homme très viril. Je dois demander à mon beau-père (près de deux mètres, ex-ouvrier de fonderie) de venir m'aider à monter la moindre étagère. Pis encore, la dernière fois, en prenant le niveau à bulle qu'il me tendait, j'ai dit : « Oh, c'est froid ! »... Il m'a regardé d'un air dégoûté. Comme je le disais, je ne suis pas du genre macho.

Mais cette installation de siège bébé « à l'épreuve des nuls » me donnait une nouvelle chance, et quelque chose de primal s'est réveillé en moi. C'était une invitation à relever un défi. Dans quelques mois à peine, j'allais devenir père, j'allais assumer le rôle de figure masculine, d'homme de la maison, de chef de famille, de chasseur-cueilleur protecteur. Il était temps de faire un pas en avant et de s'y mettre.

J'étais homme.

Alors, j'ai roulé jusque chez moi, j'ai tout déballé avec soin, j'ai étalé les instructions sur une table, je les ai étudiées avec attention... puis j'ai appelé le père de Lyndsay et mis la bouilloire à chauffer.

Les transports en commun

Non. Non, c'est tout.

...

Bon, d'accord. Tout le monde ne peut pas se permettre d'éviter les transports en commun. Certains n'ont pas le permis, d'autres n'ont pas de quoi s'acheter une voiture, d'autres encore vivent dans de grandes villes. Et certains sont des masochistes désireux de se frayer un chemin dans un bus bondé de types qui tentent désespérément de ne pas croiser le regard des autres passagers, de peur d'être obligés de céder leur siège à un unijambiste ou à quelqu'un qui a un bébé dans les bras.

Pour être honnête, en Grande-Bretagne, nous avons la réputation d'être courtois, et dans l'ensemble, je pense qu'elle est méritée. Je crois simplement que ce n'est pas vrai sur la ligne X89 entre Rotherham et Doncaster. C'est le dernier trajet que j'ai effectué avec Charlie dans un bus bondé, en compagnie d'un paquet de trous du cul débiles et d'un conducteur dépressif qui (malgré la présence d'un passager debout avec un bébé dans les bras) conduisait son engin comme une diligence poursuivie par des Peaux-Rouges.

Je n'ai passé que quinze minutes dans le X89, mais cette expérience plutôt négative n'a pas été sublimée par la présence d'un groupe d'adolescents agressifs, d'un barjo saoul à dix heures du matin et de l'odeur tenace de saucisse et de pisse. C'est la dernière fois que j'ai pris le bus avec Charlie.

Si vous habitez à Londres, le métro est une meilleure solution. De façon générale, le métro londonien a toujours été un bon moyen d'aller d'un point A à un point B, de vous faire voler votre portefeuille ou d'être tripoté par un inconnu. Mais, pendant les heures creuses, ce peut également être un excellent moyen de se déplacer avec un bébé. Si vous évitez les stations sans ascenseur et les sorties situées à dix kilomètres du quai, c'est parfait. Aux heures de pointe, c'est la guerre.

On fait peu de concessions à un parent avec un bébé pendant les heures de pointe dans le métro londonien. C'est compréhensible. Si vous venez de passer dix heures à trimer dans un boulot de merde qui vous bouffe le crâne, vous voulez juste rentrer chez vous. (Et j'ai fait des boulots tellement merdiques que j'aurais poussé Gandhi sur les rails électriques si j'avais eu l'impression qu'il allait me retarder sur le chemin de la maison.) Alors, vous devez être prêt à vous battre.

C'est là que j'ai appris à me servir de la poussette comme d'une arme puissante. Vous n'avez peut-être pas « Le Promeneur de la mort 1000 », mais si vous voulez monter dans une rame aux heures de pointe et que vous avez une poussette, vous devez vous préparer à foncer quand les portes se referment et à enfoncer les chevilles des gens comme avec un bélier. Et une fois dedans, faites valoir avec autorité vos droits sur l'espace que vous avez conquis.

Lorsque vous y parvenez, une fois à bord, vous êtes dans un véritable champ de mines. Même sans bébé, une rame de métro bondée n'est pas un lieu particulièrement agréable. C'est une capsule de sueur et de contiguïté lancée à grande vitesse, à la grande horreur du Britannique moyen. Si celui-ci voulait côtoyer les gens de plus près, il déménagerait dans un de ces pays tactiles et pleins de sensiblerie, comme la France ou l'Italie.

Mais, avec une poussette, vous êtes plus gênant que jamais auparavant. Si vous prenez appui sur une porte, c'est celle qui s'ouvrira à chaque station pour laisser entrer et sortir la moitié de la population du Grand Londres. Et tandis que vous êtes constamment en train de changer de place pour essayer de ne pas constituer un obstacle, vous ne devez pas quitter des yeux votre bébé pour surveiller ce qu'il trame. Une ou deux fois, j'ai posé le regard sur Charlie et constaté qu'il était en train de balancer méthodiquement par terre le contenu du sac à main d'une femme. En fait, un jour, en descendant à Holborn, il serrait dans les mains un tube de mascara et un paquet de mouchoirs. On ne sait toujours pas d'où il les avait tirés, mais vraisemblablement du sac de quelqu'un, faisant de moi, à mon insu, le Thénardier de ce nouveau Gavroche.

Le train

Les trajets en train sont très semblables aux trajets en métro et ils répondent aux mêmes règles : quand c'est calme, c'est génial, quand c'est le rush, c'est abominable.

L'un de nos premiers voyages a eu lieu vers Noël, nous allions à Londres et le train était bondé. Les seules places disponibles se trouvaient dans le wagon « silencieux ». Nous nous y sommes donc installés. Ce n'était pas idéal. Je pense que les gens qui réservent des places dans ce wagon comptent sur un peu de paix et de tranquillité. Mais nous espérions que ces passagers comprendraient que, dans un train plein à craquer où il ne restait plus une place assise, nous n'avions que deux options : nous asseoir avec eux ou fourrer notre bébé de trois mois dans un porte-bagages au-dessus des sièges.

Avant même que Charlie n'ait émis le moindre son, la femme qui nous faisait face de l'autre côté de l'allée centrale a commencé à maugréer, à faire « tss tss » et à dire à qui voulait l'entendre qu'on était censé être dans le wagon « silencieux ». Au bout d'un quart d'heure, Charlie s'est mis à marmonner doucement, et cette femme a commencé à péter les plombs. Elle avait beau porter des écouteurs d'où filtrait du James Blunt avec un son de casserole, elle voyait que Charlie faisait un peu de bruit et elle ne le supportait pas. « C'est vraiment ridicule ! » a-t-elle murmuré assez fort pour que tout le wagon en profite. J'ai donc ressenti le besoin de lui faire remarquer que la situation ainsi que la décence la plus élémentaire devraient tempérer son désir d'écouter « You're Beautiful » dans un désert sensoriel. Elle n'était pas d'accord. « C'est répugnant ! insistait-elle. Répugnant ! » Je ne me suis jamais senti aussi mal à l'aise. Notamment parce que le type en costume à côté d'elle avait l'air tout aussi irrité.

Il s'est alors produit une chose remarquable. Ce type s'est tourné vers la femme en disant : « C'est vous qui êtes répugnante. Où voulez-vous qu'ils aillent ? » Avant qu'elle puisse répondre, une autre femme, assise à côté d'elle, nous a dit : « Tout va bien, ne vous inquiétez pas, il ne me dérange pas. » Et une autre, installée derrière nous, a renchéri : « Moi non plus, ce petit gars a de très bonnes manières. »

C'était comme si cette femme avait voulu nous crucifier et que tout le wagon s'était levé pour déclarer : « Je suis

Spartacus. » (Bon, peut-être pas tout le wagon, mais trois personnes au moins ont spartacussé à notre secours.)

Les mouches avaient changé d'âne et la femme, vaincue, s'est replongée dans la musique de James Blunt en écumant.

Après les deux mois assez difficiles que nous venions de passer à essayer de nous adapter à ce monde nouveau, cet incident a restauré un peu de notre foi dans l'humanité. Nous en reparlons, avec Lyns, et dans nos esprits, il a atteint un statut mythique. C'est comme si nous avions occis un dragon. Et, d'une certaine façon, c'est ce que nous avons fait. Ce n'est pas la femme qui a été occise, mais notre peur d'être toujours considérés comme des importuns, de toujours nous sentir mal à l'aise parce que nous avions un bébé avec nous. Si ce soutien s'était manifesté dans un wagon « silencieux », il le ferait aussi dans les pubs ou les restaurants. Les connards qui n'aiment pas les bébés sont minoritaires.

Alors, si vous êtes l'une des trois personnes qui se sont levées pour défendre un couple de parents néophytes dans le train de 16 h 20 de Doncaster à Londres, un 3 décembre, et que par miracle vous lisez ces lignes, permettez-moi de vous remercier.

Et si vous êtes la grosse bonne femme qui fulminait sur le siège 16A, je voudrais que vous sachiez que vos goûts en matière de musique sont à chier et que le chemisier rouge dont vous étiez affublée vous donnait l'air d'un putain de pirate.

Les bons/Les mauvais

Plus que toute autre chose, les transports en commun vous enseignent combien il y a de personnes égoïstes et antisociales, des gens qui ne vous tiendront pas la porte ou qui vous bousculeront pour monter dans un bus.

En réalité, certaines personnes n'aiment pas les bébés. Elles les trouvent irritants. Et je les comprends. Ils sont énervants. Mais vous savez quoi ? Il y a des milliers de choses dans le monde et chez les humains que je trouve irritantes (dont la moindre n'est pas le son de la musique de James Blunt quand elle passe par des écouteurs en fer-blanc). N'est-il pas vrai que nous sommes censés nous montrer tolérants avec nos semblables chaque jour que Dieu fait ? Dans le cas contraire, on pourrait tous se balader en tirant la gueule en permanence, ce qui nous ravalerait au niveau des types qui hantent la section commentaires de *MailOnline*.

Si vous êtes une de ces personnes incapables de montrer la moindre tolérance pour une maman ou un papa qui se démène avec son enfant et que vous lisez ce livre par hasard, il faut que vous compreniez ceci : les restaurants, les avions, les bus, les centres commerciaux... sont des lieux publics, contrairement à votre putain de chambre. On n'est pas en train de se balader chez vous. Et si vous ne supportez pas les bébés, c'est que vous ne supportez pas de sortir de chez vous. Si vous êtes vraiment allergique aux nourrissons, il y a des milliers d'endroits où vous n'en trouverez pas : les casinos, les bars de strip-tease, et à peu près n'importe où après 21 heures. Tous les endroits où l'on se marre vraiment. Vous pouvez également rester chez vous, ce qui vous éviterait de rouler les yeux et soupirer et faire en sorte que les parents se sentent comme des merdes parce que la journée ne se passe pas exactement comme prévu.

La vérité fondamentale, c'est que personne n'est arrivé sur terre en étant un adulte parfaitement abouti. Pas une seule personne. Nous avons tous été ces animaux sauvages, la bave aux lèvres, hurlants, couverts de morve, et même si nous ne nous souvenons pas de cette période de notre vie, je vous garantis que chacun d'entre nous était perturbateur, bruyant et vraiment énervant. Alors, quand on va au fond des choses, être irrité en présence d'un bébé, c'est faire preuve d'hypocrisie, et vous pourriez peut-être envisager de vous dire que vous êtes un connard.

Les vieilles dames

À l'autre bout du spectre, très loin de ceux qui se vautrent dans la haine du bébé en roulant les yeux, il y a un groupe qui les aime vraiment, un groupe qui peut se révéler le parfait antidote à la négativité de la faction anti-bébés : les vieilles dames. Bien que j'aie plaisanté dans mon introduction sur le fait qu'il fallait les éviter, pour être franc, la plupart du temps, c'est très agréable d'être arrêté par une dame âgée charmante qui désire vous parler et admirer votre progéniture. C'est un excellent moyen de répéter votre nouveau rôle de maman ou de papa, ainsi que de vous habituer à l'idée que c'est bien ce que vous êtes à présent.

C'est également un bon moyen de se réhabituer doucement aux conversations entre adultes, étant donné que vous n'avez besoin de connaître que les réponses à ces trois questions :

Comment s'appelle le bébé ?
Quel âge a-t-il ?
Quel poids faisait-il à la naissance ?

Ça ressemble à un recensement plutôt qu'à une conversation. Ces dialogues obéissent tous à un schéma très clair et se déroulent toujours de la même façon. La dame qui vous pose les questions réagira à chacune de vos réponses avec des « Aaah ! » et des « Oooh ! », comme si elle se remettait d'un récent traumatisme crânien.

En fait, si vous ne connaissez pas les réponses ou que vous ne vous en souvenez plus, ce n'est pas grave, de toute façon, elles ne vous écoutent pas. Après que ça m'était arrivé plus d'une vingtaine de fois, je me suis mis à inventer des trucs pour voir si elles faisaient attention ou si elles étaient simplement prises de l'ivresse des bébés.

– Aaah, comment s'appelle-t-il ?
– Wilberforce Bordelberry
– Aaah, et quel âge a-t-il ?
– Il aura soixante-deux ans le jour de la fête des Archanges.
– Aaah, et il pesait combien quand il est né ?
– Le poids d'une grosse chauve-souris.

« Aaah » répondront-elles le regard vitreux, avec l'expression d'un junkie qui vient d'avoir sa dose.

Même si, pendant ces conversations, personne ne m'écoute, je les apprécie. Ces femmes adorent Charlie. Vraiment. Elles adorent aussi votre bébé. Elles adorent tous les bébés, et ça, c'est charmant et magnifique.

D'un autre côté, ça peut parfois saouler de répéter vingt fois par jour combien votre bébé pesait à la naissance (accessoirement, c'est toujours « un bon poids ») et, par moments, vous avez vraiment autre chose à faire. En de telles circonstances, ces charmantes petites vieilles peuvent faire peser sur vous un risque temporel important. Elles peuvent passer plusieurs heures à tenter de tirer un sourire de votre bébé sans jamais perdre leur enthousiasme, car en général, ne nous voilons pas la face, elles n'ont vraiment rien d'autre à faire.

Si vous ne voulez pas être malpoli, la meilleure stratégie, c'est de les éviter. J'ai indiqué plus haut qu'éviter les dames âgées, c'est comme jouer à un vieux jeu d'arcade, *Frogger* (un jeu vidéo des années 1980 où vous devez déjouer des pièges qui surgissent pour arriver à destination). En fait, au fur et à mesure que les vieilles dames de votre quartier vous connaissent mieux, elles vous repèrent à distance. Du coup, dans les rues autour de chez moi, ça s'est plutôt mis à ressembler à une partie de Pac-Man.

Dans notre village, je sais exactement où les vieilles dames habitent et se rassemblent et, comme elles sont un certain nombre, j'ai dû me mettre à la hauteur de leur roublardise et concevoir un trajet tortueux pour aller jusqu'à l'épicerie sans qu'elles m'accostent.

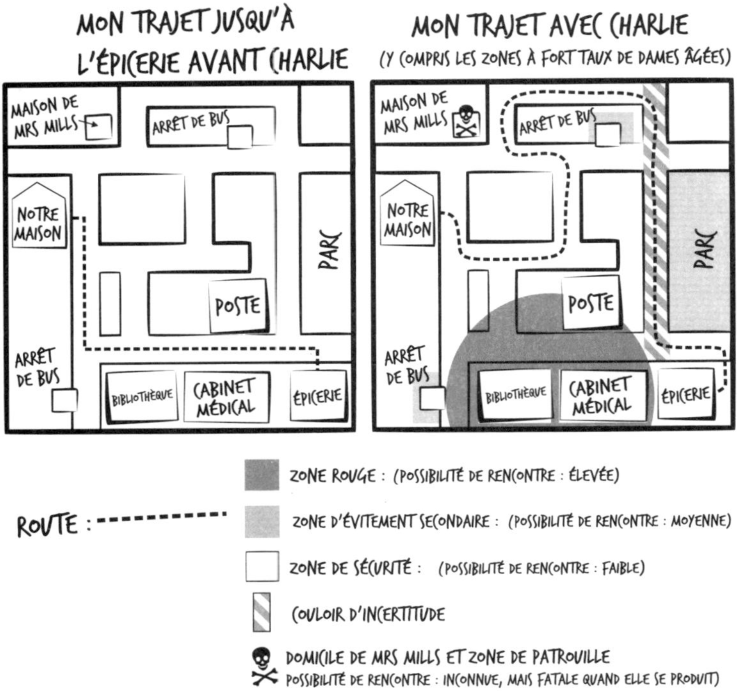

Cela peut vous sembler exagérément complexe, mais si vous sous-estimez les dames âgées, ce sera à vos risques et périls. Par nature, la vieille Anglaise est grégaire, et elle a tendance à chasser en meute. Si vous ne disposez pas d'un bon plan et d'un bon itinéraire pour aller à l'épicerie, vous pouvez facilement tomber dans une embuscade. Ou, pire encore, être entraîné vers une zone à forte densité de vieilles Anglaises : les zones rouges, comme la poste, la bibliothèque ou, que Dieu nous en préserve, la bonde temporelle : le cabinet du médecin. (Le réassortiment de vieilles dames au voisinage du cabinet du médecin est infini. Si vous êtes encerclé dans cette zone, vous pouvez tout aussi bien ouvrir vos rations de survie et téléphoner à votre conjoint pour qu'il organise l'exfiltration.)

Les vieilles dames sont donc un antidote efficace contre les fourches et les torches de la horde anti-bébés et je pense que, de façon générale, elles sont représentatives de l'attitude positive de la société envers les bébés, dont nous trouvons les preuves dans toutes les concessions que celle-ci fait chaque jour aux parents, des choses comme les bateaux sur les trottoirs ou les places de parking réservées aux familles avec poussette.

Les concessions

La salle à langer

Les salles à langer sont une de ces concessions. Il est étonnant de constater ce que la vue d'un panneau indiquant la présence d'une telle pièce peut signifier pour un parent dont le bébé vient de faire exploser un niveau 9 dans un centre commercial bondé. Ce panneau est un phare, une lumière qui nous guide vers un refuge dans la tempête. Une chambre de survie. Les salles à langer sont bien plus qu'une simple pièce où l'on change son bébé, elles peuvent être un endroit où se réfugier et se regrouper. Les meilleures sont immaculées, d'une hygiène impeccable, confortables même. Dans ces oasis de calme, tout est à portée, du savon mains libres antibactérien aux alaises jetables de la table à langer. La lumière y est douce, et une musique apaisante détend les parents au bord de la crise de nerfs. Ça, ce sont les meilleures.

Malheureusement, elles sont rares, et les autres sont aussi accueillantes que le trou du cul du diable.

En général, on le sait avant même d'avoir ouvert la porte, à cause de la poignée sinistre et du panneau qui pend de travers au-dessus de l'entrée : « Vous qui entrez ici, abandonnez toute espérance. » Et au moment où vous ouvrez la porte, vous entendez un roulement de tonnerre et un chien qui hurle à la mort dans le lointain. Bienvenue entre les quatre murs de la mort.

Un néon clignote au-dessus de ce qui semble être un squat de junkies désaffecté.

Avec un peu de chance, vous ne trouverez pas une silhouette dessinée à la craie sur le lino couvert de taches. Au mur, vous remarquez un panneau qui proclame « Cet endroit a été nettoyé par », mais c'est une tablette en pierre qui pend à une vieille toile d'araignée (« Cet endroit a été nettoyé par Pline l'Ancien en 74 ap. J.-C. »).

Tremblant, frissonnant, épuisé, vous approchez de la table pliante... qui semble avoir été utilisée par un vagabond pour se passer les couilles au jet d'eau. Elle est dégueulasse. Vous n'en voudriez pas pour euthanasier une belette à l'agonie, alors pour changer votre bébé... (En outre, il semble toujours y avoir des miettes coincées dans les gonds, comme celles qu'on trouve au bas de la porte d'un four. Qui diable donne à manger à son bébé là-dessus ?)

Et qui n'a jamais posé les yeux sur un tel endroit sans se dire qu'il préférerait changer son bébé dans un lieu plus approprié, comme la voiture, un banc, ou une auge à cochons délabrée ?

Mais, parfois, vous êtes désespéré. Parfois, vous n'avez pas le choix. Alors vous placez l'être le plus précieux que vous connaissiez sur une surface avec assez de bactéries pour éradiquer toute vie en France. Et vous demandez à votre enfant innocent de ne toucher à rien. Mais votre bébé décide que le moment est plutôt venu de se mettre à lécher le mur et à tripoter tout ce qu'il voit.

Le pire avec les mauvaises salles à langer, ce n'est même pas l'hygiène, ou le fait qu'elles ressemblent à la cave de Jeffrey Dahmer, le Cannibale du Milwaukee. Le pire, c'est qu'ils ne remplacent jamais les consommables. Tout est vide. La boîte des alaises jetables est vide, le distributeur de savon ne crache que de la poussière, et si vous avez l'eau courante, c'est que vous êtes un veinard, alors ne parlons pas d'eau chaude.

Quant à la conception des lieux, elle est à l'évidence le fruit des réflexions d'un crétin. Pourquoi tout se trouve-t-il hors de portée ? Quel est l'intérêt d'accrocher un panneau proclamant : « Ne laissez pas votre bébé sur cette table sans surveillance », si c'est pour placer le savon, la poubelle, l'évier et tout ce dont on a précisément besoin trente-cinq centimètres au-delà de la portée de vos bras ? L'envergure moyenne d'un être humain est de 1,67 m. Mettez vos trucs moins loin, bordel !

Même si votre bébé survit à l'épreuve du changement de couche, le spectre de la poubelle industrielle à couches demeure : le conteneur radioactif qui vibre et qui rayonne dans un coin de la pièce, en couvant lentement le virus qui a flingué tout le monde dans le film *Alerte !*. Bien sûr, la pédale censée actionner le couvercle ne fonctionne pas, et vous devez donc vous servir de vos mains pour le soulever et le refermer aussitôt, avant que le gaz qui en sort ne vous fasse fondre comme le type de la Gestapo quand il a ouvert l'Arche de l'Alliance dans *Les Aventuriers de l'Arche perdue*.

Les salles à langer sont censées vous faciliter la vie, et globalement, c'est ce qu'elles font. Une société qui cherche à simplifier la vie des nouveaux parents avec des équipements de ce genre donne une bonne image d'elle-même. Aucune loi n'oblige les commerçants à mettre ces salles à disposition, il est donc clair que ces derniers pensent qu'il s'agit d'un bon moyen d'encourager les jeunes familles à venir dépenser leur argent chez eux. Il semble dès lors étrange que, après s'être donné la peine de créer une telle salle, ils en fassent un endroit où le méchant de *Scooby Doo* ne voudrait même pas faire ses besoins.

La place de parking

Une autre concession faite aux parents qui luttent pour s'en sortir est la place de parking familiale. Plus large que les autres, elle vous permet de sortir votre poussette et votre bébé de la voiture sans défoncer le véhicule d'à côté en heurtant à plusieurs reprises sa carrosserie avec votre portière, par exemple. En général, ces places sont proches de la porte d'entrée, ce qui est pratique quand vos enfants sont un peu plus vieux et que vous n'avez pas envie qu'ils vadrouillent dans un parking comme si c'était Disneyland. C'est bien vu. Devant la petite supérette à côté de chez moi, il y en a trois, à quelques mètres de l'entrée. Et en général, les gens n'en profitent pas indûment. Sauf un obstiné, qui gare toujours sa bagnole pourrie sur l'une d'elles. La plus proche de la porte, en général. Il stationne là presque un jour sur deux, afin de s'éviter les quatre mètres cinquante supplémentaires qu'il aurait à faire. Le plus énervant, c'est qu'à voir ses vêtements il est en route vers sa salle de gym ou il en vient. Il n'est pas handicapé, il n'a pas d'enfants, c'est juste une tête de con.

Une fois, j'ai envisagé de l'interpeller quand il entrait dans le magasin. Mais, en fin de compte, j'ai décidé de prendre un peu de hauteur… d'autant qu'il avait l'air très agressif et qu'il était bâti comme une armoire à glace. À la place, j'ai fait ce que n'importe quel Anglais lâche mais sensé aurait fait : je lui ai laissé un mot sur son pare-brise.

CHER MONSIEUR,

JE N'AI PAS PU M'EMPÊCHER DE REMARQUER QUE VOUS AVEZ, SEMBLE-T-IL, GARÉ VOTRE VOITURE À UNE PLACE RÉSERVÉE AUX PARENTS AYANT DES ENFANTS EN BAS ÂGE.

À L'ÉVIDENCE, C'EST LE FRUIT D'UN MALENTENDU, ET J'AI PENSÉ POUVOIR VOUS ÊTRE UTILE.

VOICI LE SYMBOLE QUI DÉSIGNE UNE PLACE DE PARKING RÉSERVÉE AUX PARENTS AVEC ENFANTS.

ALORS QUE VOICI CELUI AUQUEL VOUS DEVRIEZ PRÊTER ATTENTION :

UNE PLACE RÉSERVÉE OÙ, JE N'EN DOUTE PAS, VOUS SERIEZ NON SEULEMENT BIEN ACCUEILLI, MAIS VÉNÉRÉ COMME UN MONARQUE.

AMITIÉS,

MATT X.

P.-S. : SEUL UN DÉBILE PROFOND MET DES PLAQUES PERSONNALISÉES SUR UNE FORD MONDEO.

Adopter l'extérieur

Pour le parent néophyte, le principal problème avec le monde extérieur est celui qui s'est toujours posé : les autres. Mais pas tout le monde, simplement les antisociaux, les égoïstes et les trous du cul habituels.

L'extérieur est un milieu hostile, un endroit qu'il faut apprendre à craindre. Et le fait que les types qui vont vous compliquer la vie s'y promènent en liberté n'arrange pas les choses : tous ceux qui vont refuser de vous aider, qui vont vous mettre mal à l'aise ou vous faire sentir que vous n'êtes pas à votre place, comme si vous étiez un intrus dans un lieu qui, de fait, ne leur appartient pas. Mais s'il y a bien une chose que les parents apprennent très vite, c'est qu'ils ont le cuir assez épais pour arrêter les piques et les coups de poignard des autres, pour ignorer la minorité qui souhaiterait ne pas les voir. Mieux encore, adoptez le tout : la façon dont les gens réagissent avec vous, le bon comme le mauvais. Vous vous sentirez d'autant plus parent.

Une chose est sûre : vous ne pouvez pas laisser l'ignorance des gens ou le fait que sortir ne soit pas pratique vous forcer à rester chez vous avec votre bébé. Vous avez invité cet incroyable petit être sur notre planète, alors autant la lui montrer. Et pas seulement pour lui, mais aussi pour vous. Les laisser voir le vaste monde est rajeunissant. Les bébés regardent tout d'un œil émerveillé, les couchers de soleil comme les lavages auto. Le banal devient extraordinaire par la façon dont ils observent tout comme si c'était nouveau. Tendez un brin d'herbe à un bébé et regardez-le le retourner dans tous les sens. C'est remarquable.

Il vaut ce qu'il vaut, mais quel serait mon conseil à de nouveaux parents ? Sortez dans le vaste monde. Découvrez la sensation de vous faire arrêter par de charmantes vieilles dames, d'être dévisagé dans des restos minables, ou de vous trouver à tellement, tellement de kilomètres de chez vous avec une seule lingette et un bébé sur le point de passer en « mode bestial ».

Et quand vous serez prêt...

Emmenez-les plus loin...

Man vs Baby, Post de blog : 20 avril 2016

Nous voici donc de retour des premières vacances de Charlie... à l'étranger.

Une ou deux personnes se sont montrées quelque peu critiques à l'idée d'emmener un bébé de six mois à l'étranger.

Vous l'emmenez en vacances ?

Ouais.

À l'étranger ?

Ouais.

Dans un coin où il fait chaud ?

Ouais.

En avion ?

Arrivé là, j'avais envie de répondre : « Non, Lyns et moi, on prend l'avion, mais, pour Charlie, on pensait plutôt l'emmener à Douvres et le glisser dans un canon géant pour l'envoyer de l'autre côté. »

Je me suis contenté de dire : « Ça va bien se passer. »

Et vous savez quoi, ça s'est bien passé.

Voici ce que j'ai appris en partant en vacances avec notre minuscule être humain.

Nous avions fait une check-list de ce que nous devions emporter, mais elle ne comptait qu'un seul mot : « Tout ».
– N'emportez pas une poussette onéreuse dans un avion. Dès que vous enregistrez vos bagages, votre poussette disparaît derrière un rideau en caoutchouc où deux catcheurs la cognent sur un mur pendant une demi-heure avant de la reposer sur le tapis roulant, sur lequel l'avion fait marche arrière une paire de fois avant que quelqu'un la mette en soute.
– Une fois à destination, pour une raison étrange, vous devez ramasser les vestiges de votre poussette (une roue) sur un tapis roulant qui se trouve à des kilomètres. (Je suis sûr qu'elle a atterri plus près de notre point de départ que de l'aéroport où nous sommes arrivés.)
– Quand les compagnies aériennes proclament qu'elles disposent d'équipements pour changer un bébé, elles font en fait référence à une étagère.
– Changer un bébé dans des toilettes d'avion, c'est comme essayer de découper une dinde dans une cabine téléphonique, mais une dinde qui fait la moitié de la taille de la putain de cabine, avec un connard incontinent qui tambourine à la porte toutes les cinq secondes.
– Si votre bébé se tient tranquille pendant le vol, c'est génial, et s'il dort, c'est encore mieux. Si, comme Charlie, votre bébé a tout le temps envie de « se mettre debout », vous pouvez vous attendre aux sensations que vous ferait éprouver un gnome qui danserait sur vos couilles pendant quatre heures.

– Les passeports des bébés sont, comme je m'y attendais, une véritable arnaque. J'ai déjà dit que tous les bébés ressemblent à Ross Kemp, mais l'idée selon laquelle on reconnaîtra un bébé cinq ans après qu'on l'a pris en photo à la naissance est démente… Et les types de l'immigration l'ont à peine regardée. Charlie aurait pu passer les contrôles à la frontière avec un dessin d'un type chauve au verso d'un dessous de verre (et ça ne nous aurait pas coûté cinquante livres et quelques).
– Quant à la chaleur… En fait, emmener un bébé dans un pays chaud ne pose pas de problèmes, les gens du coin ont plein de bébés eux aussi, alors c'est un peu stupide de notre part de penser que, si nous emmenons les nôtres là-bas, ils vont subitement prendre feu, comme un vampire lorsque quelqu'un ouvre les rideaux devant lui. Il faut juste un peu de bon sens, de l'ombre, et de la crème solaire facteur mille.
(Une petite remarque à propos de la crème solaire : attendez qu'elle sèche avant de les prendre dans vos bras ou quoi que ce soit, sinon, c'est comme essayer d'attraper un phoque qui sort d'un salon de massage. Le soleil était moins dangereux pour Charlie que moi en train de jongler avec lui comme avec une savonnette.)
– Malgré toutes les précautions, le soleil constitue une menace. Pour vous. Vous allez cramer. Vous serez tellement préoccupé par le fait de protéger votre bébé que… Vous. Allez. Cramer. Au moment où j'écris ces mots, mon visage est rouge brique. (J'ai dû m'enduire de crème solaire une seule fois, cette semaine.) Honnêtement, avant de partir, j'avais glissé à Lyns que je voulais prendre un peu de couleur. Mais je ne pensais pas que ce serait celle d'un cul de babouin en colère .

– Les plages de sable ne sont pas une bonne idée. Un bébé de six mois met tout ce qu'il trouve dans sa bouche, alors, rétrospectivement, le laisser jouer sur deux hectares de verre pilé n'est peut-être pas très avisé.
– À moins que vous n'envisagiez de vous servir d'une bande adhésive et d'une agrafeuse, il est plus facile de faire porter une banane à un calamar qu'un chapeau et des lunettes de soleil à un bébé.

Pour finir, je dirais à tous ceux qui envisagent d'emmener leur bébé en vacances : allez-y.
Malgré tous les défis énervants, passer du temps ensemble, loin de notre maison récemment dévastée, ce fut incroyablement spécial. Je me souviendrai toujours du visage de Charlie la première fois qu'il a replié ses doigts de pieds dans le sable. À quel point il était ravi quand on lui faisait faire le tour de la piscine de l'hôtel sur un crocodile gonflable. Et sa fascination quand nous nous sommes assis sur un banc pour donner à manger des chips aux moineaux devant le bleu intense de la mer Méditerranée.
Le fait que, après le vol de retour, mes couilles étaient du même bleu ne fut qu'un petit prix à payer.

7
Maintenance

Quand je songe à tout ce dont on a besoin pour s'occuper d'un bébé, je me rappelle sans arrêt le film *Gremlins*. Tous les bébés devraient être présentés à leurs parents dans une petite boîte en bois par un vieux Japonais rabougri, assortis de quelques instructions de base : ne les mouillez pas, ne leur donnez pas à manger après minuit et, si vous pensez qu'ils ont fait dans leur couche, pour l'amour de Dieu, ne tirez pas sur l'élastique pour vérifier... ou ils vous chieront sur les doigts.

Maintenance

Quand j'allais à l'école primaire, il était d'usage qu'un enfant choisi pour l'occasion s'occupe du cochon d'Inde de la classe pendant les vacances de mi-semestre. Je m'en rends compte aujourd'hui, cette tradition reposait sur le fait que les enseignants ne voulaient pas se coltiner la bestiole pendant deux semaines.

Quoi qu'il en soit, nous estimions que se voir confier la responsabilité de Cracker était un grand honneur. À l'évidence, elle n'était dévolue qu'au plus mûr, au plus organisé et au plus fiable des enfants de huit ans que nous étions. Mais, quand j'ai demandé à Miss Wilson si l'on pouvait considérer ma candidature à ce poste, elle a pris une mine horrifiée. Elle m'a dit : « Nous verrons, Matthew, nous verrons. » Ses yeux disaient : « Même pas en rêve, chéri. Tu es habillé de la tête aux pieds avec des fringues récupérées aux objets trouvés, hier, tu as avalé un taille-crayon, et envoyer Cracker chez toi, c'est le condamner à une mort certaine. »

À l'approche du dernier vendredi avant les vacances, je fus estomaqué de constater qu'Emma Mackey se voyait remettre Cracker pour la seconde fois de l'année. Miss Wilson, remarquant ma déception, me fit venir à son bureau à la fin du cours et me dit : « Écoute, Matthew, j'ai une tâche très spéciale pour toi, je voudrais que tu t'occupes de Buddy. » Puis, non sans cérémonie, elle me tendit un petit cactus en pot qui pourrissait lentement sur un rebord de fenêtre au moins depuis que j'avais commencé à fréquenter cette école, trois ans auparavant...

Un putain de cactus.

Voilà qui mesure la foi de Miss Wilson en mes capacités à prendre soin d'une autre créature. Ce n'était même pas une plante normale. Un putain de cactus. La plus indestructible de toutes les plantes. Cracker aurait eu besoin d'eau, de nourriture, d'une attention quotidienne et d'affection. Buddy, d'un autre côté, était capable de survivre à l'arrivée d'un hiver nucléaire sans même que je lui jette un regard (pendant que lui me regarderait perdre mes dents et mes cheveux avec son rire de cactus). Mais je me suis dit que c'était l'occasion de prouver que j'étais prêt à endosser des responsabilités. En plus, Miss Wilson avait très intelligemment anthropomorphisé la chose en lui donnant un nom. Buddy, c'était mon pote.

Inutile de dire que, en partant ce jour-là, je n'avais aucune envie de fourrer Buddy dans mon cartable, alors j'ai essayé de le faire reposer en équilibre sur le guidon de mon vélo. Inévitablement, au bout de quelques coups de pédale, Buddy a glissé et est passé sous ma roue avant, puis sous ma roue arrière, et quand j'ai reculé pour constater les dégâts, il est repassé sous ma roue arrière, puis sous ma roue avant.

Je ne m'occupais de Buddy que depuis un quart d'heure et il se trouvait déjà réduit à l'état de guacamole piquant. Buddy était mort.

Je pense que ma peur d'endosser la responsabilité du bien-être d'un bébé vient de là. Métaphoriquement parlant, je ne voudrais vraiment pas rouler sur Charlie avec mon vélo.

Les bricoles

Je savais que la maintenance d'un bébé, c'était compliqué. Ça exige de l'organisation, du bon sens, et il faut être consciencieux. Toutes choses qui me faisaient défaut quand j'étais petit et sur lesquelles, devenu adulte, je travaille encore.

Il s'avère que les bébés sont étonnamment solides. Mais la maintenance et l'entretien nécessaires pour les garder en vie font passer la responsabilité du bien-être d'un cactus ou d'un cochon d'Inde pour un jeu d'enfant. Les bébés, il ne suffit pas de les arroser. Ou de les mettre dans une cage avec un peu de paille et une grosse roue pour qu'ils fassent de l'exercice. C'est plus compliqué que ça.

Tous les livres sur la parentalité donnent des conseils sur les sujets importants : comment nourrir son bébé, comment changer sa couche, comment les faire dormir. Mais la plupart ne disent rien sur les bricoles, les petites opérations de maintenance nécessaires au quotidien : comment les habiller, comment leur donner le bain et, de façon plus générale, comment faire en sorte qu'ils n'aient pas l'air de vagabonds miniatures. Tout ça, vous l'apprenez sur le tas.

Et ce n'est pas simple. Les bébés n'ont ni envie d'être propres ni de s'habiller ni qu'on leur coupe les ongles ni qu'on leur essuie le nez. Tous ces trucs-là les énervent au plus haut point (et rien n'est plus potentiellement explosif qu'un bébé de six mois légèrement contrarié). Du coup, les choses les plus simples deviennent des combats quotidiens, et la maintenance une guerre d'usure. Mais, comme dans toute guerre, la stratégie est essentielle.

Sun Tsu, le grand stratège militaire chinois, a écrit dans *L'Art de la guerre* que, pour vaincre, il faut « avoir une armée qui frappe avec la soudaineté de la foudre, preste comme le vent, dévorante comme la flamme et inébranlable comme la montagne * ».

On pense que, par ces mots, Sun Tsu décrivait comment il avait remporté une grande victoire sur l'armée des Chu à la bataille de Boju, en 506 av. J.-C. Mais, apparemment, il avait des enfants, alors peut-être décrivait-il la stratégie à employer lorsque ceux-ci refusent qu'on leur torche le nez ou qu'on leur passe un gant de toilette sur le visage. Face à cet adversaire ultime, si vous ne frappez pas avec la soudaineté de la foudre, vous n'avez aucune chance.

* Traduction de Yann Courdec, *Sun Tsu en France*, Nuvis, 2013.

L'heure du bain

D'après notre vieille amie qui murmure à l'oreille des bébés, ces derniers « ne se salissent pas vraiment ».

Je m'inscris en faux. Charlie est peut-être une exception, mais d'après ce que j'ai pu voir, lorsque les bébés atteignent l'âge où ils mangent solide, ils ont tendance à finir la journée enveloppés dans un cocon de crasse. Un mélange de liquides, de sécrétions corporelles et de nourriture se solidifie autour de leur corps et, en séchant, les empêche de bouger leurs articulations.

En vertu de quoi, le débat fait rage sur le Web à propos du nombre de bains par jour nécessaires à un bébé, débat lancé par une maman blogueuse américaine qui a écrit qu'elle baignait son nouveau-né une fois par semaine, et encore. Pour moi, c'est inimaginable. Je ne m'érige pas en juge de qui que ce soit, mais, après une semaine sans se laver, son enfant doit ressembler à une sorte d'araignée sauvage poilue comme un paillasson, laquelle, si elle s'échappait, ferait peur aux voisins et serait prise en chasse par les services anti-nuisibles. Mais cette femme et ses nombreux soutiens sont catégoriques : une fois par semaine, c'est suffisant. (Et ils ont probablement les boules de ne pas pouvoir emmener leur môme dans l'arrière-cour pour le passer au jet d'eau sans que les services sociaux viennent fourrer leur putain de nez là-dedans.)

Le conseil officiel, du moins en Grande-Bretagne, c'est de le baigner au moins trois fois par semaine. Mais, pour la plupart d'entre nous, le bain est la pierre angulaire de la routine du soir. Au moins autant que le fait de boire un verre ou de faire semblant d'être sourd quand votre conjoint déclare que c'est votre tour de vider la poubelle pleine de couches.

Souvent, c'est un moment agréable. Le bain fait toujours naître des images de joyeuses éclaboussures, de bébés mouillés, tout sourire, avec des barbes et des chapeaux en mousse, et des expressions ravies. Et il est vrai que cela peut être un moment réjouissant, tant pour les parents que pour le bébé. C'est également l'un des rares moments, parmi l'ensemble des tâches quotidiennes, dont les experts ont raison d'affirmer qu'il est vraiment propice à créer des liens.

Mais parfois, après une longue journée où, suivant les conseils des spécialistes, on a noué des liens avec bébé en changeant ses couches, en jouant avec lui, en l'habillant, en lui faisant la lecture, en le mettant sur le ventre et en lui donnant à manger, vient un moment où même le parent le plus patient se dit : OK, est-ce que vous pouvez me lâcher deux minutes avec les liens, le temps que je sorte ces spaghettis et ces miettes de Weetabix du double menton de mon bébé ?!

Tous les moments ne sont pas de bons moments.

D'autant que la fenêtre pour jouer à s'éclabousser n'est pas très grande. Le plaisir du bain ne commence vraiment que lorsque bébé est en mesure de tenir assis. Auparavant, il est simplement allongé sur le dos, l'air un peu perplexe. Au cours de ces premières semaines, le bébé n'a pas du tout l'air de s'amuser. Il a plutôt l'air d'une grenouille sur le point de se faire disséquer qui se réveillerait au milieu du cours de sciences nat.

Alors, les joies du bain du nouveau-né sont peut-être un peu surévaluées. Mais c'est simple. Le plus compliqué, c'est de lui tenir la tête, ou de l'installer dans un petit siège hydrofuge qu'on place dans l'eau.

Puis, un jour, il tient assis tout seul et il se rend compte du potentiel ludique de son environnement. Il fait gentiment des éclaboussures, il joue avec les canards, les requins et les dauphins cracheurs d'eau de son étrange ménagerie (et avec tous les autres bidules en plastique, au moins dix fois plus nombreux). Là, vous êtes en plein dans la fenêtre où vous pouvez faire ces photos de bébé batifolant joyeusement dans son bain.

Parce que, bientôt, il sera également en mesure de se mettre debout, et rester assis dans l'eau ne lui conviendra plus du tout. Il ne voudra pas que vous le teniez, et encore moins que vous le laviez. Et accessoirement, vous pouvez vous coller votre petit siège hydrofuge dans le cul.

Comment baigner votre bébé

Fort heureusement, nous avons suivi la session « Comment baigner votre bébé » pendant nos cours prénataux. Je m'en souviens tout particulièrement parce que notre tutrice, Barbara, nous avait déclaré qu'elle avait un « acronyme » pour nous remémorer ce dont nous devions nous souvenir. Puis elle a écrit « T.P.N.S. » sur le tableau blanc, ce qui n'est pas du tout un acronyme, parce qu'un acronyme est censé pouvoir se prononcer (comme OTAN ou NASA). Je sais que je suis pédant, mais ce qui m'a vraiment énervé, c'est qu'elle nous a dit que ces lettres étaient les initiales de : « Température,

Profondeur, Nettoyage et Serviette ». Et je me suis dit que si elle avait changé « Profondeur » en « Hauteur » et « Nettoyage » en « On Nettoie », ç'aurait donné THONS. Et ça, c'est vraiment un acronyme. C'est plus facile à mémoriser. Et cela aurait eu le mérite de décrire précisément l'état d'esprit dans lequel je me sentais à quarante ans, assis dans une salle de classe un samedi matin à apprendre comment me servir d'une serviette : complètement thon.

THONS

Température

S'assurer que la température du bain est correcte est une évidence, mais c'est vraiment important. La peau d'un bébé est incroyablement sensible au chaud et au froid. Et donc, comme le soulignait Barbara, vous ne pouvez pas lui donner un bain à une température appropriée pour vous, c'est bien trop chaud pour lui.

Particulièrement si vous êtes de ceux qui aiment les bains très chauds, et quant à moi, je n'aime faire trempette que lorsque plusieurs couches de peau se dissolvent dès que j'entre dans mon bain. En fait, il est même incroyable que nous soyons parvenus à faire un enfant étant donné la température à laquelle j'aime prendre mes bains. Les médecins soutiennent que, lorsqu'on désire avoir un bébé, il est important de garder ses testicules au frais. Mais, au cours des ans, j'ai régulièrement pris des bains si chauds que j'avais l'impression d'être un sachet de thé qu'on trempait dans le Vésuve.

(Lyns est comme ça. Je ne veux pas dire qu'elle trempe ses fesses dans les volcans, mais simplement que nous aimons tous deux les bains à la température du magma.)

À l'évidence, ce n'est pas bon pour un bébé. Vous souhaitez les laver, pas faire de la soupe. Alors, vous devez vraiment faire attention.

La température idéale, c'est trente-sept degrés. Ce qui, selon Barbara, ne peut être correctement estimé qu'en employant le coude. Car, pour une raison quelconque, le coude est l'articulation idéale quand vous avez besoin de mesurer précisément une température.

En matière de bain de bébé, les parents se sont reposés pendant des siècles sur les miraculeux pouvoirs d'estimation calorimétrique du coude, mais personnellement je ne suis pas convaincu. Ce n'est pas comme si nos coudes étaient des zones érogènes hypersensibles. En fait, c'est plutôt le contraire, il me semble, et on ne peut leur confier une mesure aussi essentielle.

En outre, vous pouvez acheter des thermomètres pour trois fois rien à peu près partout, et bien que Barbara ait semblé un peu dubitative à leur égard, mon instinct me dit de faire confiance aux effets universellement constatés de la chaleur sur l'élément chimique nommé mercure plutôt que de me reposer sur le coude de Barbara ou de qui que ce soit d'autre. (Après tout, quand les climatologues veulent mesurer la température précise des hautes couches de l'atmosphère ou des océans, ils ne balancent pas aux orties leur équipement scientifique en disant : « Attends une seconde, Albert ! On a vraiment besoin d'être sûrs, ce coup-ci. Laisse tomber les instruments calibrés. Je vais aller tremper le coude là-dedans ! »)

Alors, tout en acceptant l'importance du « T » de Barbara, au moment de la mesurer, nous n'avons pas suivi son conseil et nous avons acheté deux thermomètres électroniques : l'un en forme de baleine et un autre qui s'appelle Beaky (il ressemble à un oiseau, mais je pense que c'est censé être un ornithorynque).

Et malgré la précision imperturbable de Beaky, malgré la fiabilité au-dessus de tout soupçon de Willy la Baleine, je vérifie quand même la température du bain de Charlie avec mon putain de coude avant de le plonger dedans. Comme le dit la Barbara dans ma tête chaque fois que je le fais : « On n'est jamais trop prudent. »

Hauteur

L'eau doit arriver « à hauteur d'épaule du bébé quand il est assis », et pas suffisamment haut pour lui permettre d'enfiler une combinaison et d'aller chercher des briques en plastique au fond. On recommande une douzaine de centimètres. (Un bon moyen de s'en souvenir, c'est que c'est à peu près la hauteur de vue d'un fan de téléréalité.)

Quand j'étais petit, on nous baignait dans l'évier de la cuisine. Je ne sais pas si c'est une coutume des gens du Nord, mais j'ai l'impression que c'était assez courant. Et quand on y pense, c'est parfaitement sensé. L'évier d'une cuisine, c'est idéal pour baigner un bébé. C'est la bonne taille. La plupart des éviers font douze centimètres de profondeur. Et en plus, c'est un périmètre très bien circonscrit – le bébé ne peut aller nulle part –, et à la bonne hauteur (contrairement à la baignoire, qui vous oblige à vous pencher tout le temps au risque de vous craquer le dos comme une biscotte). Dans presque tous les cas, l'évier est une solution bien plus sûre et pratique que la baignoire.

Cela étant, malgré ces nombreux avantages, nous ne baignons pas Charlie dans l'évier de notre cuisine. Je l'avais proposé à Lyns, mais elle m'a informé du fait que nous n'étions plus en 1930 et que je devrais laisser tomber la nostalgie des jours heureux où je barbotais avec les poêles et les couteaux.

Lyns insistait pour qu'au contraire nous suivions les conseils de Barbara et adoptions l'usage de la baignoire en plastique. Laquelle, pour être franc, fonctionne de façon assez semblable à l'évier. En gros, vous la placez dans la baignoire, et ensuite vous posez le bébé dedans. Ça ne résout pas le problème des spasmes qui vous paralysent le dos, mais ça vous permet de laver votre bébé dans les douze centimètres requis sans remplir toute la baignoire, tout en confinant l'enfant dans un périmètre que vous pouvez contrôler. Ce n'est pas aussi bien qu'un évier, mais ce n'est pas forcément idiot.

Nous avons acheté la nôtre en ligne, pour 20 £. Elle porte un nom, quelque chose comme « Le Bain Fa-Si-La Bulles ». C'est une sorte de bassine. Une bassine à 20 £, mais une bassine quand même. Et si vous estimez que, pour vingt balles, ça devrait être un peu plus compliqué que ça, eh bien non. Voici les instructions qui l'accompagnaient : je ne plaisante pas, une seule page où ne figuraient que ces deux dessins :

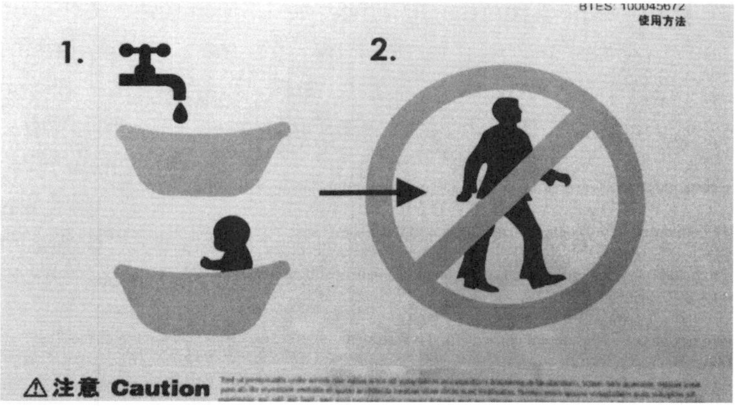

Ce qui, si je ne m'abuse, signifie :

1 : Remplissez-la d'eau.
2 : Ne laissez pas votre bébé dedans si vous allez danser le disco en boîte.

On nettoie

L'un des principaux conseils qu'on nous donnait dans les cours prénataux concernait le joliment nommé « ombilic » (le nœud du cordon qui reste sur le nombril du nouveau-né) et le soin qu'il fallait mettre à le nettoyer.

Je vais être franc, quand j'assistais à ces cours, je ne savais pas vraiment ce qu'était l'« ombilic », alors je n'ai pas mis en doute le petit truc qu'on nous a dévoilé (si j'avais su, j'aurais levé la main).

D'après Barbara, l'ombilic tombe souvent alors qu'on est en train de le nettoyer et, quand cela se produit, certains parents aiment le conserver en souvenir.

Vraiment ? En souvenir ?

Je comprends qu'on ait envie de garder une mèche de cheveux, ou même une dent de lait, mais je n'ai jamais vu de coffret souvenir kitsch avec une écriture pleine d'enluminures qui indique : « Ombilic ». Désolé si vous avez gardé un de ces trucs dans une boîte à chaussures ou à la cave dans un pot plein de formol, mais, à moins que vous soyez un collectionneur acharné de croûtes et de chairs nécrosées, je balancerais ça à la poubelle. C'est bizarroïde.

L'autre information importante pendant ces cours, c'était : « Lavez-les soigneusement », conseil dont je songeais qu'il manquait de la précision nécessaire face à un bébé qui refuse catégoriquement qu'on le lave soigneusement. Barbara aurait pu préciser que c'est comme se battre avec un alligator en colère dont le corps est recouvert de beurre.

Alors, même si vous avez posé votre bébé dans une bassine à vingt livres, rempli vos douze centimètres d'eau à la douce température de trente-sept degrés, laver le bébé, c'est plus facile à dire qu'à faire.

Charlie aime faire des éclaboussures. Vraiment. Du coup, un des désavantages liés à son bain, c'est que celui qui le lui donne finit trempé. Quand il était tout petit, si vous remontiez vos manches, vous pouviez même ne pas vous mouiller du tout. (Peut-être un soupçon d'humidité sur les bords de vos manchettes de chemise, quand vous posiez doucement sa tête dans le creux de vos bras.) Mais Charlie a atteint l'âge où le bain devient quelque chose d'excitant et d'éclabouriffant, et depuis, impossible de ne pas finir trempé. Se remonter les manches, c'est totalement futile (c'est comme entrer dans un immeuble en train de s'effondrer et faire une pause pour mettre un bonnet à pompon). Aujourd'hui, quand Charlie est d'humeur, celui qui lui donne son bain sort de la pièce avec l'air d'avoir essuyé une tempête et de s'être attaché à la barre pour ne pas passer par-dessus bord.

Mais ça, ce n'est rien. Quand vous essayez de le laver, ou si vous exhibez un gant de toilette, il déclenche un ouragan et se débat comme si quelqu'un venait de jeter un appareil électrique dans la baignoire, ou comme si le requin des *Dents de la mer* le tirait par le fond.

Et lorsqu'il est fatigué, c'est pire. Si vous aimez les défis, essayez de faire de jolies photos des moments de bonheur dans le bain quand vous devez gérer un bébé superfatigué, couvert de savon et furieux qu'on ait interrompu ses jeux pour le laver. (On a un ou deux clichés, mais ils sont flous, et il est difficile de dire si nous sommes en train de donner un bain à Charlie ou de nous battre contre le Kraken.)

En fait, la femme qui baigne son araignée poilue une fois par semaine a peut-être mis le doigt sur quelque chose...

Serviette

Pour finir, la dernière partie de la leçon, le « S » de serviette. Il n'y avait pas beaucoup de contenu dans cette partie-ci. En gros : séchez soigneusement votre enfant, ne le laissez pas prendre froid. Oh, et servez-vous d'une serviette à capuche. Parce que, pour une raison quelconque, lors de chaque bain, vous devez déguiser votre bébé en membre du Ku Klux Klan.

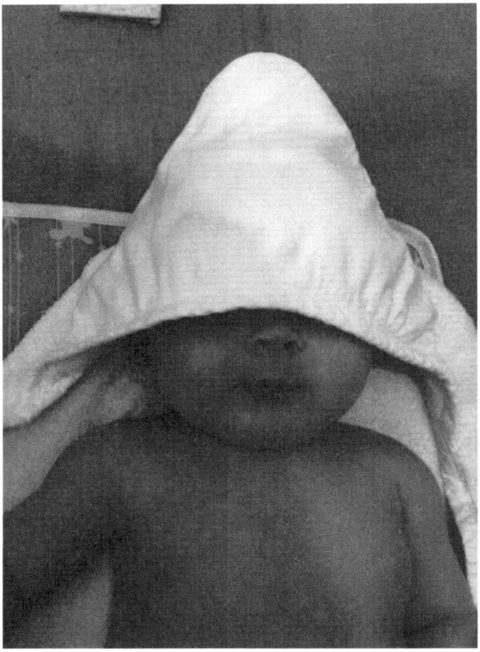

Voilà donc comment donner le bain à votre bébé et faire en sorte qu'il soit propre. Mais ce n'est pas la seule façon d'éviter que votre progéniture n'ait l'air aussi horriblement débraillé qu'un de ces manifestants souvent affublés de surnoms comme « Cradingue » qui font campagne contre la prolifération nucléaire en vivant dans un arbre.

Les ongles

Après le bain, c'est le bon moment pour s'occuper des ongles. Quand nous sommes rentrés de l'hôpital, un couple d'amis nous a donné son kit de démarrage, car ils avaient eu un bébé peu avant nous. Il contenait l'essentiel : la première grenouillère, la première tétine, un petit bonnet et des chaussons, mais aussi un coupe-ongles minuscule, muni d'une lime. Sur le coup, j'ai trouvé ça bizarre, une manucure pour bébé. Je me demandais combien de fois on pouvait bien couper les ongles à un bébé. Réponse : tout le temps.

Vous voyez à quelle vitesse Wolverine déploie ses griffes ? C'est à peu près à ce rythme que poussent les ongles des bébés. Vous pouvez les couper, les limer, les passer à la meuleuse, si vous tournez la tête cinq minutes, au fond de son berceau, votre petit se transforme en un mini-Edward aux mains d'argent qui se balafre le visage jusqu'à ressembler aux cénobites dans *Hellraiser*.

Et le problème est là. La vitesse de croissance de leurs ongles ne serait pas gênante si leur passe-temps préféré n'était de se griffer.

Au cours des premiers mois de la vie de Charlie, je suis sûr que la puéricultrice commençait à se demander si, entre ses visites, nous n'engagions pas Charlie dans des combats au couteau interlopes. Chaque fois qu'elle nous demandait comment ça se passait, nous répondions que tout allait bien, et je m'attendais toujours à ce qu'elle dise : « Vraiment ? Alors comment se fait-il qu'il ait l'air d'avoir passé la nuit dans un placard avec un puma ? »

Ce qu'elle nous a dit, en fait, c'est que c'était très courant. Les bébés aiment bien se griffer. C'est leur truc. Et elle a proposé quelques solutions. Nous avons essayé les mitaines anti-grattage, mais il aurait été plus facile de mettre des lunettes de soleil sur le nez de Voldemort. Nous avons aussi tenté de rouler ses manches par-dessus ses mains, mais il détestait ne pas pouvoir se mettre les doigts dans la bouche.

En fin de compte, ce que nous avions de mieux à faire, c'était de garder sous contrôle la longueur de ses ongles, qu'ils soient coupés, limés et un peu moins semblables à des serres de hibou.

Tandis que nous cherchions une solution, j'ai vu quelques cas assez graves de griffures que des bébés s'étaient infligées eux-mêmes, et dans les cas les pires, on aurait dit que le bébé avait passé la tête dans la couronne d'épines que les Romains ont fait porter à Jésus. En outre, la peau des bébés est tellement délicate que la moindre égratignure peut sembler indiquer un certain laisser-aller. Au début, nous ne lui coupions pas les ongles correctement, non par désintérêt, mais parce que nous avions peur de lui faire mal.

Ses doigts étaient si petits que le minuscule coupe-ongles avait l'air d'une machette luisante entre nos mains. La plus petite erreur, et Charlie risquait de perdre un doigt ou un bras. Tenter de couper ces ongles, c'est comme couper les fils d'une bombe pour la désamorcer. C'est stressant, il faut être minutieux, et tout du long vous attendez le moment où vous allez merder, quand vous taillerez dans la peau du bébé plutôt que dans son ongle et que le sang aspergera les murs.

Je sais que tout cela est un peu exagéré : je n'ai jamais entendu parler de quelqu'un qui aurait coupé le doigt de l'un de ses enfants en lui faisant sa manucure. Mais, quand vous êtes un parent néophyte et sans expérience, les trucs pointus à côté de votre bébé, ça fait peur, c'est viscéralement malvenu et le moindre danger est démultiplié. C'est pour la même raison que nous n'avons pas encore coupé les cheveux de Charlie, étant donné que cela impliquerait de le placer à moins d'un mètre d'une paire de ciseaux. (Et ce, malgré le fait qu'il arbore une houppette sur le devant et une queue de mulet à l'arrière. Il ressemble à Boris Johnson… Si ça, ce n'est pas de la maltraitance !)

Avec les ongles, il faut simplement persévérer, et je dois dire que, au cours des derniers mois, je suis devenu plutôt bon. Peut-être que, au fur et à mesure qu'il vieillit, ça devient plus facile, tout simplement parce que ses ongles, ceux de ses doigts comme ceux de ses orteils, sont plus grands. Et peut-être parce que s'entraîner, ça rend meilleur. Quoi qu'il en soit, je ne lui ai encore jamais fait mal, alors il est probablement exact de penser que la peur de le faire n'était qu'une paranoïa de parent néophyte.

Juste un mot sur les ongles des orteils : c'est presque aussi difficile. En fait, d'une certaine manière, c'est pire, parce que vous n'y faites pas aussi attention. Ils semblent pousser brusquement et peuvent devenir très longs avant que vous ne vous en aperceviez. C'est ce qui nous est arrivé avec Charlie. Mais je pense que c'est aussi le cas d'autres parents. Il y a quelques semaines, je l'ai emmené dans une petite aire de jeu de notre village, et j'ai remarqué que d'autres bébés, qui étaient pieds nus, avaient également des ongles de pied très longs. L'un d'eux faisait le même bruit en marchant qu'un chien qu'on n'aurait pas promené depuis des années. Ceux de Charlie étaient longs, mais on aurait pu suspendre cet enfant à une poutre comme une chauve-souris.

Rhumes, toux et reniflements

Cela semble une lapalissade, mais le plus gênant quand un bébé ne se porte pas bien, c'est que ça le rend malheureux. Et la première fois qu'il tombe malade, les parents se rendent compte que, désormais, leur bonheur est dépendant de celui de leur bébé. Qu'ils donneraient tout pour prendre sur eux les malheurs qui touchent leur enfant. Et les bébés ne peuvent pas vous dire comment ils se sentent, ni où ni à quel point ils ont mal, ce qui n'arrange rien. Quant aux parents, ils ne sont pas en mesure de réconforter leur bébé de la façon la plus essentielle : en lui faisant comprendre que ce qu'il ressent n'est que temporaire et que, bientôt, tout ira bien.

Tous les parents doivent s'habituer à gérer les rhumes, les toux, les reniflements et les petits maux qui s'abattent sur une créature ayant un système immunitaire d'occasion. J'emploie ce terme – d'occasion – parce que la plus grande partie du système immunitaire du bébé vient de sa maman. Pour l'instant, le sien est aussi efficace qu'un bouclier antimissiles fabriqué avec des Pringles. C'est la raison pour laquelle les enfants ont toujours l'air d'être enrhumés, d'avoir les yeux qui pleurent ou de faire des bulles de la taille d'un casque d'astronaute.

Un enfant enrhumé, c'est assez dégoûtant. La myxine se défend contre ses prédateurs en produisant l'équivalent de son poids d'une substance gluante, et une fois que le nez d'un bébé se met à déverser ses saletés fluorescentes (en sus de tous les autres fluides qu'il sécrète), on a l'impression de s'occuper d'une myxine en fuite plutôt que d'un être humain.

Lorsqu'un bébé n'est pas en train de faire des bulles de morve ou de fabriquer ces fils gluants qui s'étirent comme du fromage à pizza de vos épaules à son visage, il développe des crottes de nez si grosses qu'on a presque l'impression que le bébé a été construit autour, plutôt que l'inverse.

J'ai été très surpris d'apprendre que les bébés ne savent pas se moucher. Je ne veux pas dire qu'ils sont incapables de sortir un mouchoir de leur poche poitrine, mais qu'ils ne savent pas expulser de l'air par leurs narines. Ils n'y arrivent pas.

Dès lors, c'est vous qui devez vous charger de déloger tout ce qui obstrue leurs canaux nasaux. C'est une tâche dégoûtante qui vient s'ajouter aux autres tâches dégoûtantes dont vous êtes à présent responsable (si l'on vous proposait des responsabilités de cette nature au cours d'un entretien d'embauche, vous mettriez votre poing dans la gueule du recruteur).

Étonnamment, et c'est répugnant quand on y pense, il existe des outils pour vous aider dans cette tâche. Différents types d'outils. Il y en a un qu'on branche sur un aspirateur. Un deuxième est composé d'un tube de plastique transparent dont vous glissez une extrémité dans le nez du bébé en aspirant son contenu par l'autre, comme si vous siphonniez du pétrole, sauf que c'est de la morve. Il y en a d'autres encore, mais nous, nous avons opté pour « l'aspirateur nasal », qui est assez difficile à décrire, en fait. En gros, c'est une poire en caoutchouc avec un embout. Vous pressez la poire, vous glissez l'embout dans la narine du bébé et vous relâchez la pression : la poire est alors censée aspirer (comme une ventouse) ce qui bloque le conduit.

(C'est peut-être encore dû à ma paranoïa de jeune parent, mais, au début, j'avais peur d'aspirer le cerveau de Charlie si la poire était trop puissante ou si j'enfonçais ce truc trop loin. Je craignais de créer une sorte de vide parfait, comme ces passagers dans les toilettes des avions qui déclenchent la chasse alors qu'ils sont encore assis sur la cuvette et se font aspirer les entrailles. Apparemment, ça ne fonctionne pas ainsi.)

Une fois que vous avez pris le coup, c'est un peu comme la pêche. Et c'est terriblement satisfaisant quand vous attrapez un monstre. Une fois, j'ai ramené un truc de la taille d'une petite carotte ou d'un Lego : la plus grosse crotte de nez jamais fabriquée. Elle avait la dimension de l'astéroïde où Bruce Willis atterrit dans *Armageddon*. Et elle s'est battue. Elle s'est battue férocement. Elle était Moby Dick et moi le capitaine Achab. Et quand je l'ai attrapée, je l'ai même mise de côté pour la montrer à Lyns, qui s'est contentée de me tapoter l'épaule en me disant d'aller boire une bière parce que j'avais manifestement besoin de sortir un peu.

Le virus du rhume, l'une des plus grandes réussites de mère Nature, est conçu pour se répandre avec une incroyable efficacité. Et il n'y a pas de meilleur agent de propagation qu'un bébé, lequel tousse et postillonne comme un arroseur automatique à germes, sans considération aucune pour ceux qui se trouvent dans son voisinage. Les bébés ne se couvrent pas le nez lorsqu'ils éternuent, ils ne mettent pas la main devant la bouche quand ils crachent leurs poumons comme un chauffeur de poids lourd qui tourne à deux paquets par jour. C'est ainsi que le rhume passe des uns aux autres dans la maison, comme si on jouait à chat. Car, avec le manque de sommeil et la mauvaise alimentation, les parents n'ont pas de défenses non plus, et le malheur s'abat sur tout le monde. Une conséquence, et non des moindres, c'est que ça se met en travers des progrès que vous aviez accomplis pour gérer « le quotidien ».

En dehors de ses inconvénients évidents, le principal problème avec les rhumes et la toux, c'est qu'ils interrompent la routine que vous essayiez petit à petit de mettre en place, comme on vous avait indiqué de le faire. L'idée de nourrir bébé et de le coucher à une certaine heure passe par la fenêtre. Juste au moment où il montrait en général des signes de fatigue, il est à présent aussi agité que possible, et même s'il peut dormir quelques heures avec du sirop Calpol, votre propre quota de sommeil retrouve son niveau des premières semaines, quand l'inquiétude vous empêchait de fermer l'œil. Vous êtes renvoyé à ces premiers jours terrifiants où le bébé arrête de respirer pendant ce qui semble des heures, quand une inspiration est suivie d'une expiration, mais pas forcément dans cet ordre et avec un grand intervalle de temps entre les deux. Et même si la préoccupation ne vous empêche pas de dormir, le bruit le fera, étant donné que maintenant, dans votre chambre, il y a un bébé au souffle asthmatique qui tousse et dont le nez bouché couine comme un accordéon cabossé.

Mais les rhumes, les reniflements et autres toux ne sont pas les seules petites maladies dont les parents doivent s'occuper. Il y a aussi les fièvres, la croûte de lait, l'irritation due à la couche qui ressemble à une brûlure par irradiation, les effets secondaires quand il fait ses dents et tous les boutons et les éruptions qui sont forcément les symptômes d'une méningite jusqu'à ce que Google dise le contraire. Toutes ces raisons de s'inquiéter supplémentaires contribuent à l'apparition de cheveux gris sur la tête des parents et à l'augmentation de leur tension. Heureusement, il y a un moyen de défense contre certains des trucs les plus graves.

Les vaccins

Ça, c'est dur.

Vous venez à peine de bâtir un minimum de confiance entre votre progéniture et vous, et vous êtes obligé de la détruire en le tenant pendant qu'un inconnu lui plante un épieu dans la cuisse.

C'est moi qui ai emmené Charlie faire ses vaccins (Lyns est terrorisée par tout ce qui pique, il lui est arrivé de s'évanouir en regardant quelqu'un recoudre un ourlet). En tant que parent, c'est l'une des choses les plus difficiles que j'ai faites jusqu'à présent. Quand Charlie a senti la piqûre, sa lèvre inférieure s'est mise à trembler et, tandis qu'il rassemblait ses forces pour hurler, il s'est arrêté un moment, juste assez pour me regarder dans les yeux avec la déception de celui qui vient d'être trahi. *Et tu, Brute ?*

Je comprends parfaitement pourquoi des parents sont réticents à traverser cette épreuve. Mais ce n'en est pas vraiment une, sauf dans les rares cas d'allergie ou de réaction au vaccin. La plupart du temps, le bébé pleure un peu, puis il voit une coccinelle sur le mur ou une feuille qui vole et il oublie toute l'affaire. Ou alors, comme ce fut le cas pour Charlie, il a un peu de fièvre et se sent patraque pendant un jour ou deux. Mais, en fin de compte, c'est surtout les parents qui souffrent, convaincus qu'ils sont d'avoir commis une sorte de perfidie.

Malheureusement, certains parents ont d'autres raisons de se montrer réticents à la vaccination. Ils redoutent l'existence d'un lien entre l'immunisation et l'autisme ou d'autres maladies graves. Et, en la matière, je dirais qu'il vaut mieux ne pas s'inquiéter. Parce qu'il n'y a aucun lien entre les deux. Absolument aucun. Pas un seul.

Ce qu'il y a, c'est une étude discréditée et plutôt merdique dont on a prouvé par la suite qu'elle était frauduleuse. Et, par ailleurs, quantité d'autres études de qualité, qui montrent qu'il n'y a pas plus de liens entre la vaccination et l'autisme qu'entre manger des gâteaux secs et le strabisme. Aucun lien du tout.

Alors, en lisant cela, vous vous dites peut-être : qu'est-ce qu'il en sait ? La seule chose dont on est sûr en lisant ce livre, c'est que son auteur est débile. Et cette dernière phrase est vraie. Mais l'immense majorité des scientifiques et des médecins soutient que les vaccins sauvent des vies et ne sont pas dangereux. Comme l'a déclaré Jimmy Kimmel un jour, à propos de la vaccination : « Si vous pensez vraiment que quatre-vingt-dix-neuf pour cent des médecins sont malhonnêtes, vous devriez aller voir un médecin. »

Mais vacciner ou non son enfant est un choix que chaque parent doit faire. Et pour être franc, certains soutiennent encore le choix contraire, en arguant du fait que les vaccins sont potentiellement dangereux. On appelle ces gens les « anti-vaccineurs ».

Alors, par équité, je vais présenter certains des estimés chercheurs et intervenants de chacun des deux camps.

D'un côté, ceux qui affirment que les vaccins sont globalement sans danger :

- L'Organisation mondiale de la santé
- L'Organisation des Nations unies
- Le Centre pour le contrôle et la prévention des maladies
- Le Système de santé publique du Royaume-Uni
- L'Ordre des médecins britanniques.
- L'Association des médecins britanniques

De l'autre côté, on trouve :

- Un type qui pensait être le fils de Dieu, mais qui croit aujourd'hui que les membres de la famille royale sont des humanoïdes reptiliens : David Icke
- Des terroristes cinglés : Boko Haram
- Une star du porno des années 1990 : Jenny McCarthy
- Des barbus : les talibans
- Et, pour finir, un homme connu pour son racisme, sa puérilité et sa coupe de cheveux évoquant un cul de yéti coiffé dans le mauvais sens : Donald Trump

Point de vue

S'extirper en grommelant de son lit à quatre heures du matin pour s'occuper d'un bébé qui renifle est un bon moyen de tester la patience de chacun. Heureusement, quatre-vingt-dix-neuf virgule neuf pour cent des fois, il n'y a aucune raison de s'inquiéter et tout cela relève bientôt de la routine. Quant aux vaccins, ils permettent d'éviter certaines maladies graves, mais malheureusement pas toutes.

Alors quand je me retrouve au beau milieu d'une longue nuit et que Charlie assassine mon sommeil avec une furie dévastatrice parce qu'il est enrhumé, j'essaie de songer à ces parents qui doivent affronter une véritable maladie chez leur enfant. Ils se couperaient en deux pour avoir un bébé qui les réveille à quatre heures du matin en toussant, plutôt que d'affronter une pathologie qui ne disparaît pas d'un simple coup de mouchoir sur le nez. J'essaie de me rappeler la chance incroyable que nous avons de ne pas être parmi eux, que Charlie soit en bonne santé et se porte bien.

J'essaie de me souvenir de ces pauvres parents désespérés. Mais, en général, je n'y arrive pas. Et si demain je suis encore réveillé par un bébé légèrement enrhumé, je marmonnerai à nouveau dans ma barbe. Car le point de vue est une chose fuyante. D'ailleurs, il y a peut-être une raison à cela, parce que songer que nos bébés sont à ce point vulnérables est un cauchemar trop terrifiant pour qu'on y pense trop souvent.

(Ça vaut ce que ça vaut, mais à ceux d'entre vous qui lisent ces lignes et qui ont dû ou doivent encore affronter le cauchemar d'un bébé réellement malade, j'adresse l'amour et l'admiration de toute ma petite famille, et je promets d'essayer encore plus fort de ne pas être un crétin pleurnichard.)

Garde-robe

Quand Charlie avait quatre mois, je me rappelle un soir où j'ai tenté de l'habiller pour la nuit. Au bout de dix minutes de lutte, j'ai appelé Lyns à l'aide. Elle a passé la tête dans l'embrasure de la porte au moment où je râlais quant aux défauts de conception des grenouillères qu'elle avait achetées et qu'il faudrait donc rapporter. Elle a mis environ une seconde à comprendre que les vêtements n'étaient pas défectueux, et une autre à se rendre compte que, depuis dix minutes, j'essayais de faire entrer Charlie dans une taie d'oreiller. « Tu es un crétin », m'a-t-elle patiemment expliqué. Charlie a haussé un sourcil en signe d'assentiment.

Le plus triste à propos de cet épisode malheureux, c'est que j'avais l'impression d'avoir « capté le truc ».

J'avais commencé à comprendre comment fonctionnaient les manches à velcro réversibles et les « encolures enveloppes » (il s'agit d'une coupe qui permet d'ôter plus facilement le vêtement en le tirant vers le bas, plutôt qu'en passant la tête par le col. Comme ça, si le vêtement est plein de caca, vous évitez d'en tartiner le visage du bébé). Mais l'incident de la taie d'oreiller m'a rappelé qu'il ne fallait pas que je sois trop sûr de moi, qu'il y a toujours quelque chose à apprendre. Et si vous ne suivez pas le rythme, un jour, votre enfant assistera à un cours prénatal sur « les sens de bébé » vêtu d'une housse de couette.

Beaucoup de fringues

Le volume que peut atteindre la garde-robe d'un bébé est stupéfiant. Avant la naissance, vous leur achetez plus de vêtements qu'ils n'auraient matériellement le temps d'user. Et ils les usent tous, en un rien de temps. En partie parce que, comme je l'ai déjà abondamment expliqué à l'aide d'images cauchemardesques, les bébés sécrètent des fluides à vitesse constante, et qu'il faut donc souvent les changer. Mais également parce que leur croissance est exponentielle. Les anciens parents le disent tout le temps : leurs enfants ont grandi en un clin d'œil plein de nostalgie. Un instant, le bébé rampait par terre, l'instant d'après, il faisait un mètre quatre-vingts et revenait à la maison entre deux policiers qui l'avaient trouvé en train de fumer de l'herbe sur le capot de la voiture de son ami Dean. (Désolé, maman.)

Mais ils ne grandissent jamais plus vite qu'au cours de ces premiers mois. Pendant cette période, leur taux de croissance est dément, il dépasse le rythme auquel vous pouvez laver ou acheter des vêtements. Les six premiers mois, leur poids double, et, à un an, ils sont une fois et demie plus grands qu'à leur naissance. Pour remettre ça en perspective, s'ils continuaient à grandir à la même vitesse en vieillissant, à dix ans, ils feraient vingt-deux mètres de haut. C'est à peu près la taille du Bon Gros Géant, ou d'un immeuble. (Essayez d'acheter des habits pour vos enfants dans ce cas. Jacomo lui-même n'atteint pas ce niveau de bizarrerie.)

Imaginez votre garde-robe si votre tour de taille doublait tous les six mois et votre taille environ tous les deux ans. Oh, et soit dit en passant, comme si vous pouviez l'oublier, vous vous chiez dessus trois fois par jour. Ça fait beaucoup de fringues.

Étant donné le nombre de ces vêtements et les dépenses qu'ils génèrent si l'on veut suivre le rythme, les parents doivent toujours avoir à l'esprit les mêmes priorités quand ils en achètent un : combien ça coûte ? Est-ce que ça se lave en machine ? Combien de temps ça va tenir ? Est-ce facile à mettre et à enlever ?

Une fois que vous avez bien ces préceptes en tête, vous faites comme tout le monde : vous n'en tenez aucun compte et vous achetez des trucs chers et peu pratiques dans lesquels votre bébé a l'air mignon.

La mode

Quand il s'agit d'habiller un bébé, le côté pratique est toujours secondaire par rapport à l'aspect mignon ou pas mignon. Et l'industrie de la mode a suivi et peut-être même généré cette exigence. Bien sûr, nos bébés sont trop jeunes pour préférer d'eux-mêmes telle ou telle mode, aussi projetons-nous sur eux notre propre style. Avec Charlie, vous pouvez dire d'un seul coup d'œil si c'est sa maman ou moi qui l'avons habillé le matin. Si c'est elle, il aura l'air bon chic bon genre et intelligent, si c'est moi, il ressemblera à Batman.

Mais cette tendance à faire passer nos goûts et nos centres d'intérêt dans la garde-robe de nos bébés peut susciter des critiques. Il y a peu, j'ai lu dans un article le fait que les parents traiteraient leurs enfants comme des « projets narcissiques ». L'auteur affirmait que, en choisissant les vêtements en fonction de nos goûts, nous faisons de nos enfants de simples accessoires que nous décorons pour flatter notre ego. Tout d'abord, je trouve que c'est un point de vue assez triste, et puis, je pense que c'est tout simplement faux. Quand nous habillons un bébé en fonction de nos goûts, quand nous lui achetons une panoplie de Superman, un maillot de foot ou un tee-shirt avec un slogan, c'est de l'humour, et non pas une tentative d'en faire un accessoire.

En fait, nous les définissons ainsi comme des membres importants de notre tribu, et je crois que c'est quelque chose de positif, plutôt qu'un comportement à décourager ou qui devrait nous faire passer pour des cons.

Nous les habillons peut-être aussi avec des trucs qu'on ne pourrait pas porter nous-mêmes, des trucs qu'en tant qu'adultes nous aimerions pouvoir mettre, si le monde n'était pas un endroit aussi soumis au qu'en-dira-t-on, aussi ennuyeux et aussi rempli de rabat-joie. Comme j'ai une passion pour les bandes dessinées depuis que je suis tout petit, Charlie est souvent déguisé en super-héros ou en guerrier de l'espace, mais ce ne sont peut-être que les règles sociales qui m'empêchent d'aller bosser tous les jours vêtu de la même façon.

Par ailleurs, je soupçonne que lorsque certaines femmes (et peut-être certains hommes) achètent une tenue de princesse ou de ballerine pour leur petite fille de trois mois, quelque chose en elles souhaiterait vivre dans un monde où elles pourraient porter la même (sans que cela prête à conséquence). Même si cette théorie est vraie, je pense qu'il n'est pas juste d'affirmer que nous traitons nos enfants comme des accessoires. En les habillant de vêtements joyeux et merveilleux, nous nous libérons plutôt des contraintes. Pour s'amuser.

Mais, comme partout, il y a aussi ceux qui ont autant de bon sens qu'une poignée de porte. Les gens qui n'ont rien compris, qui vont trop loin et qu'on ne devrait même pas laisser s'habiller eux-mêmes, alors ne parlons pas de leurs enfants.

100 % salope

Il y a quelque temps, j'étais dans la salle d'attente d'un médecin et j'ai remarqué, assise dans sa poussette, une petite fille plus ou moins du même âge que Charlie, qui arborait une combinaison pyjama barrée du slogan : « Ma maman est la reine des salopes et je suis sa princesse. »

Loin de moi l'idée de vouloir remettre en question les choix vestimentaires d'une famille royale, mais il me semble qu'exprimer sa personnalité à travers les vêtements de vos enfants est une chose, mais célébrer votre ignorance par ce moyen en est une autre.

La définition de « salope » c'est :

[Salope] adj. et subs. fém. : Femme, fille très sale, femme débauchée, dépravée ou qui se prostitue.

En lisant cette définition, je trouvais absolument stupéfiant que quelqu'un veuille mettre en avant ce trait de caractère, et encore plus l'inscrire sur la poitrine de son enfant. (J'ai regardé quelle sorte de parents font ce genre de choses. Je n'ai pas été surpris de découvrir une femme d'aspect agressif en train de manger un paquet de chips. Et un type (je suppose qu'il était le père) qui regardait ça d'un œil éteint, comme si vous deviez mettre ses deux neurones dans l'accélérateur de particules de Genève et les faire s'entre-choquer à la vitesse de la lumière pour espérer en tirer une pensée cohérente. Ah ! me suis-je dit. Cela explique tout : ils sont débiles.)

Le plus surprenant, c'est que ce n'était pas du fait maison. Vous pouvez acheter ça en ligne en ce moment même, avec toutes sortes de vêtements pour bébés qui expriment des sentiments similaires. Des grenouillères avec des slogans qui disent : « 100 % salope », ou « Si tu trouves que je suis une salope, tu devrais voir ma mère », etc. Si vous avez jamais habillé votre bébé avec l'un de ces trucs, cela risque de vous surprendre, mais la plupart des gens normaux, qui voient une grenouillère qui proclame « 100 % salope », ne pensent pas que cela concerne le bébé... ce qu'ils pensent, c'est que les parents de ce bébé sont 100 % cons comme la lune.

L'infortunée progéniture de ces crétins dispose d'autres options vestimentaires au sein de cette sous-mode. En jetant un coup d'œil, j'ai découvert que, en matière de vêtements inappropriés pour un bébé, la grenouillère « 100 % salope » est un moindre mal.

Quizz : laquelle parmi ces trois grenouillères est actuellement en vente sur Internet ?

Réponse : toutes les trois.

Si vous lisez cela et que vous avez encore des doutes quant à ce qui est ou n'est pas approprié pour habiller votre nouveau-né, voici une petite règle de base :

Approprié : des vêtements pastel avec des personnages de dessin animé et des slogans rigolos qui expriment à quel point vous aimez votre enfant et vous en prenez soin.

Inapproprié : des vêtements avec des slogans qui parlent de vagins dévastés et des réticences de maman à pratiquer le sexe oral.

Suivez cette règle et vous ne pourrez pas beaucoup vous tromper.

La mode pour les bébés est un vrai truc, une industrie multimilliardaire qui pourvoit aux besoins de gens de tous les milieux. Et, tout en restant raisonnable, vous pouvez exprimer votre style à travers la garde-robe de votre enfant, parce que, dès qu'ils sauront marcher, ils ne voudront même pas être vus morts dans les habits que vous choisirez pour eux. Aujourd'hui, apparemment, des enfants de deux ans ont leur mot à dire sur la façon dont on les habille, et quand ils vont à l'école, ils ont déjà développé leur propre style. C'est comme ça.

Et ce n'est pas juste.

Ce n'est pas pour faire une digression, mais quand j'étais jeune, et dès le jour de ma naissance, j'ai presque toujours été habillé comme un naze. Ma maman et mon papa ne prêtaient pas un millième de l'attention que nous accordons aujourd'hui aux vêtements de nos enfants. Et ça n'a pas seulement été un problème quand j'étais un bébé. Je n'ai pas pu donner mon avis sur mes fringues avant l'adolescence, et jusque-là mes parents m'habillaient comme s'ils voulaient me punir.

Voici une photo de moi à l'âge de neuf ans. Je porte : un pull-over bordeaux col en V en velours froissé avec des renforts de coude, une chemise blanche avec un col qui donne l'impression qu'un putain d'albatros s'est posé sur mon cou, et un short écossais. Hors cadre, on ne voit pas les sempiternelles chaussettes grises qui me montaient au genou et mes sandales marron.

Je ne vois pas d'autre raison de m'habiller ainsi que le fait de s'assurer que je devienne un souffre-douleur. Quand je franchissais les grilles de l'école, j'entendais souvent : « Coyne, t'as vraiment l'air d'un blaireau ! » Et ça, c'était juste M. Glover, le prof de maths.

Pour ce qui touche à sa garde-robe, Charlie ne sait pas la chance qu'il a.

L'aspect pratique

Comme je le disais, le principal problème avec les vêtements modernes pour les bébés, c'est qu'on se focalise surtout sur le côté mignon, et que l'aspect pratique n'est qu'une arrière-pensée.

C'est la raison pour laquelle des imbéciles comme Lyns et moi achètent une salopette à un bébé. Seul un débile, ou quelqu'un sans expérience, est capable d'acheter l'horreur logistique que constitue une putain de salopette pour bébé. Ces choses-là sont plutôt le genre d'objets dont Houdini aurait pu tenter de s'évader tandis qu'on le plongeait dans un bassin rempli d'eau. (Je n'en ai jamais porté, mais je pense que même les adultes qui en mettent se pissent dessus régulièrement, en essayant en vain de s'extraire de ce satané truc quand ils ont besoin d'aller aux toilettes.) Et tout cela n'est qu'un inconvénient mineur en comparaison de l'éternel et omniprésent défi pour la santé mentale que sont les boutons-pression.

Ces petits boutons sont une invention géniale quand vous en trouvez une paire sur un gilet, et qu'il vous suffit d'en défaire un ou deux pour changer une couche. Mais, sur certains vêtements, il y en a partout, il y en a des milliers. Et ils doivent tous êtres alignés correctement, la bonne bosse dans le bon trou. Sinon, au bout de vingt minutes, vous

vous rendez compte que vous vous êtes mal aligné au début, que maintenant le truc est foutu et que le bras de votre bébé est attaché à sa jambe, ou qu'il y a un grand trou qui bâille à hauteur de ses fesses.

Charlie a des vêtements qui sont si longs à mettre que vous commencez à l'habiller au petit déjeuner et qu'il fait nuit avant que vous ayez fini d'enfiler la première jambe dedans. Le pire, c'est un body avec un tricératops imprimé sur le devant. Ce truc est ma Némésis. Il est très mignon, mais il a vingt-quatre boutons-pression. Vingt-quatre. Je les ai comptés. C'est comme s'ils les avaient mis à la place des coutures. En gros, il n'y a pas de manches, pas de jambes, simplement des carrés de tissu aux endroits où ces éléments devraient se trouver et un paquet de ces saloperies en métal que vous êtes censé fixer ensemble. C'est vous qui fabriquez les manches et les jambes au fur et à mesure que vous l'habillez. C'est dingue. C'est une chose que de boutonner votre bébé quand vous l'habillez, mais c'en est une autre que de se lancer dans la confection. On pourrait aussi mettre un métier à tisser dans sa chambre et fabriquer ce qu'il va porter dans la journée.

Aujourd'hui, j'ai caché cette abomination derrière la machine à laver, mais, la première fois que j'ai essayé de la lui enfiler, ça m'a pris des siècles, des siècles où j'ai senti la main crochue de la folie ramper lentement vers moi. Au bout de dix minutes, mon œil droit a été pris d'un tic nerveux, et je n'avais pas encore réussi à lui passer la moitié du body que je suis allé me recroqueviller dans un coin en position fœtale, en pleurant silencieusement. Les yeux écarquillés, je me balançais d'avant en arrière en bafouillant : « Ils ne s'alignent pas, Lyns. Ils refusent de s'aligner… Ils sont si nombreux, tu vois... Ils refusent de s'aligner !! » Lyndsay ne m'a prêté aucune attention, elle a pressé les deux derniers boutons et l'a pris à bout de bras : « Oh, qu'il est mignon ! »

À quel prix, Lyns ? À quel prix ?

L'avenir

Il doit exister un moyen de rendre les vêtements pour bébés plus pratiques et moins susceptibles d'entraîner une dépendance à l'alcool chez ceux qui les habillent.

Les boutons-pression semblent proliférer, mais pourquoi ne se sert-on pas plus du Velcro ? Comme je le disais dans mon introduction, si nous savons fabriquer des pantalons avec des attaches en Velcro que les danseurs exotiques enlèvent d'un coup d'un seul, pourquoi ne pourrions-nous pas faire la même chose pour les bébés ? Quelle sorte de civilisation que la nôtre, qui accorde plus de valeur aux strip-teaseurs qu'à la prochaine génération ?

Quand j'ai présenté mon idée de vêtements de strip-teaseurs pour bébés sur mon blog, j'ai eu beaucoup de réactions. (Principalement de la part de personnes qui atterrissaient accidentellement sur ma page après avoir tapé « strip-teaseur » sur leur moteur de recherche, mais quand même.) En général, les gens trouvaient que c'était une bonne idée.

Une réponse en particulier a attiré mon attention. Quelqu'un proposait une alternative à mon idée. (Et la sienne, à vrai dire, semblait la pire que quelqu'un ait eue depuis l'invention des idées.) Il a suggéré de remplacer les boutons par des aimants.

En général, je ne réponds pas aux gens qui m'envoient des messages en privé pour me vanter les vertus des aimants. (Une sirène se déclenche dans ma tête quand je reçois des messages de doux dingues, et les fans enthousiastes d'aimants sont très représentés dans cette tranche démographique.) Mais, en fait, il s'agissait d'un truc sérieux. Une société fabrique effectivement des vêtements pour bébés avec des aimants. Et ça marche. C'est génial. Plutôt que de s'escrimer avec des boutons-pression, vous mettez les bras et les jambes de votre bébé dans son maillot ou dans sa grenouillère et le vêtement s'enfile tout seul, grâce à la mystérieuse attraction que les aimants exercent entre eux.

Sur les indications de mon fan d'aimants, je suis allé voir la vidéo en ligne présentant ces vêtements, et d'emblée, j'ai été impressionné. Mais, par la suite, je me suis encore plus excité : je ne pouvais m'empêcher d'imaginer notre bébé à quatre pattes dans sa tenue magnétique, attirant vers lui toutes sortes d'objets métalliques (boîtes de conserve, couverts, etc.) comme s'il avait des pouvoirs télékinétiques.

C'est pourquoi je suis entré en contact avec Laura, de Magneticbaby, pour lui demander si ces vêtements pouvaient transformer Charlie en une sorte de Magnéto miniature. J'ai été déçu.

– [gloussement] Ne vous inquiétez pas. Les aimants ne sont pas assez puissants pour ça.

– Eh bien, d'accord, mais... Vous ne pouvez pas les rendre plus puissants ?

– Non. C'est impossible.

– Mais pourquoi ?

– Euh, tout d'abord, ce serait probablement très dangereux.

– Dangereux comment, parce qu…
– Je vais raccrocher, maintenant.
Mince alors !

Les vêtements aimantés ne donnent pas de superpouvoirs à vos enfants (pour cela, nous sommes encore obligés de compter sur les bonnes vieilles mutations génétiques ou la morsure d'une araignée radioactive). Mais, pour habiller votre bébé sans vous transformer en épave démente et gémissante, ils sont probablement l'avenir.

Quoi qu'il en soit, la bonne nouvelle, c'est que le bouton-pression est un problème en voie d'être résolu, soit grâce aux vêtements aimantés, soit grâce à l'idée légèrement moins sophistiquée d'adapter les habits des strip-teaseurs, pour laquelle j'envisage de lancer un financement participatif. Et c'est rassurant. Vous et moi n'en profiterons peut-être pas, mais songer que les enfants de nos enfants n'auront jamais à affronter l'horreur indescriptible d'un mauvais alignement de boutons-pression me remplit de force et de courage.

L'habillage

Que ce soit le fait des boutons-pression, des salopettes ou des microboutons, aucun des défis que lancent les vêtements modernes ne poserait de problème insurmontable si, pendant que vous habillez votre enfant, il ne bougeait pas. S'il se tenait tranquille. Ce n'est pas le cas. Les bébés préfèrent donner l'impression qu'ils ont un grand nombre de bras et de jambes, et que vous êtes en train de vêtir un petit Vishnou peu coopératif.

Une fois encore, il est fascinant de comparer « la réalité » avec « les avis des spécialistes », et étrange de constater que les experts semblent ignorer que, lorsque l'envie lui prend, un bébé peut se battre comme un putois syphilitique en colère pour empêcher qu'on l'habille.

Néanmoins, il est faux que les bébés se contentent d'agiter les bras pour échapper à ça. En fait, ils emploient diverses techniques plutôt sophistiquées. Ces techniques visent deux objectifs, rester nu et faire en sorte que celui qui vous habille se sente comme une inepte tête-de-nœud.

Revenons à *L'Art de la guerre*, où Sun Tsu écrivait :

> **Connais ton ennemi [...] et même avec cent guerres à soutenir, cent fois tu seras victorieux.**

Il est donc vital d'étudier les stratégies que votre bébé met en œuvre pour vous empêcher de l'habiller.

Voici celles que Charlie préfère en ce moment :

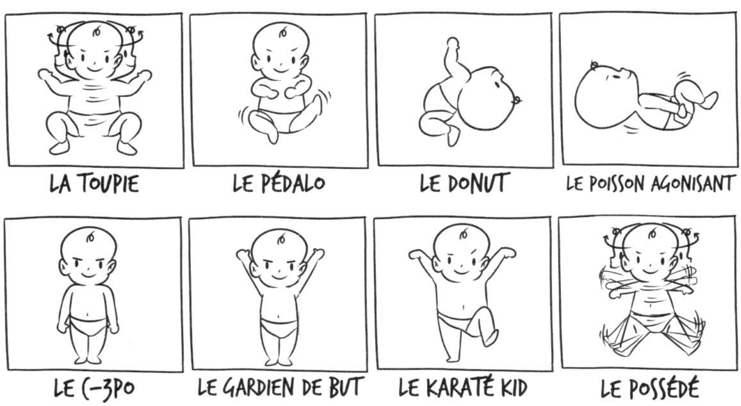

Le C-3PO : Le bébé raidit tous les muscles de son corps et refuse de plier ses coudes et ses genoux. Ainsi dénommée parce qu'habiller un bébé qui emploie cette technique, c'est comme essayer d'enfiler une combinaison de plongée à un C-3PO têtu.

Efficacité : 3/5 *Pouvoir de nuisance : 4/5*

Tentation de tout envoyer paître et de laisser le bébé passer la journée dans sa couche : 3/5

La Toupie : Le bébé roule frénétiquement sur lui-même, comme un cascadeur en flammes qui essaie d'éteindre celles-ci. Simple, mais incroyablement efficace.

Efficacité : 4/5 *Pouvoir de nuisance : 4/5*

Tentation de tout envoyer paître et de laisser le bébé passer la journée dans sa couche : 3/5

Le Donut : Le bébé cambre son dos jusqu'à ce que sa tête touche ses talons et que son corps forme un cercle, un donut humain, ne laissant ainsi aucun point par lequel on pourrait enfiler un pantalon. (Manque un peu d'efficacité, car cette position, niveau 10 en yoga, ne peut pas être maintenue très longtemps.)

Efficacité : 2/5 *Pouvoir de nuisance : 3/5*

Tentation de tout envoyer paître et de laisser le bébé passer la journée dans sa couche : 2/5

Le Pédalo : Le bébé, allongé sur le dos, chevauche un pédalo invisible. (Certainement la technique la plus énervante parmi toutes les saloperies qu'un bébé peut vous faire quand vous lui enfilez un pantalon, des chaussettes ou des chaussures.)

Efficacité : 4/5 Pouvoir de nuisance : 4/5
Tentation de tout envoyer paître et de laisser le bébé passer la journée dans sa couche : 3/5

Le Poisson agonisant : Généralement, c'est une technique assez dégueulasse, et le bébé tressaute comme une truite sortie d'un étang.
Efficacité : 4/5 Pouvoir de nuisance : 4/5
Tentation de tout envoyer paître et de laisser le bébé passer la journée dans sa couche : 3/5

Le Gardien de but : Le bébé lève obstinément les bras, comme un goal au moment du penalty, et refuse de les baisser. (Quand on le force à le faire, l'énergie se transmet généralement à ses jambes et le bébé passe à la technique du Pédalo.)
Efficacité : 4/5 Pouvoir de nuisance : 4/5
Tentation de tout envoyer paître et de laisser le bébé passer la journée dans sa couche : 3/5

Le Karaté Kid : Voir le film de 1984.
Efficacité : 3/5 Pouvoir de nuisance : 3/5
Tentation de tout envoyer paître et de laisser le bébé passer la journée dans sa couche : 3/5

Ces techniques sont celles que Charlie préfère en ce moment, mais il en a bien d'autres à sa disposition : la Défense du hérisson menacé (il se roule en boule). Le Pogo (il lève les genoux en rythme). L'Étoile de mer. La Mante religieuse. Le Saut de l'ange. Le Condamné. Vous devez avoir une parade pour chacune d'elles.

Mais il y a une technique contre laquelle il n'existe aucune parade connue :

Le Possédé : C'est la stratégie ultime. Si on était dans *Tekken* ou dans *Street Fighter*, le Possédé serait le « coup spécial ». Un coup où toutes les autres techniques sont employées simultanément. Aucun parent ne peut quoi que ce soit contre ça : un démon semble avoir pris possession du corps de votre bébé et ledit démon ne veut vraiment pas qu'on l'habille aujourd'hui.

Efficacité : 5/5 *Pouvoir de nuisance : 5/5*

Tentation de tout envoyer paître et de laisser le bébé passer la journée dans sa couche : N/A (comme si vous aviez le choix).

Dieu merci, Charlie n'a eu recours au Possédé qu'en de rares occasions, mais croyez-moi, ces fois-là, il a passé la journée simplement vêtu de sa couche, en affichant un rictus de satisfaction et un air victorieux.

Les bébés détestent les vêtements

Il est difficile de comprendre pourquoi les bébés dépensent autant d'énergie à combattre l'apparente torture que constituent pour eux les vêtements. Mais, de fait, ils détestent ça. Vous pourriez dire que ça n'a aucun sens, que ce n'est pas vrai, que c'est simplement le processus de l'habillage qui les dérange… mais c'est faux. Penchons-nous un instant sur les accessoires.

Chaque fois qu'un bébé peut enlever de lui-même un élément vestimentaire, il le fait. Bonnets, écharpes, chaussettes, ce que vous voudrez ! Les bébés les enlèvent systématiquement, dès qu'ils en ont l'occasion. C'est comme s'ils essayaient de se remettre tout nus, petit à petit. C'est ce qui rend si absurdes les accessoires vestimentaires. Quand nous sortons avec Charlie, nous laissons derrière nous un interminable sillage de mitaines, de bonnets, de chaussures et de tétines. Nous en perdons tellement dans notre propre rue qu'après notre départ les voisins qui les voient pensent qu'un nain exhibitionniste vient de passer devant chez eux. Et je peux vous garantir que, si Charlie parvenait à ôter son maillot ou son pantalon et à les balancer avec le reste, il le ferait.

Alors, quand vous voyez la façon dont les bébés gèrent les accessoires, il est clair que ce n'est pas simplement le processus d'habillement qu'ils détestent, mais bien celui de porter des vêtements. Et pourquoi ?

La réponse se trouve peut-être chez ces adultes qui considèrent aussi qu'être habillé est pénible et que c'est un usage qu'il faut combattre. Quand on pense aux naturistes et aux nudistes, il est difficile de ne pas avoir en tête ces documentaires qu'on voit à l'occasion à leur propos : ceux qui montrent des serveuses aux seins énormes et des vieux schnocks de quatre-vingts balais en train de faire une partie de badminton tandis que leurs sexes flétris se balancent dans le vent. Mais peut-être y a-t-il dans leur philosophie quelque chose qui remonte à cet état de la prime enfance ? Peut-être est-ce foncièrement non naturel pour les humains de s'habiller, peut-être sommes-nous tous nés naturistes et n'avons-nous été forcés à mettre des vêtements que par la suite ? C'est peut-être cette bataille-là qu'enfants et parents se livrent sur toutes les tables à langer du monde.

Le manuel

Si jamais vous vous confiez à ceux qui ont déjà traversé toutes les épreuves de la parentalité, vous entendrez souvent la phrase : « Ouais, ils ne sont pas livrés avec un manuel. » Ce qui amène à poser la question : pourquoi pas ?

Tout est livré avec un manuel. Impossible d'acheter le moindre grille-pain sans qu'il soit assorti d'un livret de deux cent cinquante pages en quarante-sept langues, lequel vous explique en détail comment presser le bouton sur le côté, attendre que le pain brunisse et ressurgisse de l'appareil.

Et cependant, quand vous partez de l'hôpital avec la chose la plus fragile, la plus complexe et la plus sophistiquée qui soit, on ne vous donne pas le début d'une instruction. On pense que vous apprendrez sur le tas, que vous irez à la pêche aux infos dans un des milliers de livres qui noient les solutions pratiques sous des discours psychologisants à propos du développement et des liens qu'il faut créer.

Mais c'est peut-être une bonne chose.

Les auteurs comparent souvent la parentalité à un voyage, mais je ne pense pas que ce soit tout à fait approprié. Un voyage, cela suppose que vous sachiez où vous allez ou que vous ayez une destination en tête, ou au moins qu'il y en ait potentiellement une.

Mais, pour la parentalité, il n'est pas évident qu'une telle chose existe. On pourrait croire que l'objectif final serait de mener nos enfants vers l'âge adulte, mais, lorsque vous parlez à des parents plus expérimentés, la réponse est claire : quand vos enfants deviennent adultes, c'est simplement une nouvelle étape, pas du tout l'arrivée.

Peut-être que l'important, c'est le voyage et que seule la découverte compte. Et peut-être qu'être obligé de découvrir les bases par vous-même n'est pas un méfait, mais un cadeau. Parce que, dans ce type de voyage, un manuel, c'est ce qui ressemble le plus à une carte… et voyager avec une carte ? Quel plaisir y a-t-il là-dedans ?

*

Et Buddy, qu'est-il devenu ?

Ce jour-là, je suis rentré chez moi en larmes. Et quand j'ai expliqué à mon papa pourquoi j'étais si malheureux, il m'a fait une tasse de thé et m'a dit de ne pas m'inquiéter.

Le week-end suivant, il m'a emmené à la pépinière du coin, où nous avons acheté un nouveau cactus, que nous avons rempoté dans le pot où Buddy avait trouvé la mort, dont nous avions préalablement recollé les morceaux. À la fin des vacances, je suis retourné à l'école et j'ai tendu un « Buddy 2.0 » à Miss Wilson, laquelle m'a félicité et n'a jamais remarqué la substitution.

Le dernier jour du trimestre, Miss Wilson m'a fait venir au tableau et m'a tendu la cage de Cracker en me disant que j'aurais la responsabilité du cochon d'Inde pendant toutes les vacances de Noël. J'étais plus que fier. Je me sentais tout neuf, une renaissance ! J'ai emmené Cracker chez moi et je l'ai gorgé d'amour, d'affection, d'eau et de nourriture.

Et c'est ici que prend fin le récit initiatique…

Ou c'est ici qu'il aurait pris fin, si je n'avais pas déversé sur lui autant d'amour, d'attention et de nourriture, que je l'avais trop alimenté... Au bout de six jours de vacances, il est mort d'une crise cardiaque.

Alors, le lendemain, mon père m'a emmené dans une animalerie...

8
Divertissement

« N'êtes-vous pas divertis !? » – Maximus Décimus Aurelius

Même avant que les Romains ne s'amusent à envoyer des gladiateurs au Colisée, les êtres humains se sont divertis avec la douleur et la souffrance de leurs semblables. Et je commence à me dire que c'est un instinct inné.

Ce matin, j'ai passé trois heures à jouer avec Charlie : faire des grimaces, le chatouiller ou jouer avec l'un des milliers de jouets qui sont censés l'intéresser, mais j'ai à peine réussi à le faire sourire.

En revanche, quand je suis tombé du mur de notre jardin et que je me suis empalé sur un barbecue posé à l'envers, il s'est pissé dessus de rire pendant une bonne demi-heure.

... OK, Charlie, arrête de déconner maintenant, ça fait vraiment mal.

Divertissement

Il est là ? Il est parti ! Il est là ? Il est parti ! Il est là ? Il est partiiiiii !

Bon, vous voyez le truc. Ce petit jeu consistant à cacher son visage derrière ses mains pour faire croire qu'on n'est plus là est le summum du divertissement pour un bébé. C'est le nec plus ultra. Pour un nouveau-né, c'est le come-back d'Elvis en 1968, c'est les Beatles au Shea Stadium ou Bowie à l'Hammersmith Odeon en 1973. C'est David Copperfield qui escamote la statue de la Liberté sous les yeux du monde ébahi.

S'ils trouvent ce jeu si divertissant, c'est pour une bonne raison : l'une des plus grandes qualités des bébés, c'est qu'ils sont vraiment bêtes. Je sais que les spécialistes se grattent consciencieusement le menton avant de déclarer que les bébés sont extrêmement intelligents, mais ne nous voilons pas la face, ce jeu ne fonctionne que parce que quand vous mettez vos mains devant votre visage, généralement, le bébé se demande où diable vous êtes parti. Comme je le disais, ils sont bêtes. Ce n'est pas de leur faute, cela ne fait que cinq minutes qu'ils sont sur cette planète, alors ils se demandent encore comment tout cela fonctionne. Espérer qu'ils fassent autre chose que des crottes et des bulles serait comme s'attendre à ce qu'un chat prenne le volant : on ne lui a pas encore enseigné à le faire et, de toute façon, ses pieds ne touchent pas les pédales.

Du coup, en matière de divertissement, les bébés combinent deux atouts : ils sont bêtes, et tout les intéresse.

Pour autant, les divertir est-il aisé ? Non !

En fait, ça peut se révéler très compliqué. Le nouveau-né moyen a la capacité de concentration d'un poisson sous l'emprise de l'alcool. Vous pouvez faire une grimace dont votre bébé pense qu'il s'agit de la chose la plus drôle qu'il ait jamais vue. La deuxième fois qu'il l'observe, il trouve que c'est la plus ennuyeuse du monde, et c'est parfois difficile à encaisser. Il n'y a rien de plus pitoyable qu'un adulte qui essaye sans succès de gagner l'approbation de son enfant en faisant des pets avec la bouche. Et rien n'est plus dévastateur que le regard cinglant d'un bébé signifiant : « Tu m'ennuies, abruti. »

Il vaut mieux ne pas trop mal prendre leur manque d'enthousiasme devant vos efforts. Les bébés peuvent être le pire des publics. S'ils ne sont pas d'humeur, ça risque de ressembler à un *one man show* devant des talibans :

> **« Bonsoir Kaboul ! Je n'ai pas vu autant de barbes depuis que ZZ Top a fait une tournée en pays amish... »** (Silence, à part un chahuteur.) **« Meurs, chien d'infidèle ! »**

Ça peut être dur de divertir un bébé. Mais nous avons quelques armes dans notre arsenal.

La télévision

La télé, c'est parfait pour les bébés. Ça bouge vite, ça change tout le temps, le montage des images est fait sur un rythme soutenu et c'est plein de couleurs vives. Quand vous posez votre bébé devant, il est vraiment captivé. Cette boîte à merveilles parvient à transformer en quelques secondes un bébé hystérique en membre obéissant, calme et soumis de la maisonnée. C'est la baby-sitter électronique idéale.

Bon, pas si idéale que ça. Il y a un petit inconvénient, d'après la plupart des études : trop de télévision pourrit le cerveau de votre bébé et l'amène à devenir un crétin qui bafouille, un tueur dément ou un punk gothique.

Merci beaucoup, « la science ». Encore un feu de joie sur lequel vous n'avez pas pu vous empêcher de pisser.

La recherche affirme essentiellement que la télé offre une trop grande stimulation, ce qui peut causer toutes sortes de problèmes. On pourrait croire que notre bébé est en train d'apprendre des chiffres, des lettres et plein de trucs super, mais, selon ces rabat-joie, même les émissions pour enfants peuvent nuire au développement du langage, à l'acquisition de la lecture et à la mémoire à court terme. Et, en tant que personne qui a beaucoup regardé la télé dans son enfance, je crois que ça peut aussi affecter votre mémoire à court terme. (Ba doum, tchiisssss.)

D'après healthychildren.org, une association de pédiatres américains, trop de télévision peut également provoquer des troubles du sommeil et de l'attention. En gros, si vous en croyez les professionnels, la télé, c'est le rayon de la mort pour les bébés.

(Les spécialistes ont beau être en désaccord sur beaucoup de sujets, ils se rejoignent sur un point : la télé est pour le cerveau des bébés ce que les caramels sont pour les dents. Et ces mêmes experts ne cachent pas aux parents que ce sera de leur faute si leur enfant devient le genre de débile qui fréquente les émissions de télé pour les beaufs : édenté, dans son plus beau pantalon de survêtement, et avec un avis sur tout.)

Le problème, c'est que Charlie adore la télé. Au début, il s'en moquait un peu, mais, un jour, il a été subjugué, et si vous traversiez son champ de vision pendant qu'il regardait *Les Cuddlies*, il vous lorgnait comme s'il voulait vous éventrer. C'était un peu inquiétant. Alors, entre cela et les conseils des spécialistes, nous avons décidé de limiter le temps que Charlie passait devant la boîte à images.

En fait, c'est un mensonge. J'aimerais bien dire que nous avons limité le temps qu'il passe devant la télé à la suite d'une réflexion et d'une recherche approfondies motivées par notre préoccupation, mais, pour être franc, la raison principale, c'est qu'on ne supportait plus les programmes déroutants et cauchemardesques de la télévision des bébés. On sentait que nos cerveaux commençaient à régresser. Soyons clair : la science affirme que la télé est une sorte de lobotomiseur domestique pour bébés qui leur réduit le cerveau en bouillie, mais il existe quand même une télévision pour bébés. Une télé qui s'adresse aux enfants trop jeunes pour comprendre les histoires plus sophistiquées, celles qui parlent de petits cochons, de trains avec des visages et d'un postier maniéré. (Réjouissons-nous, tout cela est encore à venir.)

Pendant des années, j'ai entendu des parents dire à quel point les programmes pour enfants étaient bien : peut-être étaient-ils ironiques, ou peut-être ces émissions étaient-elles meilleures, mais la télé pour les bébés, c'est vraiment de la crotte de chien. Les bébés semblent adorer les couleurs primaires, les lumières éclatantes et la répétition, plutôt que la complexité. Du coup, le truc n'a aucun sens. C'est une succession de couleurs qui vous vrille l'œil, d'arbres constitués de sucettes... et un machin violet qui gambade au milieu en parlant comme s'il avait eu un AVC... c'est alors qu'apparaît une licorne qui compte jusqu'à trois ! Puis un magicien mal dessiné chie un arc-en-ciel et... Seigneur ! Trouvez-vous une histoire, putain !

Désolé.

Mais, combinés à la privation de sommeil, les programmes pour bébés, c'est comme si vous étiez dans le fauteuil de conditionnement d'*Orange mécanique*, et il est facile de comprendre comment cela pourrait rendre fou un bébé, étant donné qu'un adulte qui ne regarde ça que par intermittence a envie de se planter un pieu dans le crâne.

Cela étant, la télévision n'est pas notre ennemi. Je ne peux m'empêcher de penser qu'elle a sa place parmi les moyens de divertir un bébé. Charlie aime bien ça, et tout en essayant de ne pas réduire son cerveau en purée de pomme de terre ou d'en faire l'organe mou qui se trouve entre les oreilles des Kardashian, les nouveaux parents peuvent s'en servir pour gratter quelques minutes par jour, histoire de faire un truc marrant, comme aller pisser ou se nourrir.

Alors, pour être franc, la science peut aller se faire foutre.

Avec modération.

Les livres

La télé n'est pas terrible, mais qu'en est-il des livres ?

Si vous allez faire un tour sur debate.org, vous trouverez un débat très animé intitulé : « Are books better than

TV ? » (Les livres, est-ce mieux que la télé ?) C'est un bon point de départ.

Il s'agit d'une discussion intellectuelle et intéressante, jonchée de commentaires aussi authentiques que nombreux, qu'on pourrait qualifier d'anti-livresques, comme :

« La télé, c'est mieux. Les livres, c'est long et ennuyeux, et pendant tout ce temps, on regarde juste des mots. »

Ou :

« Les livres, c'est archi, archi-ennuyeux, mais tellement ! Alors que la télé, elle a plein de couleurs et elle te parle. »

On voit donc, résumée dans ces deux phrases simples, la raison pour laquelle il est important de lire des livres. Sinon, vous devenez aussi intelligent que, les gens qui s'expriment sur debate.org.

Faisons abstraction de l'argument irréfutable selon lequel les livres sont archi, archi-ennuyeux : pour le dire en termes simples, la science affirme que, pour votre bébé, la télé, c'est mauvais, et les livres, c'est bien.

Quant au meilleur moment de le familiariser avec les livres ? Le plus tôt sera le mieux.

Il est impossible de lire un bouquin ou de regarder une émission sur la parentalité sans apprendre qu'il est vraiment important d'intégrer un moment de lecture dans la routine de votre bébé. En fait, certains spécialistes vont même plus loin et proposent de lire des histoires au bébé pendant qu'il est encore dans le ventre de sa mère. Les parentologues les plus radicaux conseillent de faire la lecture aux spermatozoïdes et aux ovules (pas vraiment, ça, je viens de l'inventer).

Néanmoins, j'ai lu des trucs à Charlie pendant que Lyns était enceinte. On nous avait dit que ce que vous lisiez n'avait pas d'importance, parce que le bébé ne s'intéressait qu'à la cadence et au changement de ton de votre voix. Alors, j'ai passé de nombreuses heures à lire devant le nombril de Lyns *Sandakan : la véritable histoire des Marches de la mort à Bornéo*, et aussi une biographie des Kray.

Le petit bout de chou donnait des coups de pied enthousiastes chaque fois que Reggie tabassait un pédophile. (Là aussi, pas vraiment.)

Quand Charlie est né, nous avons continué de lui lire des histoires et nous le faisons toujours, tous les soirs. Et pour être honnête, ce n'est pas le passe-temps le plus gratifiant. Au cours des premiers mois, le bébé n'a qu'une chose en tête, déchirer ou manger n'importe quel texte que vous placez devant lui. Jusqu'à présent, Charlie se fout de savoir ce que fait la sorcière dans les airs, ce qui l'intéresse, c'est le goût que peuvent avoir les pages de *La Sorcière dans les airs*. Mais je suis absolument certain qu'un jour ça va changer.

Ma maman me faisait la lecture quand j'étais bébé. Je ne me rappelle pas ces premiers livres, mais je n'ai aucun souvenir d'une période de mon enfance où l'on ne m'aurait pas lu des histoires. Me faire aimer les livres, c'est le plus beau cadeau qu'elle m'ait offert (à part la paire de patins à roulettes en daim, vers 1989 – ils étaient géniaux).

Je voudrais que Charlie aime les livres autant que moi, et si c'est le cas, ce sera mon cadeau intergénérationnel, lequel viendra compenser ma prédisposition génétique aux grandes oreilles et mon allergie pour les œufs.

Alors, même si je sais que je vais passer pour un lèche-cul, en matière de livres, je suis d'accord avec les scientifiques et les spécialistes. Pas à cause de termes pompeux comme le développement cognitif ou la création de lien, mais simplement pour insuffler l'amour des livres.

Mis à part celui que vous avez entre les mains, les livres peuvent être source d'éducation et de savoir, et dans le meilleur des cas, ils peuvent aussi vous amener vers la rédemption, vous dévaster, donner un sens à votre vie ou tout simplement être parfaits. Ils témoignent de ce que nous avons de meilleur, ils enregistrent ce que nous avons de pire, ils sont l'éloge funèbre ou le monument à l'essence même de ce que signifie être humain.

Sauf si le livre est de Jeremy Clarkson, auquel cas, c'est juste un tas de boue réactionnaire.

Musique

En matière de distraction pour bébés, la musique n'a peut-être pas la même aura intellectuelle que les livres, mais elle ne pâtit pas des stigmates et des critiques dont souffre la télé. Ça dépend des chansons.

Voici celles que Charlie préfère :

« Hotel Yorba » – The White Stripes
« Sound of da Police » – KRS-One
« Homophobic Asshole » – Senseless Things
« Ol Time Rock and Roll » – Bon Seger
« Hard to Handle » – The Black Crowes
« Town Called Malice » – The Jam
« Son of Mustang Ford » – Swervedriver
« Suckerpunch » – The Wildhearts
« Ace of Spades » – Motörhead

Certains de ces choix sont peu orthodoxes, je l'admets. « Sound of da Police » est une chanson à propos du délit de sale gueule et des brutalités policières. « Hotel Yorba » parle d'un hôtel très populaire chez les prostituées et les drogués, « Ace of Spades » de tromper le diable en buvant plus que lui et en jouant mieux aux cartes, et pour autant que je puisse dire, « Town Called Malice » est une chanson sur la ville de Woking.

Ce n'étaient que des chansons stockées au fond de mon iPod et qui ont fait réagir Charlie. Il semblait les apprécier bien plus que les traditionnelles comptines à propos de tous ces singes qui sautent sur un lit, avant que l'un ne tombe et se casse le kiki. Alors, nous avons fait cette playlist, et nous la lui passons tout en l'habillant ou en changeant sa couche (et aussi bien Lyns que moi dansons comme des imbéciles dans ces moments-là).

J'ai partagé la playlist de Charlie sur Spotify et j'en ai parlé dans le blog Man vs Baby. Les réactions ont été intéressantes. Beaucoup de parents ont partagé leurs propres choix peu orthodoxes, de Johnny Cash à AC/DC en passant par Taylor Swift. Mais d'autres ont exprimé leur violente réprobation au fait que nous laissions un bébé entendre certaines de ces chansons.

« Désolé, mais je ne trouve pas approprié qu'un bébé écoute ça. Leur cerveau est une éponge et ils captent tout. »

Ce commentaire était récurrent, mais c'est une idée qui me semble un peu bizarre. Charlie a peut-être une Spontex à la place du cerveau, mais je ne pense pas qu'écouter les White Stripes le prédispose à s'intéresser à la drogue. Ni qu'il soit en mesure de déconstruire les paroles de « Sound of da Police » et de devenir un bambin militant des droits civiques.

Il aime simplement les sons et les rythmes de certaines chansons, c'est tout. Et il réagit au fait que nous les apprécions aussi.

Ce qui me semble vraiment bizarre, c'est que les gens critiquent le fait de passer ces chansons à un bébé, mais ne voient aucun inconvénient à passer les comptines traditionnelles au leur. Ces comptines qui sont en général merdiques ou carrément sinistres avec des références à des morts par étranglement, décapitation, ou des encouragements à vous prendre pour une théière.

Voici la liste des chansons d'un CD de comptines traditionnelles, intitulé avec originalité *Comptines traditionnelles*.

Alors, j'ai jeté un œil sur les histoires que racontent ces chansons, en gardant à l'esprit les critiques contre le fait de passer de la musique moderne à votre bébé.

« Ring a Ring a Roses » :

Celle-ci a toujours été un exemple frappant de comptine qui fait peur, et apparemment, ça parle de l'épidémie de peste bubonique. En gros, les paroles dressent la liste des symptômes, qui culminent avec une mort atroce. Et maintenant, reprenons en chœur, les enfants...

« Oranges and Lemons » :

Selon l'interprétation historique que vous acceptez, cette chanson parle de sacrifice d'enfants, d'exécutions publiques ou des difficultés conjugales de Henry VIII. Quoi qu'il en soit, le dernier vers est : « Voici le hachoir qui va te couper la tête. » Alors, ce n'est pas exactement « Little Miss Muffet » (qui, en soi, est plutôt une comptine sur l'arachnophobie).

« Georgie Porgie » :

Lequel « embrassait les filles et les faisait pleurer » : une charmante chansonnette sur le harcèlement sexuel.

« Mary, Mary Quite the Contrary » :

Ce n'est pas une chanson sur le jardinage, mais sur la folie meurtrière de la reine Mary et son goût pour la torture (« les jolies filles bien alignées » fait probablement référence à la guillotine récemment inventée, et « les coquilles de noix », à un instrument de torture qu'on fixe aux parties génitales).

Ce ne sont que quelques exemples, et il en existe bien d'autres. « Pop Goes the Weasel » parle du cycle de la pauvreté. « Baa Baa Black Sheep » du poids écrasant des impôts. Et « Jack and Jill » est proprement terrifiant, étant donné que c'est le nom du film le plus nul qu'Adam Sandler ait jamais fait, film dans lequel il joue le rôle de lui-même et de sa sœur, avec des conséquences supposées hilarantes. (En réalité, « Jack and Jill » est encore une de ces mélodies à propos de décapitation qui restent dans la tête.)

En fait, dans les années cinquante, un certain Geoffrey Handley-Taylor, que toutes ces choses-là intriguaient, a étudié les deux cents comptines les plus populaires, dans lesquelles il a répertorié :

- **8 allusions à des meurtres (affaires non classées)**
- **2 morts par strangulation**
- **1 personne coupée en deux**
- **1 personne qui se fait manger**
- **15 allusions à des mutilations humaines ou animales**
- **23 cas de violences physiques (affaires non classées)**

Alors, ne vous inquiétez pas si vous passez un peu de *death* ou de *trash metal* à votre enfant. Si l'alternative, c'est de leur faire écouter des comptines traditionnelles, autant les coller devant un film d'horreur ou devant quelqu'un qui se fait percer un deuxième trou du cul dans *Game of Thrones*.

Les jouets

Quand il s'agit de divertir votre enfant et que tout le reste a échoué, vous pouvez essayer de jouer avec lui.

Le jeu est crucial dans le développement psychologique, physique et cognitif de votre enfant. C'est ainsi

qu'il apprend à connaître son corps et le monde, et il va se servir de ses cinq sens pour le faire, spécialement au cours de sa première année. (babycenter.com)

Du coup, on dépense une petite fortune en jouets dont les publicitaires nous vantent les vertus éducatives : des produits comme les jouets « Baby Einstein », lesquels, d'après leur site Web, sont « conçus pour enrichir la jeune pensée du bébé ». On n'essayait pas de « réformer » Charlie ou d'en faire un génie, mais, s'il pouvait apprendre quelque chose en même temps qu'il jouait, cela semblait une bonne idée. Rétrospectivement, on aurait tout aussi bien pu dessiner deux yeux et une bouche sur une boîte en carton, et Charlie et Boxie seraient devenus copains pendant deux ou trois ans (sans investir massivement dans des piles). Parce que les bébés ne jouent que de trois façons :

Ils tapent les choses.
Ils mordent les choses.
Ils jettent les choses.

Dès lors, quand un des jouets de Charlie s'illumine et déclare avec l'accent américain : « Veux-tu apprendre l'alphabet ? », Charlie lui répond généralement : « Non, merci. Je pense que je vais plutôt te mâchonner la face et te cogner la tête à plusieurs reprises sur le carrelage de la cuisine. » Le jeu, ce n'est pas tant un moment d'éducation que l'occasion de tester la résistance à la destruction de mignons petits gadgets. Peut-être certains éléments éducatifs sont-ils absorbés par osmose, mais si, autrefois, les jouets étaient mesurés à l'aune de leur vertu éducative, aujourd'hui, ils le sont à celle de leur résistance aux mauvais traitements.

Pour Charlie, les meilleurs jouets sont ceux qui jouent sur l'immersion, les suspenseurs à bébé qu'on peut fixer aux portes, les piscines à balles, ce genre de choses. Les pires sont ces trucs flippants, possédés et bouffeurs de piles. Ceux dont les yeux morts prennent subitement vie et qui vous demandent de les embrasser, ou si vous êtes leur ami, alors qu'il n'y a personne à côté d'eux. Au beau milieu de la nuit, je les entends s'allumer tout seuls et me demander de « jouer », et je passe l'heure suivante à tendre l'oreille au cas où ils monteraient l'escalier ou tenteraient d'ouvrir discrètement le tiroir à couteaux dans la cuisine.

Et il n'y a pas que ceux qui s'allument tout seuls qui me foutent les jetons.

Le plus effrayant des jouets de Charlie, c'est son ours Alfie. Il est toujours en train de chanter qu'il est votre ami, ou de vous répéter en boucle qu'il vous aime, comme un psychopathe terrifié à l'idée que vous puissiez le quitter. Parce que « Je t'aime », c'est mignon la première fois, mais, au bout de quatre cents fois, ça devient menaçant.

Finalement, après plusieurs semaines de frayeurs, je ne l'ai plus supporté, aussi ai-je trouvé le courage de l'emmener dans le jardin et de le balancer par-dessus la clôture du jardin derrière la maison... Il est revenu le lendemain. Lyns pense que c'est le voisin qui l'a trouvé, mais je n'en suis pas si sûr. Je n'ai pas honte de dire que j'ai peur de l'ours Alfie. J'ai de bonnes raisons pour ça. Je ne suis pas psychiatre, mais, d'après ce que j'ai appris sur Google et mes propres observations, je pense qu'il est possible d'établir un diagnostic expliquant son comportement :

SUJET : L'OURS ALFIE NOTES SUR LE DOSSIER 002341 :

Le sujet souffre de problèmes liés au manque d'estime de soi, et est peut-être également victime d'un trouble de la personnalité narcissique. Si ses requêtes ne sont pas satisfaites, le sujet est atteint de crises de rage narcis--siques qui se traduisent par des demandes répétées d'être embrassé. Le sujet adopte aussi des comportements tels que l'arithmomanie, un autre trouble obsessionnel compulsif consistant à tout compter, qui se combine à des chansons répétées de manière excessives, ce qui indique son hyperactivité. Le sujet n'accorde que peu d'attention aux besoins des autres et demeure totalement focalisé sur lui-même et sur le fait d'attirer l'attention, ce qui peut constituer un indice de tendances sociopathes et même psychopathes.

Vous voyez bien pourquoi je ne peux pas dormir avec ce truc chez moi.

Généralement, je me préoccupe de l'influence que ces jouets peuvent avoir sur Charlie, et malgré le fait que de nombreux professionnels affirment que les jouets interactifs sont géniaux pour votre bébé, je ne suis pas convaincu. Les scientifiques arguent que la télé c'est mauvais, mais personne ne dit rien à propos des lumières qui clignotent sur les psychopathes qui chantent en se baladant au milieu de notre salon.

Et il y a la question qui fait peur : que se passe-t-il si l'on ne veut pas devenir son ami ?

Dieu merci, Charlie semble s'être lassé de la plupart de ses jouets les plus énervants, ou bien il est trop vieux pour ça, et l'ours Alfie ne l'intéresse plus. (Celui-ci est toujours enfoui au fond du coffre à jouets, comme un agent infiltré attendant sa réactivation.) Au fur et à mesure que les bébés s'éveillent, leurs goûts en matière de jouets changent rapidement. Quand il avait six mois, Charlie aimait l'ours Alfie, un téléphone à roulettes et des cubes de construction. Maintenant qu'il est plus vieux et plus curieux, ses dix jouets préférés sont plus éclectiques. Voici le hit-parade des dix meilleurs de la semaine !

10 : N'importe quel tiroir ou porte de placard. (Ouvrir la porte ou le tiroir. Insérer ses doigts. Refermer la porte ou le tiroir sur les doigts. Péter un fusible. Recommencer.)
9 : L'œil ou le nez de n'importe quel parent proche. (Arracher l'œil ou planter quelque chose dedans.)
8 : La porte du four (uniquement quand le four est allumé)
7 : Le bol d'eau du chien
6 : La gamelle du chien
4 : La santé mentale fragile du chien
3 : Les tasses de thé, de café... et, de manière générale, tout ce qui est dangereusement chaud
2 : Il retombe à la deuxième place cette semaine après une longue période au sommet :... les prises électriques (à explorer avec des doigts humides de salive)
1 : Et la nouvelle entrée, directement numéro 1 : la poubelle de la cuisine (pour une raison mystérieuse, depuis peu, il adore la lécher).

La récréation

Pour être honnête, quand vient le moment de s'amuser, tous les jouets font pâle figure devant ce que les bébés préfèrent, les choses qui sont propres à votre petite famille et à vous-même. Par exemple, Charlie adore que Lyndsay fasse semblant de le prendre pour un bébé géant qui attaque une ville, ou quand je lui dis que je suis un robot venu du futur pour lui écrabouiller sa petite tête. Il ne manque jamais de rire devant son reflet dans le miroir, un bébé que nous appelons Barry, ou quand je fais semblant de m'endormir et de ronfler, et que je me réveille transformé en Hulk. Vous voyez ce que je veux dire. Il y a des centaines de petits jeux stupides qui ne veulent rien dire pour personne à part nous. Toutes les familles ont ces jeux qui captivent aussi bien les parents que le bébé. Et c'est parce qu'ils sont uniques qu'ils constituent la meilleure preuve du fait que votre petit bonhomme est un individu, dès le début.

Ces petits jeux absurdes sont la plus simple et la meilleure expression du divertissement pour votre bébé, parce que les parents sont des « jouets » qui font tout pour s'adapter au caractère et à la personnalité du nouvel arrivant. Au bout du compte, aucun ours en peluche, aucun petit train et aucun jeu de construction ne peut rivaliser avec eux.

Les activités au grand air

Si vous être contre la télé, si vous pensez que les livres, c'est pour aller dormir, si les effets secondaires du gansta rap vous préoccupent et si vous craignez qu'un des jouets aux yeux morts de votre enfant ne projette de vous assassiner dans votre sommeil, il est peut-être temps d'envisager les activités au grand air.

La taille de l'industrie bâtie autour de l'envie de divertir bébé est stupéfiante, et ses effets sont onéreux. Autrefois, ces activités se limitaient à une balade en poussette jusqu'à la boutique du coin quand vous n'aviez plus de clopes. Aujourd'hui, il existe un éventail de possibilités qui donne le vertige : vous pouvez opter pour le yoga pour bébé, la langue des signes pour bébé, l'éveil des sens pour bébé, la natation pour bébé... et probablement aussi la communion avec les arbres pour bébé et la pêche en haute mer pour bébé, etc.

Voici quelques-unes de celles que j'ai essayées au cours de ces dernières années :

La langue des signes pour bébé

Ça avait l'air d'une bonne idée. Une fois, j'avais vu dans un film un bébé qui, avant de savoir parler, disait en langue des signes qu'il avait faim ou qu'il était fatigué. En fait, maintenant que j'y repense, ce n'était peut-être pas un bébé (ça avait plus de poils que ça), mais plutôt un gorille, un chimpanzé ou quelque chose dans le genre. Bref, ça revient au même. Quand les bébés en sont au stade préverbal de leur développement, vous pouvez leur enseigner quelques rudiments de la langue des signes pour qu'ils puissent dire s'ils ont froid, ou faim, ou s'ils sont fatigués. Alors, tous les jeudis après-midi pendant cinq semaines, je suis allé poser le cul dans une église humide avec sept femmes qui voulaient toutes apprendre à signer « popo ».

C'est ce qui a fait capoter l'histoire. Il fallait que j'apprenne les signes avant de les enseigner à Charlie. Malheureusement, je suis un crétin, j'ai la mémoire d'une poutre en bois, et si le cerveau de Charlie est une éponge, le mien ressemble plutôt à une bouse de dinosaure fossilisée, pas plus capable d'enregistrer une information qu'une borne kilométrique. Si vous ajoutez la coordination nécessaire entre la main et l'œil, c'est un désastre. À l'époque où je tentais d'inculquer à Charlie les signes que j'avais appris, je n'étais pas encore au point.

Quand j'ai pensé lui enseigner le signe pour « lait » :

En fait, je lui enseignais celui qui veut dire « bowling » :

Et quand j'étais sûr de lui enseigner « faim » :

C'était le signe légèrement moins utile qui signifie « tracteur » :

Alors, au bout de cinq semaines, nous avons arrêté d'y aller.

... Pour la simple raison que, après plus d'un mois, Charlie n'avait toujours rien appris, même si ce n'était pas de sa faute. Et si jamais il avait dû compter sur sa connaissance de la langue des signes pour survivre, il serait mort de faim et de déshydratation. En réclamant sans cesse d'aller faire un bowling avec un tracteur.

La rave pour bébés

Tout est dans le titre. C'est exactement comme une rave pour adultes, à part que le public fait un mètre vingt de moins que d'habitude et qu'il est plus susceptible de chier que de faire chier quand une bulle éclate.

En fait, par bien des aspects, une rave pour bébés, c'est bien mieux qu'une rave pour adultes. D'accord, point de vue musique, c'est la même daube, mais personne n'essaie de vous vendre de la kétamine, vous n'avez pas besoin de rallier un point de rendez-vous sur une route à deux voies près de Leeds pour savoir où elle aura lieu, et vous ne vous retrouvez pas devant un crétin en gants blancs avec un bâton lumineux et un sifflet qui fait des moulinets avec les bras et vous met le coude dans l'œil toutes les deux minutes dès que le DJ passe un disque de Scooter.

Le vrai plus, c'est que les raves pour bébés ont tendance à avoir lieu le matin. À midi, tout est plié, et vous pouvez rentrer chez vous boire une bonne tasse de thé.

De la balle !

Je recommande vraiment ça. D'après ce que j'en ai vu, les enfants plus âgés adorent aussi les lumières qui clignotent, la fumée et les grosses basses, et les plus jeunes adorent voir que les plus âgés adorent ça.

Les parents sont également intéressants à observer dans cet environnement : de la maman qui se balance maladroitement d'une jambe sur l'autre avec un bébé dans les bras jusqu'au père qui connaît par cœur la chorégraphie de « Big Fish Little Fish Cardboard Box », tout cela vous remémore que votre coolitude a été engloutie par la parentalité. Mais c'est aussi l'écho d'un passé où vous étiez libre et un rappel de ce que vous regrettez de vos virées d'antan : absolument rien.

L'éveil aux sens pour bébé

Ces cours ont pour objet d'éveiller les cinq sens de votre bébé : la vue, l'odorat, le toucher, l'ouïe et la morsure. On y bombarde les bébés de sons et de lumières. Un peu boîte de nuit, un peu théâtre de marionnettes, un peu de chansons en chœur, un peu de langue des signes, du tambourin, des maracas, des bulles, des ballons, des animaux gonflables... et une chanson qui dit bonjour au maïs. Si votre bébé s'ennuie facilement, c'est génial. Pendant une heure, il va subir un bombardement stupéfiant de stimulations sensorielles.

Celui où nous allons est fantastique, mais il fait tourner la tête. Chaque cours est tellement submergé de paillettes et d'étincelles et d'éclairages disco qu'on a l'impression de s'être égaré dans le cerveau de Louis Spence au moment où il prépare la cérémonie d'ouverture des Jeux olympiques gays.

La femme qui anime notre cours répond au nom de « Claire la fofolle ». Ce qui lui va bien. Je suis plutôt sûr qu'elle n'est pas folle à proprement parler (bon, pour ce que j'en sais, elle fabrique peut-être des abat-jour en peau humaine, mais, soyons franc, ça n'a pas l'air d'être son genre). En revanche, elle est l'une des personnes les plus enthousiastes que je connaisse, et son enthousiasme est contagieux.

Lors du premier cours auquel j'ai assisté, je tapais discrètement sur un tambourin, pas très à l'aise. Je ne savais pas trop ce qui se passait, et tout le monde reprenait en chœur des chansons sur le soleil et l'amitié. Charlie n'avait pas l'air très rassuré non plus. Mais, lors du troisième cours, l'enthousiasme de Claire la fofolle nous a emportés et je me suis retrouvé en train de ramer dans un bateau invisible, entouré de bulles et de ballons, à chanter quelque chose à propos de pirates en tapant sur le dos d'une bassine en plastique comme dans *Stomp*. Je ne sais toujours pas pourquoi et c'est sans importance. La question n'est pas là. C'est marrant, c'est tout.

Je recommande absolument l'éveil des sens à ceux qui veulent distraire leur bébé. Il est vrai qu'au début on a l'impression d'être tombé sur une séance de thérapie de groupe après avoir mangé des champignons cueillis à la main, mais il y a de la méthode dans cette folie. En fait, la méthode, c'est la folie. Ce qu'il y a de mieux avec l'éveil des sens, c'est son imprédictibilité intrinsèque. Pendant une heure, l'environnement change en permanence. C'est toujours intéressant. Pour les bébés, c'est comme si on ne gardait que les bons côtés de la télé, les couleurs, les lumières et les sons attirants, sans les réduire en deux dimensions et les mettre dans une petite boîte. Charlie est enchanté parce qu'il n'a pas le temps de ne pas l'être. Il n'a pas le temps de se lasser d'une activité qu'on est déjà passé à la suivante. Et pour une créature qui a les capacités de concentration d'un cabillaud, c'est idéal.

Les jeux salissants

La première règle des jeux salissants, c'est : on ne parle pas des jeux salissants.

La deuxième règle, c'est... Mais qu'est-ce que je dis ? Il n'y a aucune règle.

C'est fou.

Bon, avec les enfants, le concept de « jeu non salissant » n'existe pas. D'après ce que j'ai vu, ce n'est pas une question d'âge : tous les pré-adultes sont capables de transformer une pièce parfaitement bien rangée en scène de chaos en quelques secondes à peine. (Je me rappelle avoir été le baby-sitter de mon neveu une fois. Je suis sorti de la pièce pendant une minute et, en revenant, j'ai vu qu'il avait mis du crayon gras sur la télé, les murs et la moquette. Quand je lui ai demandé ce qu'il avait fait, il a brandi un bout de papier avec un gribouillis dément dessiné dessus et m'a dit : « C'est un chat. »)

Tous les jeux sont salissants, mais si vous introduisez de la peinture, de la mousse, de la colle ou des paillettes et que vous supprimez toutes les règles ? Vous aurez l'Apocalypse.

Je ne sais pas si tous les ateliers de travaux manuels sont comme celui que nous fréquentons, mais le nôtre n'obéit à absolument aucune règle. Il y a simplement de la peinture, de la mousse à raser, de la farine, de l'eau et Dieu sait quoi de plus, tout cela sur une énorme bâche. Quand vous arrivez, vous déshabillez votre bébé jusqu'à ce qu'il ne porte plus que sa couche et vous le glissez dans la mêlée comme s'il devait gagner un walkman dans l'émission de Pat Sharp. (Si vous êtes né après 1985, demandez à vos parents.) Contrairement aux autres activités que nous pratiquons, les jeux salissants ne sont pas vraiment structurés, et ce qui s'approchait le plus d'un planning était la proposition d'un « exercice » de peinture différent chaque semaine.

Il y a eu :

« Peindre une image » : ce qui consistait à manger de la peinture, assis dans de la peinture.

« Peinture à la main » : c'est-à-dire manger de la peinture, assis dans de la peinture.

Et « Peinture à la patate » : en l'espèce, manger de la peinture, assis dans de la peinture, avec une patate à portée de la main.

Les bébés de six mois... ne sont pas de très grands peintres.

La partie la plus éprouvante avec les jeux salissants, c'est évidemment le nettoyage. Dieu merci, vous n'avez pas à nettoyer les lieux, parce que c'est bien pour ça que vous avez payé trois livres, mais c'est le cœur lourd que vous terminez chaque séance avec la prise de conscience douloureuse que vous êtes responsable de votre progéniture. (Il est en effet tentant de se contenter d'attraper le plus propre et de l'élever comme si c'était le vôtre.) Et avant même d'envisager de laver votre bébé, vous devez le décoller des autres, détacher votre enfant de la masse informe de bébés qui se trouve à présent au milieu de la pièce, car, pendant la séance, ils se sont agglutinés comme des caramels oubliés dans une voiture au soleil. Une fois séparés, il est difficile de décrire les effets de la séance sur votre bébé. D'estimer si c'est grave. C'est un peu comme si vous l'aviez tartiné de colle et roulé dans une décharge.

Pour Charlie, c'est le paradis. Il adore patauger dans la peinture, ainsi que cette fenêtre temporelle où il a le droit de se salir. Un moment où personne ne vient l'essuyer à tout bout de champ, ce qu'il déteste par-dessus tout.

Il est triste que nous autres adultes ayons pratiquement oublié la joie simple et l'abandon de ce joyeux bazar (la chose la plus ressemblante que j'ai vécue en tant qu'adulte m'est arrivée le jour où j'ai partagé une table dans un kebab pendant un enterrement de vie de jeune fille à Newcastle). Mais voir son enfant s'amuser à se salir le plus possible, c'est rigolo, et en outre, à moins que vous ne veniez en combinaison étanche et en tongs, vous allez vous salir aussi. Aucun moyen de l'éviter.

Un conseil, cependant : si les grands-parents du bébé le prennent le lendemain de l'atelier, glissez-leur qu'il a peut-être ingéré une bonne quantité de peinture et de paillettes. Sinon, ils vont passer deux heures au téléphone avec les urgences, totalement paniqués, à demander pourquoi leur petit-fils chie des arcs-en-ciel.

Le yoga pour bébé

Je l'admets... J'y suis allé par hasard. Je me suis trompé de jour pour la langue des signes et je me suis présenté au centre communautaire le mercredi matin au lieu du jeudi.

Mais plutôt que m'excuser, faire demi-tour et aller manger un sandwich au bacon (ce qui aurait été plus intelligent), j'ai fait semblant d'être venu exprès, j'ai payé mes 2,50 £ et j'ai entrepris mon unique incursion dans le monde du yoga. C'était terrible. Et pas seulement parce que Charlie a dormi tout du long.

C'est la seule fois où je me suis senti mal à l'aise d'être l'unique participant de sexe masculin dans un cours. Mais je crois que c'était pour une bonne raison. Il y a quelque chose de déstabilisant à se retrouver au milieu de quatorze mamans couvertes de lycra (chacune avec son bébé bien éveillé, sa balle de yoga et son tapis) quand vous êtes le seul homme, que votre bébé dort profondément et que vous êtes vêtu d'un jean et d'un cardigan... en train d'essayer de façon fort peu convaincante de raffermir votre plancher pelvien après l'accouchement.

Nous n'y sommes pas retournés. Je pense qu'elles sont aussi soulagées que moi.

La natation pour bébé

Personnellement, je ne me souviens pas d'avoir appris à nager. J'ai toujours su. On a dû me montrer comment faire, mais je ne me le rappelle pas. En fait, mes souvenirs inoubliables de baignade quand j'étais petit sont souvent pollués par celui d'une compétition au cours d'un gala, quand j'avais environ neuf ans. Je devais faire une course avec six autres gamins, tandis que le grand-père de Richard Ogden nous encourageait en courant au bord du bassin en maillot de bain. Je m'en souviens très précisément parce que, à l'évidence, ce brave homme n'avait pas du tout conscience du fait qu'un de ses testicules dépassait de son Speedos. (J'imagine que, à la faveur de l'enthousiasme dont il faisait preuve, une de ses couilles avait réussi à fausser compagnie à l'autre.)

Inutile de dire que je n'ai pas gagné cette course. En fait, je crois que je suis arrivé dernier. J'étais plutôt bon nageur, mais je n'arrivais pas à me concentrer sur la ligne d'arrivée en voyant ce truc brinquebaler au bord du bassin avec des airs de pomme de terre au four.

Malgré tout, les jours et les semaines à la piscine municipale pendant les vacances d'été demeurent des souvenirs que je me remémore avec une grande nostalgie : les bombes, les concours d'apnée, les courses « sans courir », les batailles autour des bouées, Colin, le pervers local et sa propension à s'asseoir sous l'eau dans l'extrémité peu profonde du bassin avec son masque de plongée.

Jusqu'aux souvenirs des rituels post-piscine, les chips et le soda du distributeur automatique, qui évoquent un temps où tout était plus simple, un temps où je m'asseyais à la cafétéria avec Paul Johnson pour discuter de ce que « pelotage intense » voulait précisément dire, avant de rentrer chez moi en ressentant les effets des 90 % de chlore dans lesquels nous venions de nous baigner (comme si nous étions victimes d'une épidémie de conjonctivite ou revenions d'une manifestation au G20 et que les flics nous avaient bombardés de bombes lacrymo).

On ne se connaissait pas à l'époque, mais, en fait, Lyns et moi vivions à deux cents mètres l'un de l'autre. Je pense que si nous ne nous sommes jamais parlé, c'est parce que les garçons puent et que les filles sont folles. Mais nous avons tous deux de bons souvenirs de la piscine et nous aimons penser que, même si nous ne nous le rappelons pas, nous nous battions sur des bouées et faisions des bombes tout près l'un de l'autre.

C'est en partie cette nostalgie qui nous a poussés à inscrire Charlie au cours de natation. Ça serait bien qu'un jour il profite autant que nous des amitiés d'enfance et des joies de la baignade pendant les longues vacances d'été (à part Colin et la pomme de terre au four).

En plus, il nous a semblé relever du simple bon sens qu'il puisse être en sécurité près de l'eau. (Et si nous arrivions à le faire nager sous l'eau et à reproduire la pochette de l'album *Nevermind*, ce serait encore mieux. J'ai rencontré des tonnes de personnes qui se sont intéressées à la natation pour les bébés grâce à cette pochette. Ce qui paraît un étrange héritage pour une âme torturée comme celle de Kurt Cobain. Peut-être que, s'il avait su qu'il apporterait une telle contribution à la sécurité des enfants en bas âge dans l'eau, il aurait été moins morose.) Alors, dès que Charlie a eu l'âge requis, nous l'avons inscrit au cours de natation.

En tout état de cause, le terme « natation » ne reflète pas très bien la nature de cette activité pour bébé, laquelle consiste plutôt à éviter la noyade.

La plupart des animaux – chats, chiens, singes et même les cochons – naissent en sachant nager, mais pas les humains. Avant notre premier cours, je croyais comme beaucoup que les bébés savent naturellement nager. J'avais tort. Leçon numéro un : les bébés coulent.

Néanmoins, ils ont quelque chose qui s'appelle la réaction brachycardique, ce qui veut simplement dire qu'ils bloquent leur respiration quand ils sont sous l'eau. Ce qui est pratique, parce que, pour commencer, manipuler votre bébé dans l'eau peut se révéler épineux. Le nombre de fois où vous ressentez le besoin de vous faufiler jusqu'à l'un des participants qui tient malencontreusement son bébé sous la surface. (C'est étrange de taper sur l'épaule de quelqu'un pour lui dire : « Euh, excusez-moi de vous déranger, mais votre bébé est en train de se noyer. »)

À cet âge-là, les bébés (ou au moins ceux du cours « nouveau-nés ») ne savent pas nager. On ne voit jamais des bébés de six mois faire des longueurs et des demi-tours plongés en passant du crawl au papillon.

En fait, les « leçons de natation » consistent essentiellement à faire des exercices où l'on chante et s'éclabousse en se tenant au bord du bassin, et d'autres petites routines simples conçues pour habituer votre bébé à être dans l'eau sans avoir peur.

Certains exercices sont plus étranges. Comme celui où vous placez votre petit dans une bouée et le propulsez loin du bord. Ça donne l'impression de procéder à une cérémonie funéraire viking. (La première fois que j'ai fait ça, je m'attendais presque à voir une flèche enflammée passer au-dessus de mon épaule et mettre le feu à Charlie.)

Mais à part les exercices qui lui apprennent les règles de sécurité et ceux qui évoquent le départ de votre enfant sur le chemin noble et ardent du Valhalla, le plus difficile, c'est la « nage sous l'eau ».

Une fois encore, ce n'est pas vraiment de la nage. Il s'agit plutôt de plonger que de nager. La première fois que vous lui faites pratiquer la « nage sous l'eau », ça consiste à le plonger dedans et à le ressortir, comme un biscuit dans une tasse de thé, puis à recommencer. Si vous vous dites que cela risque de faire flipper le bébé… vous avez raison, et quand ils resurgissent en toussant et en crachant, ils vous adressent un regard perplexe qui signifie : « Qu'est-ce que tu fais, crétin ? ! »

C'est dur, cette première fois. Ce regard paniqué, troublé. Mais il est stupéfiant de voir à quel point ils s'habituent vite à l'idée d'être plongés sous l'eau, et ça les amuse très rapidement. Au début, c'est difficile de ne pas avoir le sentiment de faire quelque chose qui s'oppose à tous vos instincts, et les premières fois, ces instants qu'ils passent sous l'eau ne durent que quelques secondes, mais ils semblent durer des siècles.

En revanche, aujourd'hui, Charlie aime nager plus que tout. Et au bout de quelques mois de ces cours, il n'a plus peur de l'eau et il commence même à se propulser tout seul à travers la piscine comme une torpille incroyablement lente et imprévisible. Bizarrement, l'une des choses qu'il préfère, c'est boire l'eau du bassin. À la maison, nous n'arrivons pas à le faire boire plus de deux petites gorgées à son gobelet (il se contente de bavouiller comme s'il venait de se faire anesthésier par un dentiste), mais plongez-le dans une piscine remplie à cinquante pour cent de pipi de bébé et à cinquante pour cent de produits chimiques, et il descendra ça comme du Fanta. Cela dit, ce qu'il apprécie vraiment, ce sont les autres enfants, la façon qu'ils ont de s'éclabousser et leurs cris qui résonnent dans l'enceinte. Tant que ça lui plaira, nous nous accommoderons de l'eau à la température trop chaude pour être honnête et nous continuerons à le plonger dedans.

L'Association historique de Penistone et de la région

Bon, d'accord, je me suis encore trompé de jour. Mais les membres de l'association historique étaient charmants, nous avons pris du sirop d'orange et des petits gâteaux, j'ai découvert pourquoi le train ne relie plus Penistone à Broadbottom ou Gorton et j'ai également gagné un déodorant à l'occasion de leur tombola hebdomadaire.

*

Alors, pour ceux qui suivent : l'éveil des sens, la natation, la rave, les jeux salissants et les réunions mensuelles de l'Association historique de Penistone et de sa région sont d'excellents moyens de divertir votre bébé hors de chez vous.

La langue des signes, ça va (si vous avez la patience et le cerveau nécessaires), et le yoga pour bébé, c'est merdique.

Mais rien n'arrive à la cheville de « Il est là ? Il est partiii ! ».

Le rideau

Amuser un bébé, c'est du boulot. Et tout ça pour quoi ? On nous dit que c'est important pour le développement cognitif et le processus de création de liens interfamiliaux, ou quelque chose dans ce goût-là. Or, la gratification ne vient pas de l'accomplissement éducatif ou du développement de bébé, mais de ses sourires et ses rires. Et si vous trouvez que je commence à parler comme Oprah, vous êtes un connard cynique. Des études montrent que, lorsque les parents voient leur bébé sourire ou qu'ils l'entendent glousser, des zones s'activent dans leur cerveau, telles que le striatum ou l'aire tegmentale ventrale (et d'autres parties complexes du cerveau, avec des noms qui ressemblent aux formules des sorts que jette Harry Potter), et apparemment ces mêmes zones aux noms bizarres s'illuminent comme un tableau de flipper quand vous êtes content.

Je pense que, pour les parents, c'est mieux d'être heureux, et d'activer l'aire tegmentale ventrale autant que possible. Pour l'instant, le fait de disparaître en me cachant derrière mes mains fait de moi un grand magicien. Mais, sous peu, Charlie va s'apercevoir que je ne disparais pas du tout, et que j'étais là tout du long. Tout comme il se rendra compte que je n'ai pas le pouvoir de faire apparaître une pièce derrière son oreille et que je ne lui ai pas volé son nez, mais que j'ai simplement glissé mon pouce sous mon index.

Alors, on se met à quatre pattes, on fait des grimaces tant qu'on peut et on joue à « Il est là » comme des bêtes. Et on se vautre dans le bonheur de voir notre bout de chou sourire. Parce qu'un jour le charme va se rompre, le rideau va tomber, et notre carrière de meilleur *showman* du monde aux yeux de notre enfant sera terminée. Pour toujours.

9
Les étapes clés

C'est incroyable de constater à quel point les étapes clés pour un bébé reflètent celles de l'évolution humaine. Tout comme dans notre préhistoire, quand nos ancêtres ont pris forme dans la soupe originelle, qu'ils sont sortis de l'eau pour la première fois en rampant, qu'ils ont appris à communiquer sommairement en grognant avant d'être capables de marcher debout, les bébés laissent derrière eux l'alchimie de l'utérus pour suivre les mêmes étapes évolutionnaires : la capacité de ramper, marcher et parler, tout cela au cours des premiers mois de leur vie.

... En fait, maintenant que j'y pense, quand je vois la similitude entre les étapes de l'évolution d'un bébé et de celle de l'être humain, j'espère vraiment qu'elles vont arrêter de se ressembler à ce point. Parce que, chez l'homme, les étapes suivantes, c'était découvrir le feu, apprendre à se servir d'un javelot et aller niquer la tribu la plus proche pour lui piquer ses femmes et son bétail.

Les étapes clés

Cher Charlie,

Il me vient à l'esprit qu'un jour, quand tu seras grand, tu liras peut-être ce livre. (Tu le dénicheras peut-être dans une vieille librairie ou, si personne ne l'achète, tu tomberas peut-être sur l'un des vingt mille exemplaires stockés dans le garage.)

C'est en ayant cela en tête que j'ai voulu, dans cet avant-dernier chapitre, saisir l'opportunité de t'en dire un peu plus sur comment tu étais au cours de tes 365 premiers jours en orbite autour du Soleil, de te décrire comment tu as franchi ces étapes importantes, ces marqueurs qui caractérisent la première année de notre vie. Comment tu as prononcé ton premier mot, fait ton premier pas, des choses comme ça.

Tiens-toi droit sur ta chaise !

Étape clé n° 1 : comment tu as reçu ton nom

Lorsque ta maman était enceinte, nous sommes allés à l'hôpital pour l'échographie du sixième mois, celle où l'infirmière peut voir si tu attends une fille ou un garçon. Nous ne voulions pas savoir. Nous voulions que tu sois une surprise. Quand tu es adulte, tu es rarement surpris et, lorsque c'est le cas, les surprises ont tendance à être merdiques : c'est plutôt une amende pour excès de vitesse, ou une convocation pour être juré dans un procès, ou encore une grosseur inquiétante qui apparaît sur ton corps. Rien à voir avec ce qui se passe quand on est enfant, lorsque toutes les surprises sont bonnes, et c'est pourquoi nous nous sommes réservé celle-là. Et pour être franc, à l'époque, on se moquait que tu sois une fille ou un garçon.

Je sais que tout le monde dit cela, mais on s'en moquait vraiment. Au cours d'une précédente échographie, la même infirmière m'avait demandé si je préférais une fille ou un garçon, et je lui avais servi la réponse habituelle : « Je m'en moque, l'important, c'est qu'il soit en bonne santé. » Et c'est vraiment ce que je pensais. Mais cette infirmière était particulièrement obstinée. Elle a insisté : « C'est ce que tout le monde répond, mais si j'avais une baguette magique, qu'est-ce que vous me demanderiez ? » Après un instant de réflexion, je lui ai dit : « J'opterais probablement pour quelque chose avec l'intellect du professeur X, mais avec les capacités de régénérescence post-traumatiques de Wolverine. » Elle m'a regardé comme si j'étais fou. Mais, après tout, c'était elle qui avait parlé de baguette magique...

Quoi qu'il en soit, l'infirmière n'a pas laissé filtrer l'ombre d'une queue de cerise sur ton sexe, et tu es demeuré ni fille ni garçon jusqu'au jour de ton arrivée.

Comme nous avions choisi de ne pas savoir, notre première étape clé a été de te donner un nom. Décider d'un prénom avant ton arrivée était bizarre – on ne voulait pas convenir d'un « Barry » ou d'un « Troy » pour découvrir ensuite qu'on avait une petite princesse entre les mains. De même, on ne voulait pas avoir un coup de cœur pour « Pénélope » et nous retrouver avec un petit garçon (lequel, s'il tenait de son grand-père maternel, ferait un jour 1,95 m, aurait des mains comme des battoirs et une morphologie qui évoque celle d'une tour de guet).

Je ne pense pas que nous soyons les seuls à avoir ce problème. Je crois que, pour de nombreux parents, trouver un prénom pour leur enfant est très difficile. Même si les futurs parents décident de connaître le sexe de leur bébé (ou s'ils sont suffisamment organisés pour prévoir des prénoms pour l'un et l'autre cas de figure), il n'est pas forcément simple de trouver un nom qui convienne à la maman et au papa. Ce qui est étrange avec les prénoms, c'est que nous leur associons des choses aussi bien positives que négatives, et nous faisons ça tout le temps. Par exemple, si la petite brute dans votre école s'appelait Glen, il est peu probable que vous souhaitiez donner ce prénom à votre premier-né. Et si la fille qui, la première, vous a brisé le cœur, s'appelait Sally, vous n'aurez pas envie que ça vous revienne à l'esprit chaque fois que vous prononcerez le nom de votre enfant. Le problème, c'est que, pour votre conjoint, la brute s'appelait « Frank » et le don Juan « Terry », alors vous vous retrouvez vite à cours de noms qui fassent consensus.

En raison de ces associations aléatoires que nous établissons avec les noms, ta maman et moi avons commencé à avoir des conversations de ce genre :

– Qu'est-ce que tu penses de Mark ?

– Non, ça fait dentiste.

– Et Jason ?

– Non, ça fait poivrot.

– Et Sarah ?

– Non, ça évoque le genre de fille qui demande à ses copains de vous dire qu'ils vous aiment bien, simplement pour que, lorsque vous leur demanderez s'ils veulent venir faire du patin à roulettes avec vous, ils puissent vous humilier en répondant non devant tous ceux qui font la queue à la cantine. Puis, pour ajouter l'insulte à la blessure, elle répand des rumeurs à votre propos en prétendant que vous vous êtes fait dessus pendant le cours d'EPS (ce qui n'est pas vrai, vous vous étiez juste assise sur du chocolat chaud). Et pour finir, c'est vous qui avez des ennuis parce que vous avez gravé sur une table : « Crève, Sarah, crève ! »

Tu vois, quoi, ce genre de conversations.

Alors, lorsqu'il a fallu te trouver un nom, on a un peu coincé. Te donner un nom nous semblait presque comme te donner une position, comme si nous plantions un drapeau par terre qui proclamait : « Voici une nouvelle personne, elle fait partie de notre communauté d'êtres humains, et avec ce nom, vous pouvez considérer qu'elle en sera digne. » Alors, il semblait important de ne pas se tromper.

Étrangement, quand tu es arrivé et que nous avons su que tu étais un petit garçon, nous nous sommes assez vite mis d'accord sur Charlie. (Après la naissance, il faut se décider, parce que sinon vous appelez tout le temps le bébé « le bébé ».)

Rétrospectivement, il semble que nous avons tourné autour de ce nom avant même ta naissance. Ton arrière-grand-père, qui s'appelait Charlie, était un homme bon. On pouvait compter sur lui, il travaillait dur, et il était aussi joyeusement irlandais qu'on peut l'être sans devenir un Leprechaun. L'idée de perpétuer cette tradition familiale semblait bonne.

Ne te méprends pas, je connais des gens qui tiennent absolument à baptiser leurs enfants avec les prénoms traditionnels de leur famille, mais ce n'était pas notre cas. Nous n'en faisions pas un principe, c'est aussi parce que nous aimions ce nom. Si mon grand-père s'était appelé Jedediah Fuckfingers III, nous aurions probablement opté pour autre chose. Mais, en fin de compte, Charlie semblait le nom de quelqu'un de gentil, quelqu'un qui a de la chance et qui est un bon camarade.

Le plus étrange, c'est qu'après tous ces palabres et cette agonie à propos des prénoms, quand nous avons choisi le tien, nous n'avons pas du tout eu l'impression de t'avoir baptisé. C'était plutôt comme si tu t'étais toujours appelé ainsi et que, d'une manière ou d'une autre, nous avions fini par le découvrir.

Alors, j'espère que tu l'aimes bien.

Sinon, tant pis.

Mais garde à l'esprit que ç'aurait pu être pire. Tu aurais pu être le fils de quelqu'un de connu, qui t'aurait appelé Nord, ou Pomme, par exemple. (Bonne chance pour aller à l'école dans le Yorkshire quand tu portes le nom d'un fruit ou d'un point cardinal.) Et si tu penses que ça craint, eh bien la semaine de ta naissance, j'ai lu un article dans le journal à propos des prénoms bizarres que les parents donnent à leurs enfants. J'en ai noté quelques-uns, dont :

- **Ouistiti**
- **Ninja**
- **Vejonica**
- **Sex fruit**
- **Félonie**
- **Chairie**
- **Brxxccxxmnpcccclllmmnprxvclmnckssqlbb11116 (prononcez Albin)**

- Utéraz
- Vot Maj
- Kaho
- Bite d'Anne
- Mafia Crains pas
- Anus
- Robocop

Alors, quelle que soit la raison pour laquelle tu n'aimes pas Charlie, fais-toi une raison, tu aurais pu t'appeler Robocop Anus Coyne

Étape clé n° 2 : ton premier sourire

Alors, tu étais là, avec ton nom et tout. Et je pense que ton arrivée est plutôt bien relatée dans le chapitre I. (Il ne faut pas que ça te dégoûte d'avoir des enfants. Ça vaut tous les moments où « la nature, aux crocs ensanglantés, élève sa clameur * ». Et en outre, en matière d'accouchement, tu as gagné le gros lot : tu es un homme. Tout ce que tu es censé faire, c'est te munir de monnaie pour le parcmètre et afficher une expression qui suggère que tu contrôles les événements.)

Dès l'instant où tu es né, il était clair que ta maman t'a aimé immédiatement, inconditionnellement et sans réserve aucune. Mais toi et moi ? Les premiers jours, nous nous sommes regardés en chiens de faïence.

* Alfred Tennyson, *In Memoriam*, Canto 56, traduction Léon Morel, Hachette, 1898.

Ne me fais pas dire ce que je n'ai pas dit, moi aussi je t'aimais, mais tu étais assez ennuyeux. Rien de personnel, tous les nouveau-nés le sont. Après que la poussée d'adrénaline de l'accouchement et du retour à la maison s'estompe, ça ressemble un peu à trouver une méduse échouée sur une plage : une fois qu'on l'a regardée un peu et qu'on l'a titillée avec un bâton, on s'aperçoit qu'elle ne fait pas grand-chose.

Et comme tu ne faisais pas grand-chose, c'était très difficile pour moi de me rendre compte de qui tu étais.

Quand je me remémore cette époque, j'ai le sentiment que, la première fois que j'ai eu un aperçu de cela, c'était à l'occasion de cette étape clé : ton premier sourire.

Il n'y a pas vraiment matière à écrire là-dessus, si ce n'est pour préciser que la première fois que tu as souri, c'était un moment historique.

Une fois, j'avais travaillé sur un projet scolaire vraiment casse-couilles à propos d'un intellectuel de l'époque victorienne du nom de John Ruskin. La seule chose dont je me souviens, c'est une de ses citations à propos des pingouins : « On ne peut pas se mettre en colère lorsqu'on regarde un pingouin. »

Il aurait pu dire ça de ton sourire, et ça sonne peut-être cucul ou idiot, surtout si tu lis ça alors que tu es adolescent et que tu roules les yeux en t'adressant à la page : « Mon Dieu, papa, c'est embarrassant ! » Mais je m'en fous. Peut-être qu'un jour tu auras toi-même un enfant, ou peut-être en as-tu déjà un, ce qui t'aura permis de découvrir tout cela par toi-même : le sourire de ton bébé est un feu d'artifice. Quelque chose de si puissant que c'est presque une armure. Une défense pour une créature sans défense.

Tu as souri pour la première fois à l'âge de deux semaines environ. Les spécialistes des bébés et les pédiatres t'affirmeront tous que les nouveau-nés ne sourient pas, et certainement pas quand ils ont deux semaines. Ils persistent à dire que les bébés ne commencent à sourire qu'à deux mois environ et que, avant, il s'agit simplement d'un réflexe, d'un problème de digestion ou d'un signe indiquant qu'ils sont en train de péter. Mais, la première fois que tu as souri, j'ai su ce que tous les parents savent, et c'est qu'en la matière les experts ne racontent que des conneries.

Tu as vraiment souri. Et plutôt que d'accepter que c'était impossible, comme le recommandait la sagesse populaire, nous avons conclu que tous ceux qui prétendaient le contraire avaient tort et qu'ils essayaient de nous priver de quelque chose de magique, que ces gens-là étaient amers, tordus, qu'ils étaient des rabat-joie qui feraient passer Dark Maul pour Marie Ingalls.

Tu as souri.

C'était un dimanche soir, nous venions de te sortir du bain et nous étions en train de t'essuyer sur la table à langer. Ta maman chantait : « Saute, saute, a dit la petite grenouille verte. » C'est une chanson à propos d'une grenouille qui fait plein de clins d'œil. J'essayais de te distraire en mimant les paroles par-dessus l'épaule de ta maman (je faisais surtout des grimaces en essayant de ressembler à l'idée que je me faisais d'une grenouille, grimaces dont ta maman a cruellement souligné qu'elles ressemblaient à la tête d'Andrew Lloyd Webber en train d'avoir un orgasme).

Il est impossible de savoir pourquoi (et tu ne t'en souviendras jamais pour pouvoir nous le dire), mais cette combinaison de sons bizarres et de grimaces a provoqué une étincelle d'amusement dans ton minuscule cerveau. Tu t'es momentanément concentré sur nous deux et tu as souri : d'abord en courbant les lèvres, puis avec les yeux. Ta maman a pleuré de joie (elle faisait souvent ça à l'époque), et nous avons fêté l'événement. Nous en avions besoin : à ce moment-là, nous étions plus vannés que nous ne le serions jamais.

Ton premier sourire a donc été une étape clé pour nous tous. À un moment où nous nous battions avec l'entretien nécessaire à la bonne santé d'un bébé et les casse-couilleries énormes que cela entraîne, c'était comme un transfert d'énergie, un instant revigorant qui m'a fait me dire : « Tu sais quoi ? Ce bébé est un mec bien ! »

Étape clé n° 3 : ta première dent

Tu es né sans dents. Ce que je trouve très bien. Apparemment, ce n'est pas le cas de tous les bébés, et ça doit être assez bizarre. On a du mal à associer cet attribut à un nouveau-né, tout comme la barbe ou la pipe.

Je m'en inquiétais parce que j'avais lu quelque part que, en Grande-Bretagne, un bébé était né avec dix dents, prêt à mâcher. Et j'étais un peu perplexe à l'idée de te voir débarquer et nous regarder avec une rangée de ratiches digne de Simon Cowell. (Avant ta naissance, je me suis inquiété de beaucoup de choses bizarres, mais je pense que ta maman était encore plus contente que moi de te voir édenté. Je pense qu'aucune maman ne tiendrait particulièrement à donner le sein à un nouveau-né qui ressemblerait au protagoniste des *Dents de la mer*.)

Quoi qu'il en soit, chez la plupart des bébés, les dents poussent à environ quatre mois et ta première est arrivée à l'heure dite. C'était un soulagement, ne serait-ce que parce que cela nous prouvait qu'on avançait un peu à travers les épreuves de la poussée de dents.

Avant ta naissance, j'ai entendu des milliers de fois des parents expliquer que leurs enfants pleuraient, hurlaient et piquaient des crises parce qu'ils faisaient leurs dents. Dans ma crasse ignorance, je croyais que ce n'était qu'une excuse et que leur gamin était pénible.

D'autant que les bébés semblent toujours être en train de faire leurs dents. Quand mes amis ressortaient pour la vingtième fois que ce mois-ci bébé faisait ses dents, je me disais : « Mais combien va-t-il donc en avoir ? C'est un bébé, pas un requin. »

En réalité, ce n'est pas du tout une excuse. Faire ses dents, c'est brutal et ça peut durer une éternité. Des jours et des semaines de souffrance pour qu'une seule petite dent obstinée perce. Voir comment tu as souffert quand tu as eu ta première canine, ça m'a donné une leçon, et malgré mon ignorance et ma stupidité, je l'ai bien retenue.

Tous les signes indiquant que ta première dent était en route étaient là deux bonnes semaines avant son apparition. Tu bavais comme un saint-bernard devant un étal de boucher et tes petites joues étaient rouge brique, comme celles d'un gnome en colère. Et c'est exactement de ça que tu avais l'air, à part le chapeau pointu, la canne à pêche, le tabouret pour t'asseoir et le moindre soupçon de jovialité.

Quand cette première dent a commencé à pousser, tu étais malheureux. Tu n'avais envie que d'une seule chose, mâcher. Mettre mon doigt ou celui de ta maman dans ta bouche et le mordre d'une gencive rageuse. Jusqu'au jour douloureux où un petit éclat d'émail affilé comme un rasoir a percé et que ta maman s'est rendu compte, mais trop tard, qu'elle avait mis le doigt dans un taille-crayon humain.

Rapidement, nous avons compris que t'offrir un doudou pour faire tes dents était préférable à se faire amputer les doigts, ou à te laisser mordre les pieds de table ou les câbles d'alimentation électrique qui traînent. Alors, nous en avons acheté plein, de toutes sortes (de simples anneaux remplis de gel, qu'on pouvait mettre au congélateur, et d'autres en forme de girafe ou de trousseau de clés), et tu t'installais sur nos genoux pour mâchonner ces trucs comme un chiot enragé une vieille chaussure en cuir.

En général, les premières dents qui percent sont les deux incisives du bas. Les mignons petits Tic-Tac qu'on voit dans les sourires qui illuminent les magazines consacrés aux bébés. Mais toi, c'étaient les deux canines du haut. Des dents de vampire. Elles étaient pointues, et tu ressemblais au comte Orlok ou à l'un des Enfants perdus. Pendant un temps, il était difficile de dire si tu étais irrité parce que tes dents poussaient ou parce que tu n'aimais ni la lumière du jour ni l'ail, et que tu rêvais de boire le sang d'un innocent.

L'étape de la première dent n'était pas des plus agréables. C'était dur de te voir faire ta première dent, et les autres aussi, d'ailleurs. Tu ne peux pas t'en souvenir, mais si tu as eu mal aux dents depuis, tu sais que c'est une des pires tortures qu'on peut subir. Parfois, ça me brisait le cœur quand tu endurais ça, et la fièvre qui va avec, et que tu ne pouvais pas exprimer cette souffrance d'une façon qui nous permette de l'alléger.

La poussée de dents, c'est merdique, mais quand tu as fait ton premier sourire denté, c'était une étape clé en bonus. Un moment qui nous semblait indiquer un réel progrès, un aperçu du fait que nous étions face à une petite personne dont la personnalité se développait et qui grandissait rapidement. Et effectivement, tu avais l'air d'un hybride entre Nosferatu et Blade, mais, pendant trois mois, tu étais notre petit vampire et tu avais le look.

Alors, mon chéri, prends bien soin de tes dents. Évite les boissons sucrées et les gâteaux, et brosse-les-toi deux fois par jour. Parce que je ne sais pas pour celles que tu as maintenant, mais, les premières, elles t'ont coûté cher.

Étape clé n° 4 : marcher à quatre pattes

Apparemment, les bébés sont censés se mettre à marcher à quatre pattes vers le septième ou le huitième mois. Mais toi, tu as pris ton temps. Chaque semaine, quand nous allions pratiquer une de tes activités (comme l'éveil des sens, etc.), nous étions entourés de bébés qui avaient environ le même âge que toi et qui semblaient crapahuter plein pot sur leur nombril comme des jouets mécaniques : un tourbillon de petits soldats qui rampaient un peu partout comme des commandos. Toi, tu étais assis à les regarder, et de temps à autre, tu roulais sur le dos et tu fixais le plafond. Tu voyais tous ces enfants ramper autour de toi, mais tu n'avais pas envie de les imiter. Tu les contemplais comme s'ils étaient débiles, tandis qu'eux t'observaient comme si tu étais le « camé » de la classe.

Tu étais comme ton père : fainéant. Mais tu étais aussi très organisé. Si tu voulais une chose qui se trouvait non loin de toi, tu tirais sur le tapis sur lequel elle était posée comme si tu ramenais un poisson. Ou bien tu la fixais des yeux en babillant jusqu'à ce que quelqu'un te l'apporte. De bien des manières, tu agissais comme si ramper était en dessous de ta condition.

Pour finir, un jour, nous avons décidé d'arrêter de t'apporter des trucs. Et au bout de deux semaines, pendant lesquelles tu nous regardais comme si nous étions des esclaves insurgés, ça s'est mis à fonctionner.

Tu en as eu marre d'attendre que les choses apparaissent comme par magie entre tes mains et tu t'es mis à rouler vers elles. Puis, au bout d'un certain temps, tu t'es mis à te traîner et à te tortiller sur le ventre en coordonnant les mouvements de tes bras et de tes jambes pour te déplacer lentement mais sûrement – en marche arrière.

Tu as très vite maîtrisé ce mode de déplacement. Pendant des semaines, tu ne pouvais pas du tout aller vers l'avant, mais tu parvenais à te glisser sous le canapé en marche arrière avec une vitesse et une efficacité remarquables. Néanmoins, ce mode de déplacement n'était pas délibéré, et il générait quand même une forme de frustration. Tu voyais l'endroit où tu voulais aller, mais plus tu essayais frénétiquement d'y parvenir, plus ton cerveau faisait tout foirer en t'éloignant de ton objectif. (Ça doit être vraiment énervant ; je suis sûr qu'il y a une métaphore de la vie quelque part là-dessous.)

Cette frustration t'a servi de catalyseur, et tu t'es mis à ramper. Genre.

Au début, ça n'allait pas vite et ce n'était pas très joli à regarder. Mais si quelqu'un avait besoin d'un petit objet à moins d'un mètre de distance, et une heure à perdre... tu étais l'homme idéal.

Nous avons suivi ta progression sur le site du NHS, selon lequel nous devions être attentifs aux trois étapes de l'apprentissage de la reptation, mais, pour toi, il y en a eu six.

Étape 1. La Planche : En gros, on te couchait sur le ventre, et tu restais là sans bouger. (Ce n'est que parce que tu respirais qu'on voyait que tu étais toujours en vie.) Ton oncle Paul a suggéré qu'on essaie sur d'autres surfaces, alors on t'a posé dans le jardin plutôt que sur la moquette. Mais tu ne bougeais toujours pas. Tu restais allongé face contre terre, comme si tu venais de sauter d'un avion et que ton parachute ne s'était pas ouvert.

Étape 2 : La Période bidon : C'était la même chose que la Planche, avec un vague mouvement en plus. Tu gigotais un peu les jambes, mais, honnêtement, tu suçais la pelouse et guère plus.

Étape 3 : La Tortue inversée : À présent, quand nous te posions par terre, tu ne savais toujours pas ramper, mais tu soulevais la tête en moulinant des jambes et des bras, comme un jouet de bain euphorique qu'on aurait sorti de l'eau.

Étape 4 : La Bosse sur le tapis : Beaucoup de marche arrière, quelques tentatives de se déplacer vers l'avant, mais, globalement, tu faisais juste des bosses sur le tapis.

Étape 5 : La Reptation du zombie : Et soudain, tu t'es mis à ramper ! Tu n'étais pas encore prêt à gagner un concours de vitesse, et tu ressemblais un peu à ces zombies sans jambes dans *The Walking Dead* qui se traînent sur une voie ferrée. Mais tu avais parcouru un long chemin en très peu de temps, et nous étions on ne peut plus fiers de toi.

Au bout de quelques jours, cependant, tu avais vraiment pris le coup et on s'est alors demandé pour quelle putain de raison on tenait tant à ce que tu puisses ramper…

Étape 6 : L'Horreur : Nous avions beau être enchantés, une fois que tu t'es mis à crapahuter, c'est devenu terrifiant. Tu étais comme un de ces éreinteurs de visage qui se glissent partout dans *Alien*. Si on tournait le dos une seconde, tu disparaissais, et bizarrement tu te dirigeais systématiquement vers l'objet le plus dangereux dans la pièce.

Jusqu'à cette étape-là, je ne m'étais jamais rendu compte à quel point notre maison était un piège mortel, tandis que, doté de ce nouveau talent, tu te prenais pour un explorateur, curieux et invincible : « Oh, ce meuble a un angle bien pointu, je pense que je vais aller m'empaler l'œil dessus » ; « Oh, une prise électrique, pourquoi ne pas me lécher les doigts et les enfoncer dedans comme si c'était une putain de boule de bowling ? » C'était (c'est toujours) un cauchemar. Tu ne restes jamais au même endroit pendant plus de quelques secondes – quand tu ne tripotes pas les prises, tu vides les tiroirs et les étagères, ou tu bourres le lecteur de la Playstation avec les céréales de ton petit déjeuner.

(Je vais arrêter d'écrire pendant quelques instants, parce que, il y a deux minutes, tu jouais à mes pieds, et maintenant tu viens de disparaître dans la cuisine, sans aucun doute pour t'amuser avec la porte du four ou pour lécher la poubelle... Des choses que tu fais.)

Étape clé n° 5 : tes premiers mots

Quand tu t'es mis à babiller et à faire des petits bruits avec ta bouche, le plus difficile a été d'accepter la règle édictée par ta maman, selon laquelle les jurons étaient désormais interdits. C'était sensé. Nous ne voulions pas qu'un jour tu débarques à la maternelle avec le vocabulaire d'un maçon en colère.

– Bonjour Charlie, comment vas-tu, aujourd'hui ?

– Au top, putain !

Alors, il valait effectivement mieux s'attaquer au problème dès le début, avant que tu ne te mettes à parler. Le problème, c'est qu'en général je jure beaucoup, alors, pour moi, c'était très difficile. J'espère que, le jour où tu liras ceci, j'aurais élargi mon vocabulaire et que je serais parvenu à brider ma grande gueule. Mais pour l'instant, au cours de ta première année, j'ai plutôt tendance à jurer comme un Gordon Ramsay qui se serait coincé la bite dans une portière.

C'est à l'initiative de ta maman que nous avons instauré le pot à jurons. Et ce n'est qu'en l'utilisant que je me suis rendu compte que je parlais en permanence comme un charretier. À coup de 50 pennies par juron, je me suis vite retrouvé fauché. Alors, pour m'éviter la banqueroute, j'ai négocié avec ta maman un barème d'amendes progressif :

Quelques mois après, je continue de m'en servir et cela se révèle très positif. Comprends-moi bien, je jure toujours autant, mais à ce rythme, quand tu liras ceci, il y aura suffisamment d'argent dans ce pot pour t'acheter ta première maison.

Quand tu t'es mis à parler, nous avons été soulagés de constater que tes premières paroles étaient tout à fait convenables.

C'était le 24 juin, la semaine de la fête des Pères, et tu as dit « papa ».

Bon, d'accord, techniquement, ce n'était pas exactement ton premier mot : pendant des mois, tu avais prononcé des mots comme « Lèèèèèèè », « Fésssou », « Oddjob », « Barry », et quelque chose qui ressemblait à « Harigooo Mungooo ! ».

... Et auparavant, pendant des semaines, tu appelais ta maman « Bob ».

Mais, le 24 juin, quand tu as dit « papa », tu n'avais encore jamais dit « maman », et ça a été toute une affaire à la maison.

Je ne vais pas te mentir, la bataille pour faire en sorte que tu dises « maman » ou « papa » en premier a été rude et ponctuée de coups bas. C'était une guerre froide. Ta maman a essayé de te pousser à m'appeler « Matt », plutôt que « papa », et elle te répétait en boucle « maman maman maman » chaque fois qu'elle en avait l'occasion. Quant à moi, pour ma campagne, je répétais « papa » encore et encore, mais j'ai également tiré avantage du fait que certains de tes jouets disposaient d'une fonction permettant d'enregistrer la voix. Je les ai tous passés en revue, en les remplissant de « papa papa papa » dans l'espoir de les imprimer dans ton cerveau. En gros, nous avons tous deux employé les meilleures techniques nord-coréennes de lavage de cerveau pour t'amener à dire « maman » ou « papa » en premier.

Et j'ai gagné.

Pour être honnête, les bébés disent souvent « papa » d'abord. Apparemment, ils ont moins de mal à le prononcer. Sachant cela, et comprenant que, pour ta maman, la défaite serait amère, j'ai essayé de me montrer sensible à ce qu'elle éprouvait. Il est toujours plus élégant d'accepter la victoire avec grâce et humilité.

J'ai donc restreint ma célébration de ladite victoire à quelques tours d'honneur autour de la maison, en toute dignité, au cours desquels je te portais sur mes épaules en chantant : « We Are the Champions ». Puis j'ai passé une bonne heure à pointer ta maman du doigt en chantonnant : « Qui es-tu ? Qui es-tu ? » tandis qu'elle trempait des biscuits dans son thé.

J'ai aussi fait un petit dessin pour l'égayer.

Étape clé n° 6 : tes premiers pas

Bon, ça, c'est bizarre.

Crois-le ou non, mais j'ai fait un plan pour rédiger ce livre. Et là, je suis en train de le regarder. Le plan couvre la première année, et tu étais censé commencer à marcher au moment où j'aborderais le chapitre décrivant cette étape clé fondamentale et significative de la première année d'une vie : les premiers pas.

Le hic, c'est que, au moment où j'écris ces lignes, tu ne marches toujours pas. En fait, tu n'as pas fait un seul pas. Ni le premier ni les autres. Et demain, tu vas avoir un an.

Alors, merci beaucoup, Charlie ! Tu as foutu en l'air mon bouquin.

Ou peut-être pas.

Je viens de parler avec ma maman, ta mamie, et elle me dit qu'il avait toujours été peu probable que tu marches à un an. Apparemment, la plupart des enfants ne le font que plus tard. En fait, elle m'a également dit que je n'avais commencé à marcher qu'à dix-huit mois. « Tu étais vraiment une grosse feignasse » traduit bien ce qu'elle pense de mes lacunes ambulatoires.

Ne sois donc pas déçu de ne pas t'être baladé partout quand tu avais douze mois. Tous les témoignages s'accordent sur le fait que ton vieux était aussi content que toi de regarder le monde ou de lui courir après sur le ventre ou sur les fesses.

En outre, je vais m'avancer en disant que, au moment où tu lis ces lignes (à l'adolescence, ou plus tard, peu importe), ça fait un bout de temps que tu marches, et que tu es sans doute très doué pour l'exercice. Tu as probablement fait des millions de pas, à présent, certains meilleurs que d'autres, mais tu te moques un peu de savoir quand tu as fait le premier. Quand on sait où certains pas vous mènent dans une vie, il y a de fortes chances que le premier ne soit pas le plus important du lot. Alors, tu sais quoi ? Tu ne marches toujours pas ? On s'en tape !

~~Étape clé n° 6 : tes premiers pas~~
Étape clé n° 6 : se rendre compte que les étapes clés n'ont pas l'importance que nous leur accordons

Donc, tu ne marches pas. La belle affaire.

À peu près à ce moment-là, quelques semaines avant ton premier anniversaire, nous t'avons emmené à une matinée « fiction et poésie » dans notre librairie locale, où j'ai entendu une conversation entre deux mamans, dont chacune avait un bébé dans les bras. (Je faisais des recherches pour ce livre et je n'étais pas, comme ta maman l'a suggéré, « un sale fouineur ».)

En surface, c'était une conversation polie et amicale sur la façon dont leur enfant progressait. Mais, au bout d'un moment, il est devenu clair que cette conversation n'était que le subtil champ de bataille d'une surenchère.

Ça ressemblait à ceci :

Maman 1 : « Je suis tout excitée ! Jessica commence à rouler sur elle-même. »

Maman 2 : « Oh, Elliot a fait cela très tôt. Maintenant, il tient assis tout seul. »

Maman 1 : « Oh, c'est bien. En fait, Jessica semble sur le point de marcher à quatre pattes. »

Maman 2 : « Oui ! Elliot semble vouloir se mettre debout. Nous pensons qu'il va être précoce pour la marche. »

Maman 1 : « Eh bien, Jessica semble plus concentrée sur le fait de parler, et tout le monde dit qu'elle est très en avance pour son âge. Je vois qu'Elliot n'est pas un grand bavard. »

Et ça continuait ainsi, chaque pique exagérait les progrès des deux bébés. Je n'ai pas entendu la fin (on devait partir), mais, au rythme où elles allaient, j'imagine qu'une heure plus tard Jessica était grand maître aux échecs, tandis qu'Elliot venait de prononcer le discours d'ouverture d'une conférence sur le réchauffement climatique à l'ONU, avant de trouver une cure pour le diabète. Tout cela était encore plus drôle quand on regardait les bébés, dans les bras de leur mère respective, parfaitement innocents : l'un a fait caca dans sa couche, et l'autre regardait son pied comme si c'était un truc sorti de l'hyperespace.

Alors, Charlie, mon garçon, quand je pense au fait que tu ne marches pas, je me remémore cette conversation, parce que cet échange entre les mamans de Jessica et d'Elliot révèle le pire aspect des parents : cette connerie de compétition permanente dont les « étapes clés » ne sont que des champs de bataille où sévit la guerre de la parentalité.

Ta maman et moi avons essayé de ne pas tomber dans ce piège, mais on ne pouvait pas s'empêcher de te comparer aux autres gamins au cours des activités, ceux qui crapahutaient déjà, ceux qui jacassaient déjà, ou ceux qui démontraient le théorème de Fermat, au tableau, dans un coin de la pièce.

Comme je le disais, nous avons essayé d'éviter ce piège, mais tous les parents tombent dedans. Et comme nous nous laissons entraîner dans cette absurdité, les « étapes clés » deviennent des indicateurs de la progression de notre enfant, puis rien de plus qu'une mesure inexacte de notre performance en tant que parent. Lorsque nous ne parvenons pas à en franchir une, nous commençons à nous demander si nous ne faisons pas quelque chose de travers. Ce qui est complètement con. Parce que, à l'évidence, nous faisons quelque chose de travers… comme tout le monde.

Le plus malheureux dans tout ça, c'est que ces étapes clés se transforment en monolithes de négativité, en cibles à atteindre, au lieu de demeurer ce qu'elles n'auraient jamais dû cesser d'être, de joyeux drapeaux qu'on plante au bord de la route pour y accrocher nos souvenirs… et les partager avec notre petit bout de chou quand il sera plus grand…

Les partager avec toi.

Alors, au lieu de te parler de tes premiers pas, ou de continuer à cocher les cases des moments clés standards de ta première année, je me suis dit que je pourrais t'en citer deux autres, qui sont enfouis dans l'herbe. Ils datent d'avant ta naissance, mais ils sont importants. Et peut-être sont-ils, en fin de compte, les seuls de toute cette liste à l'être vraiment.

Étape clé n° – I (moins un) : comment j'ai rencontré ta maman

Cela va te choquer, je n'en doute pas, mais ton père, dans sa jeunesse, ne faisait pas un carton total avec les femmes.

Je sais. C'est difficile à croire.

Je collectionnais les BD, j'aimais bien la science-fiction, *Star Wars*, ce genre de choses. J'ai même joué à Donjons et Dragons jusque tard dans l'adolescence (j'étais un Mage voleur niveau 8 du nom de Fagin Leste-Main). Et si, aujourd'hui, la culture geek, on trouve ça cool, à l'époque, c'était le contraire, les geeks étaient des losers. Collectionner des BD sur les Jedi, c'était un truc de marginal, et pour les filles, c'était comme de la kryptonite.

Mon apparence n'améliorait pas vraiment les choses. J'avais un sens du style qui m'était personnel. Mon look habituel : cheveux jusqu'aux épaules séparés par une raie au milieu, cardigans et tee-shirts de groupes de rock. J'étais également maigre et froussard, avec un physique assez peu bluffant, genre Kate Moss après une mauvaise grippe. Avec ce portrait, on peut comprendre que la possibilité de rencontrer quelqu'un de spécial semblait des plus lointaines.

Mais certaines grandes romances ont des débuts incroyables.

La plupart, non. Quant à ta maman et moi ? Non plus. On s'est rencontrés dans un pub. C'est tout.

D'accord, côté anecdote, c'est plutôt pourri. Mais la vie n'est pas un film de Richard Curtis, et je pense qu'on devrait tous s'en réjouir. Car, pour que deux personnes se rencontrent, on n'a pas besoin d'ironie, d'une coïncidence ou de circonstances hilarantes. Elles peuvent faire connaissance n'importe où, n'importe quand, et il y a quelque chose de merveilleusement banal et ordinaire à cela.

J'étais au Miner's Club (c'est le nom du pub, pas un club pour mineurs) à Sheffield. J'ai vu ta maman passer la porte et je me suis dit qu'elle était belle.

(... J'ai pris une minute pour consulter un dictionnaire des synonymes en écrivant cette dernière phrase. Je voulais trouver une alternative à « belle ». Un mot qui semble moins sentimental, moins surexploité, moins comme le nom d'un parfum de Christina Aguilera. Mais il n'y en a pas. Les autres options, c'était « superbe » ou « magnifique », qui sont des termes qu'on emploierait plutôt pour une vache : « Superbe, magnifique, une très bonne laitière ! » Alors, je vais me contenter de « belle ».)

Je me rappelle encore ce que ta maman portait, et je sais que ça sonne très romantique, mais, pour être franc, c'est difficile de ne pas s'en souvenir. Elle était presque entièrement en noir. Veste noire, chemise noire, pull noir, collants noirs. Et une paire d'Adidas Gazelle bleu-vert. Quand j'y repense, elle avait l'air de s'être éclipsée d'un enterrement pour aller faire un jogging. Je trouvais qu'elle avait l'air ultra-cool.

Et c'est là que le problème s'est posé. Elle avait l'air ultra-cool, mais pas moi. Alors, quand j'ai vu ta maman pour la première fois, je n'ai pas eu l'impression que des feux d'artifice illuminaient le ciel sur un fond de musique, j'ai plutôt eu la sensation de couler : il n'y avait pas la moindre chance qu'elle s'intéresse à moi. Aucune chance qu'elle regarde de l'autre côté du pub en songeant : Qui est donc ce client très cool avec la coupe de cheveux de

Jésus, un cardigan couleur bouse et le corps peu viril d'un gymnaste de quatorze ans ?

Quand ton oncle Oz nous a présentés, je ne me suis pas dit : Comment puis-je faire en sorte que cette fille m'apprécie ? Ce que j'ai vraiment pensé, c'est : J'espère vraiment que cette fille est stupide ou raciste ou qu'elle a une personnalité horrible ou qu'elle est une vraie connasse. Quelque chose qui me fasse moins regretter de n'avoir jamais eu la moindre chance. J'étais défaitiste, mais réaliste.

Mais, après qu'on nous a présentés, elle a trinqué avec moi et nous avons parlé de tout et de rien pendant le reste de la soirée, suffisamment pour qu'il devienne clair qu'elle était intelligente et gentille. Et elle a taillé mon cardigan en pièces, sans aucune pitié. Je me suis dit : « Putain, elle est marrante ! Merde ! »

C'est à ce moment-là que j'ai conçu un plan pour faire croire à cette fille aux vêtements déprimants et aux Adidas bleu-vert que j'étais bien plus attirant, intelligent, intéressant et drôle que je ne l'étais vraiment.

Je lui ai demandé de sortir avec moi, et elle a dit oui. Contre toute attente, le plan avait fonctionné.

Environ vingt ans plus tard, le plan fonctionne toujours raisonnablement bien. Même si je pense qu'elle commence à se douter que je ne suis ni aussi intelligent ni aussi drôle que je l'ai prétendu au début. (Heureusement, maintenant, il est trop tard, je suis comme une vieille robe de chambre dont on ne veut pas se séparer même si on sait qu'elle est élimée.)

Quand j'ai rencontré ta maman, sur une échelle d'un à dix, je lui donnais dix, et moi un petit cinq. Mais elle n'était pas le genre de personne qui s'intéresse à ça. (Et je suis plus drôle qu'elle, et celui qui fait rire l'autre gagne automatiquement deux points. D'ailleurs, comme je le lui fais parfois remarquer, je continuerai de la faire rire jusqu'à ce qu'elle soit vieille comme une vieille savate, alors l'écart se resserre.)

Quoi qu'il en soit, c'est à ce moment-là que les deux moitiés de ton ADN se sont télescopées dans une explosion contrôlée et relativement silencieuse, puis tu as été glissé dans la boîte aux lettres du destin.

Voilà. En ce qui te concerne, c'est tout. Il n'est rien arrivé d'autre, et ta prochaine étape clé n'aurait lieu que seize ans plus tard.

Quand on a décidé de faire un bébé.

Étape clé n° 0 (zéro) : on décide de faire un bébé

Alors, où en étais-je ? Ah oui, ta maman et moi, on fait connaissance dans un pub, et j'étais assez ivre pour lui demander de sortir avec moi. Elle était assez ivre pour accepter, et il ne s'est rien passé de plus pendant seize ans. Tu suis ? Bien.

Quand je dis qu'il ne s'est rien passé pendant seize ans, ce n'est évidemment pas vrai. Nous avons pas mal voyagé, nous avons acheté une maison, et nous nous sommes fiancés.

La plupart du temps nous étions heureux, parfois nous nous sommes disputés, parce qu'on se dispute avec les gens qu'on aime. C'est comme ça que ça marche. (Une fois, ma sœur, ta tante Jo, m'a planté une fléchette dans la jambe parce que nous n'étions pas d'accord sur le fait que Jason

Donovan soit gay ou pas. Comme je te le disais, tu te disputes avec les personnes que tu aimes. Beaucoup.)

En gros, ta maman et moi avons passé ces seize ans à apprendre à nous connaître, et à présent je sais tout d'elle.

Par exemple, les choses dont elle prétend ne pas avoir peur :

Le tonnerre, les éclairs, les araignées, les avions, les aiguilles, les cousins, la voix des gens qui inhalent de l'hélium, laisser son chariot sans surveillance au supermarché (elle n'a pas encore payé son contenu, mais elle pense quand même que quelqu'un va le voler), et les chauves-souris.

Elle affirme également qu'elle n'est pas superstitieuse, mais elle refuse de croiser quelqu'un dans les escaliers, de poser des chaussures sur une table, et quand elle voit une pie, elle la salue et murmure dans sa barbe : « Bonjour, madame la pie. » (Je ne suis même pas sûr que ce soit une superstition, ça.)

Et comme elle est bien plus construite et moins écervelée que moi, ce que j'ai fini par aimer le plus en elle, ce sont ses imperfections. J'adore le fait qu'elle prononce le mot « avocado » en rajoutant un « d » : « advocado ». Et j'adore le fait que, lorsqu'elle lira cela, elle va péter un plomb parce que j'ai dit à tout le monde qu'elle ne prononce pas bien le mot « avocado ».

En gros, avant ton arrivée, nous étions heureux et la vie était belle. Nous ne parlions pas vraiment d'avoir des enfants. Bizarrement, le sujet ne venait pas souvent sur la table et, au fur et à mesure que nous prenions de l'âge, nous avions fini par penser que nous n'en aurions pas.

Puis un matin, en 2009, j'ai reçu un coup de fil de mon père, ton grand-père Gerald. Il avait l'air troublé, et il m'a expliqué en bafouillant qu'il ne se sentait pas trop bien. Le matin même, il était allé à l'église, et quand on lui avait demandé de lire, il n'avait pu aller jusqu'au bout du passage et il était incapable de se concentrer. Les mots cavalaient comme des araignées sur la page, et il ne les distinguait plus. Inquiets, nous l'avons emmené à l'hôpital, où, après quelques jours d'examen, il est apparu que c'était pire que ce que nous pensions, et qu'un cancer s'était développé dans son cerveau.

(Remarque : si vous n'êtes pas Charlie et que vous lisez cela, je sais ce que vous pensez : Waouh ! Ce petit livre badin sur la parentalité vient de prendre un virage violent. Merci beaucoup, Matt, deux pages plus haut, je m'amusais bien, et maintenant, j'ai envie de mettre la tête dans le four. Eh bien, n'ouvrez pas encore le robinet du gaz. Parce que c'est l'histoire de comment Charlie est venu à la vie.)

Nous avons tous connu des moments où les circonstances vous nouent les tripes, vous arrachent le cœur et vous le présentent, encore rose et palpitant, serré dans leur poing. L'année où mon papa nous a quittés, il a laissé un vide dans la famille. Ton grand-père me manque beaucoup, et quand je pense que vous ne vous êtes jamais rencontrés, il me semble que la réalité a déraillé. Vous vous seriez très bien entendus.

Néanmoins, pendant les mois qu'il lui restait à vivre, nous avons beaucoup parlé de nous en tant que père et fils. Il s'est beaucoup excusé des erreurs qu'il avait commises en tant que parent. Il n'y en avait pas, mais il s'est quand même excusé. Moi, j'ai demandé pardon pour mes erreurs en tant que fils. Il y en avait beaucoup, mais il a fait comme si elles n'existaient pas. Et il m'a parlé de comment il avait accepté ce qui devait arriver, parce que ses enfants étaient installés et heureux.

Ces conversations étaient étranges. Peut-être que, lorsqu'on s'adresse à quelqu'un qui est en train de mourir, tout ce que dit ce dernier semble profond, d'une certaine manière, et digne d'être écouté.

En revanche, ce qu'elles m'ont apporté, c'est la capacité de voir la parentalité un peu différemment. Ton grand-père était encore un jeune homme quand on a établi son diagnostic, et on pourrait dire qu'on lui avait distribué une mauvaise main. Néanmoins, il a accepté cette main plus aisément parce que ses enfants étaient heureux, et j'ai trouvé que c'était curieux. Face à une telle situation, je n'aurais jamais accepté un sort aussi brutal, simplement en me disant qu'un autre être humain (même quelqu'un de ma famille) allait bien.

J'ai commencé à comprendre que ce qui définissait un parent, c'était une sorte d'altruisme, un manque d'égoïsme qui me faisait défaut, et que la relation entre un parent et son enfant était véritablement unique. Ainsi, alors que je venais de voir une telle relation s'évanouir dans le grand néant, ce que je pourrais trouver de plus proche serait de me placer de l'autre côté de l'équation, en tant que père d'un fils ou d'une fille.

Quand ton grand-père est mort, cette expérience, ces conversations et cette sagesse nouvelle se sont mêlées au sentiment de mortalité qui accompagne la disparition d'un parent. Ta maman était proche de ton grand-père, et elle a ressenti la même chose, et tout cela s'est mélangé et nous a fait comprendre que ce serait vraiment bien que tu sois dans notre vie.

Dans les semaines qui ont suivi la mort de ton grand-père, ta maman et moi avons eu une conversation : celle qui a cimenté notre désir de faire un bébé. À ce moment-là, nous avions la sensation d'avoir lancé un appel à l'univers, que tu venais de t'embarquer sur un putain d'œuf blanc géant, comme Superman quittant sa planète d'origine, et que tu allais faire un atterrissage de fortune dans nos vies dès que tu te sentirais prêt.

Ça ne s'est pas passé ainsi. L'univers s'est révélé être un connard peu coopératif.

Il a fallu attendre ton atterrissage pendant quatre ans. Quatre ans de déceptions et de défaites, de faux départs et, parfois, de tristesse brutale. Ton absence commençait à nous paraître un fardeau. Mais ta maman est déterminée, et moi, j'ai un optimisme à la Disney, alors nous n'avons pas laissé tomber.

Comme tant d'autres parents pour qui avoir des enfants n'est pas simple, chaque fois que nous entrions dans le broyeur de la déception, nous en ressortions, en sang mais décidés à regrouper nos forces et à continuer. Sans autre garantie que notre certitude.

Puis tu es arrivé. Ton œuf de Superman est apparu sur le radar. Faiblement, au début, puis bientôt avec un signal fort et clair. Nous n'osions pas nous emballer ni entretenir de trop grands espoirs, mais il était là, il clignotait, et plus tu te rapprochais, plus il clignotait fort.

Trois mois plus tard, tu as annoncé que tu étais en chemin (sous les augures merveilleusement peu propices d'un smiley sur un bâtonnet de plastique recouvert d'urine)...

Nous t'avons vu à l'écran, et quand nous avons repéré tes pieds noir et blanc et ton majeur pixélisé, cet instant nous a semblé parfait.

Et il l'était.

Papa x

10

Jugements et révélations

Prière d'un parent :

Puissions-nous te donner espoir, curiosité, compassion et amour... mais fous un peu le bordel, juste assez pour être intéressant.

Jugements et révélations

Quand je pense à l'année écoulée et à ce que ça fait de devenir parent pour la première fois, ça me rappelle une soirée dans le jardin derrière la maison, quelques années auparavant. C'était pendant une *Nuit des étoiles*, et le ciel particulièrement dégagé scintillait d'étoiles filantes qui traversaient la voûte céleste les unes derrière les autres, dans un déploiement cosmique à couper le souffle et dont la majesté rendait humble. C'était une nuit qui vous faisait penser à la place que vous occupez dans l'univers et aux grandes questions philosophiques sur l'humanité, la vie et tout ça.

Dans mon champ de vision, ce soir-là, il y avait le chat du voisin, assis sur la clôture, qui se léchait bruyamment le derrière.

C'est la meilleure image que je pourrais trouver pour décrire l'expérience contrastée que constitue le fait d'être parent d'un nouveau-né : dans votre champ de vision, vous avez toujours le quotidien banal et parfois dégoûtant du caca, de la morve et du vomi et du manque de sommeil. Mais, pour désagréable que tout cela puisse être, ça ne change rien au fait qu'au même moment il se passe quelque chose d'incroyable, quelque chose qui vous fait remettre en question la place que vous occupez dans l'univers et tout le reste.

Alors, que vous soyez dans le jardin derrière chez vous à observer un chat qui se lèche le cul, ou bien dans une chambre d'enfant avec une nuit sans sommeil devant vous et une poubelle qui déborde de couches sales, au même moment, il se passe quelque chose de magique et d'extraordinaire. Le truc, c'est de se souvenir de regarder en l'air de temps à autre.

Plus facile à dire qu'à faire.

Révélation I : devenir parent, c'est difficile

Je ne suis pas du bois dont on fait les parents.

Je suis, et j'ai toujours été, fainéant. Je prends très peu de choses au sérieux, je ne suis pas organisé et je manque totalement de bon sens ou de quoi que ce soit qui y ressemble. Je suis immature : encore hier soir, j'ai préparé de la salade pour dîner, et sur l'assiette de Lyndsay, j'ai disposé deux tomates et un mini-concombre de sorte qu'ils ressemblent à une bite et des couilles :

Je suis tête en l'air, souvent pas malin, inepte et nul. C'est pour cette raison, et pour un millier d'autres, que devenir parent m'a frappé comme un marteau constitué de marteaux.

Pour ma défense, je pense qu'être parent pour la première fois cause un choc à la plupart des gens. Tout le monde vous dit que ça va être dur, alors on ne devrait pas être aussi surpris quand cela arrive. Mais la décharge électrique survient de toute façon : parce que c'est dur !

Quand Charlie est né, un ami nous a envoyé un mot. Il nous disait que nos vies étaient sur le point de changer pour toujours et que nous devions nous préparer à « changer de braquet ». Car devenir parent pour la première fois, c'est vraiment changer de braquet ; un changement qui fait sérieusement crisser le dérailleur, métal contre métal. Au début, ça ressemble moins à un changement de vitesse qu'à une chute dans un ravin, cul par-dessus tête, où l'on termine sa course dans les branches d'un arbre.

Pendant ces premiers mois, vous n'êtes pas moins bébé que celui que vous avez ramené chez vous de l'hôpital. Vous devez apprendre une nouvelle langue, développer de nouveaux talents et vous adapter à un monde qui ne ressemble en rien à l'ancien.

On ne tiendra aucun compte du fait que vous êtes aussi un bébé désorienté et perdu, que vous n'êtes pas prêt. Il n'y a pas de cours de soutien pour ceux qui n'apprennent pas vite (comme la classe pour ceux qui n'étaient pas prêts à manipuler des ciseaux, à l'école), vous devez tenir le rythme, et ça peut être compliqué.

Néanmoins, même lorsqu'ils sont aussi mal lotis que moi, les êtres humains ont de la ressource, ils sont intelligents.

Notre capacité d'adaptation au changement est la cerise sur le gâteau de l'évolution. Une fois que vous avez intégré les bases, que vous vous êtes glissé dans cette nouvelle réalité et que vous avez vérifié qu'on ne peut pas mourir de manque de sommeil (on peut, mais ça ne vous arrivera probablement pas), vous faites ce que les êtres humains ont fait depuis des millénaires, et vous vous adaptez. Vous commencez peut-être même à capter le truc.

Ne vous méprenez pas, après ces premiers mois, ça reste difficile, épuisant, perturbant et toutes ces choses-là. Mais petit à petit, au fil des semaines et des mois, vous vous rendez compte d'une chose : les moments horribles sont de plus en plus courts et les moments de bonheur de plus en plus longs.

Puis, un jour, vous commencez à vous sentir parent, et vous avez moins envie de boire de l'essence à briquet et de vous enfuir en courant dans les bois sans un regard en arrière.

Révélations II : Presque tous les conseils aux nouveaux parents sont de la merde

Devenir parent, c'est difficile. Mais ce qui devrait vous faciliter la tâche, c'est que des milliards de personnes ont déjà fait ça avant vous. On n'est pas en rupture de stock de vécu sur la question. Les conseils avisés susceptibles de vous simplifier la vie sont disponibles en quantité illimitée. Du moins, c'est ce que je croyais avant la venue de Charlie.

En réalité, après un an de paternité, je suis arrivé à la même conclusion que la plupart des parents : la plus grande partie des conseils sur la parentalité, c'est de la merde, et dans les faits, ils vous seront aussi utiles que ce dessin de dinosaure qui s'amuse avec un yoyo :

Le problème, c'est que ces conseils sont un mélange de contes de bonnes femmes, de modes scientifiques, d'expérience subjective et de bonne vieille connerie, qu'on enveloppe dans un discours de savoir, de sagesse et de faits. Alors qu'en réalité les conseils que vous recevez sont rarement sages et en général non factuels. La plupart du temps, ce ne sont que des opinions. Et tout le monde en a une, et souvent même plusieurs.

C'est un vieux dicton, mais il n'en reste pas moins vrai : les avis, c'est comme les trous du cul, tout le monde en a un. Mais, en matière de parentalité, tout le monde a l'air d'en avoir sept et de constamment vous les agiter sous le nez, que leurs trous du cul vous intéressent ou pas.

Certains de ces conseils sont bien intentionnés, d'autres sont cruels et stupides. Certains sont présentés dans de luxueuses reliures, d'autres partagés autour d'une tasse de thé. Mais une chose est sûre, on n'en manque pas. Et c'est un problème. Il y a tellement d'avis et d'opinions qu'on en est submergé, et trier dans cette masse est impossible.

Au chapitre I, j'ai mentionné qu'il y avait plus de trente mille livres publiés sur la grossesse et l'accouchement, mais il y en a plus de cent mille sur la parentalité, qui vous expliquent ce qu'il faut faire une fois que le bébé est là. Et en parcourant leur liste sur Amazon, je me dis que c'est dommage que les nazis, Staline et le maccarthysme aient donné une si mauvaise réputation aux autodafés, parce que je crois qu'on peut défendre l'idée de faire un grand feu de joie avec la plupart d'entre eux. (Et ça serait un beau feu : cent mille livres, ça doit faire plusieurs kilomètres de haut, et ce serait un feu visible de l'espace, probablement par des extraterrestres qui se demanderaient pourquoi ils sentent distinctement une odeur de fumier qui brûle.)

Je ne suis pas réellement en train de vous inciter à brûler des livres (à moins que vous n'ayez un exemplaire de *The Class Book of Baby Names*, de Katie Hopkins, paru en 2013, auquel cas vous pouvez y aller). Il y a sans doute de très bons livres, très utiles, qui ne prétendent pas donner toutes les réponses.

Cela dit, si vous aviez le temps de lire chacun de ces cent mille livres, de regarder chaque documentaire jamais tourné et de consulter chaque article scientifique jamais paru, vous seriez probablement encore plus paumé qu'avant. Parce que, en plus du volume gigantesque d'opinions, il faut aussi gérer le fait qu'elles sont contradictoires, et que les spécialistes tout comme les mamies semblent ne jamais être d'accord entre eux.

Prenons quelque chose d'aussi simple que le fait d'autoriser votre bébé à avoir une tétine. Les avis varient de :

La tétine est vitale pour la sécurité pendant le sommeil et pour apaiser un bébé fatigué.

à :

La tétine fera de votre bébé un enfant aux dents de cheval, qui louche et qui sera incapable de prononcer un mot avant ses trente-six ans.

(Aucun des deux n'est vrai : les tétines ne sont pas « vitales », puisque beaucoup de bébés s'en passent. Et elles ne transforment pas non plus les enfants en crétins prognathes, parce que de nombreux bébés en ont et s'en portent très bien.)

Alors, où se trouvent donc l'information et les conseils utiles qu'on pourrait repêcher dans la fosse septique de ce débat particulier ?

Ce qui précède n'est qu'un exemple. Comme nous l'avons vu, cela se produit aussi dans d'autres domaines, le sommeil, l'allaitement, la télé, le sevrage et à peu près n'importe quel sujet. Tous ces problèmes font l'objet de débats et de désaccords. L'unique conclusion à laquelle on peut parvenir, c'est que personne n'est sûr de rien.

Et je ne peux pas m'empêcher de penser qu'il y a une raison évidente qui explique pourquoi personne n'est sûr de rien, pourquoi il y a autant d'avis contradictoires et de désaccords sur la bonne ou la mauvaise façon de faire les choses.

C'est peut-être simplement parce que ce qui va aux uns ne convient pas nécessairement aux autres.

Les bébés ne sont pas des machines logiques, ils sont compliqués. Chacun d'eux est unique, au point d'en devenir fou. Parce que ce sont des êtres humains et que les êtres humains sont d'un individualisme irritant.

C'est la raison pour laquelle certains aiment bien qu'on les suspende par les tétons, tandis que d'autres préfèrent un bon sandwich et un après-midi au bingo. Nous sommes tous différents, et ça semble vrai dès la naissance, dès l'instant où nous aspirons notre premier souffle. L'idée selon laquelle il existe une méthode qu'on pourrait suivre pas à pas pour élever un bébé, une bonne et une mauvaise façon de le faire, ou que ce qui a fonctionné pour votre tante Eileen fonctionnera pour vous, est tout simplement fausse.

Révélations III : l'instinct des parents, ça existe

Naviguer dans le torrent de conseils disponibles et essayer de séparer les bons des mauvais est quasiment impossible. La seule solution, c'est se fier à son instinct.

Comme le déclare le vénérable Dr Spock au tout début de son livre, *Baby and Child Care* :

Faites-vous confiance, vous en savez plus que vous ne croyez.

(Bien sûr, il a tout foutu en l'air en écrivant 540 pages de plus où il explique que c'est plutôt à lui qu'il faudrait faire confiance, mais, quand même, l'intention est bonne.)

J'avais toujours pensé que le concept d'« instinct parental » n'avait aucun sens. Que ce n'était que des conneries pseudo-scientifiques. En général, chaque fois que les gens vous disent : « Faites confiance à votre instinct », c'est du grand n'importe quoi. Une fois, j'ai eu un patron qui avait affiché un panneau au-dessus de son bureau, où l'on pouvait lire que la réussite professionnelle consistait à quatre-vingt-dix-neuf pour cent à « faire confiance à son instinct ». Mais ça ne m'a jamais semblé vrai, d'autant que chaque matin, quand je me lève pour aller bosser, mon instinct me conseille de tout envoyer balader et de rester chez moi toute la journée en caleçon à manger des chips.

« Faites confiance à votre instinct », c'est une idée sympa, mais j'avais toujours rangé ça avec la philosophie des biscuits de Noël, des choses comme « écoutez votre cœur » ou « libérez-vous de votre passé ».

J'ai donc été réellement surpris quand j'ai découvert que l'instinct parental, ça existait vraiment, qu'il était simplement endormi, attendant d'être ranimé par l'arrivée d'un enfant. Et quand vous apprenez à lui faire confiance, l'opinion des autres vous paraît très semblable à une crotte de chien blanche : pâle, crayeuse et rarement utile.

Lorsque les gens abordent ce thème, ils font en général référence à l'instinct maternel. Et l'instinct maternel est vraiment quelque chose d'admirable : il est bien vivant, et c'est un dur à cuire. Celui de Lyndsay était là bien avant que notre bébé ne fasse une bosse dans son ventre, et il s'exprimait en la poussant à acheter toutes ces choses dont nous n'avions pas besoin, à « nidifier ». Quant à l'instinct de nourrir et de subvenir aux besoins de Charlie, de tout sacrifier pour lui, il était bien présent dès le jour où Charlie est né.

Un an après, cet instinct maternel continue de se développer, avec cette capacité de reconnaître immédiatement ce dont Charlie a besoin, ou pourquoi il est irrité. J'ai toujours été impressionné par ce talent maternel, étant donné que cette irritation peut être due à des poussées de dents, à la fatigue, au fait qu'il y a trop de bulles dans son bain ou que vous avez décidé de lui mettre un bonnet.

Pour être franc, en tant que père, je n'ai pas ce talent. Dès lors, Lyns et moi avons des méthodes légèrement différentes pour estimer pourquoi Charlie n'est pas content :

MÉTHODE DE LINDSAY

CHARLIE EST IRRITÉ

↓

ESTIMER LA HAUTEUR ET LE TIMBRE DES PLEURS

↓

CONCLUSION : CHARLIE A FAIM

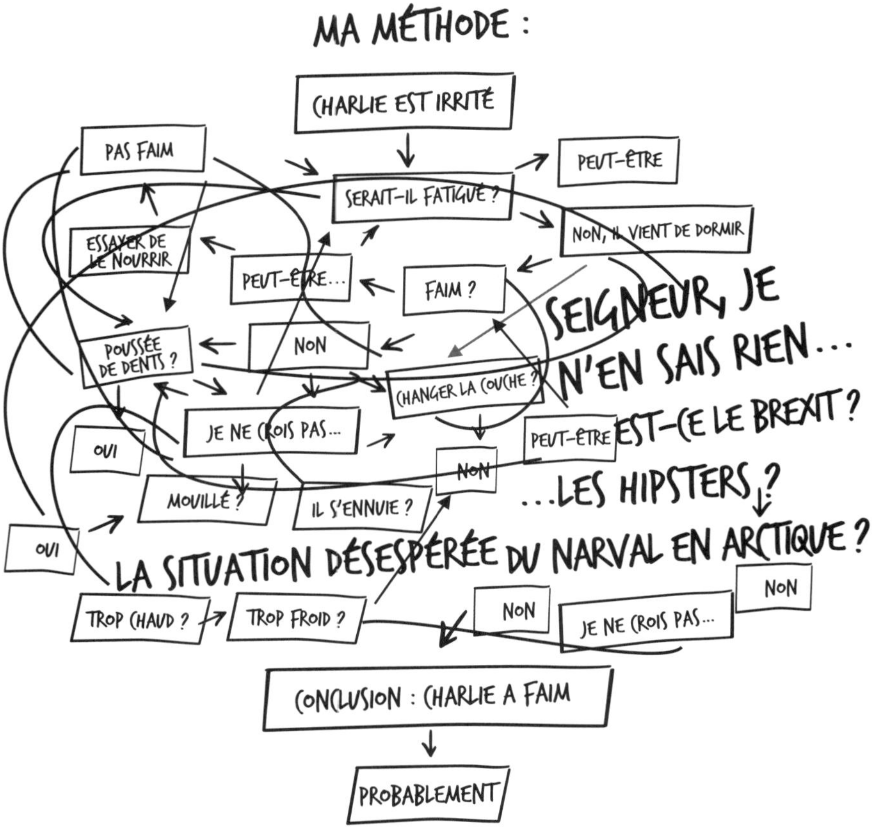

Pour moi, l'instinct maternel est une étrange sorcellerie. Mais l'instinct paternel existe aussi. Il est honnête de dire que j'ai également la faculté de reconnaître ce qui irrite Charlie, mais mon intuition joue peu et je veux bien admettre qu'elle n'est pas aussi précise que l'approche plus télépathique de Lyndsay.

Cela dit, je ressens un instinct aussi puissant que le sien de nourrir Charlie, de subvenir à ses besoins et de me sacrifier pour lui.

J'ai même développé des tendances protectrices.

Pas plus tard que la semaine dernière, j'ai donné un coup de poing à une mouette. Dans la gueule.

Ce n'est pas une chose dont je suis fier. Nous passions une journée à la plage, Charlie était en train de manger une glace, quand une mouette agressive a plongé sur lui en piqué. J'ai réagi instinctivement et je l'ai cognée. Dans la gueule.

Au cours des quarante-deux ans que j'ai passés sur cette planète, je ne me suis jamais battu, je n'ai même jamais donné un coup de pied à un chien. Je récupère les araignées dans des tubes en plastique, je les emmène dans le jardin et je les relâche dans un coin où je pense qu'elles seront bien. Et maintenant, je découvre que je suis le genre de type à mettre K-O un oiseau de mer parce qu'il montre de l'intérêt pour la glace de mon fils.

Le pire, c'est que... je suis prêt à recommencer : en fait, madame la mouette, prévenez vos copines, ramenez toute votre bande. Essayez donc d'approcher du Mini Milk de mon fils et je vous prends toutes une par une, bandes de bâtardes emplumées !

Comme je le disais... j'ai développé des tendances protectrices.

Le hasard a voulu que les opinions et les conseils déroutants des spécialistes soient l'un des thèmes récurrents de ce livre. Mais, bizarrement, je viens de tomber sur une autre citation du Dr Spock, dans *Baby and Child Care*, qui lève le voile sur un coin de vérité :

Vous serez peut-être surpris d'entendre que plus les gens étudient les différentes méthodes pour élever les enfants, plus ils en viennent à conclure que les

bons parents font instinctivement ce qui est le mieux pour leur bébé.

Je vais peut-être laisser Spock échapper aux flammes, après tout.

Si j'ai appris quelque chose au cours de l'année écoulée, c'est qu'il n'y a pas de raccourcis, pas de réponses simples et très peu d'astuces qui permettent de s'adapter à la parentalité... sauf un. Un raccourci, une réponse et un truc dont j'aurais bien voulu qu'on me parle dès le premier jour. Un conseil simple qui devrait être la devise des parents rongés d'inquiétude qui repartent de l'hôpital avec leur bébé, et figurer en exergue de tous les livres jamais écrits sur la question :

Faites confiance à vos instincts, parce qu'ils le méritent.

Même si ça implique de taper sur les mouettes.

Révélations IV : Le parent parfait est un mythe

Les gens, pour la plupart, commencent à avoir l'impression qu'ils ont compris ce truc de parentalité le jour où ils se mettent à ne plus écouter les avis et les opinions des autres et à suivre leur propre instinct.

Mais ce n'est pas parce que vous commencez à vous y faire que, subitement, vous avez toutes les réponses. Bon Dieu ! Ça ne veut même pas dire que vous avez compris les questions. Vous ne devenez pas un parent parfait du jour au lendemain. Personne n'y arrive. Parce que, malgré ce qu'on a pu vous dire, une telle chose n'existe pas.

Essayez d'imaginer à quoi ressemble pour vous le parent parfait. (Le plus probable, c'est que vous ayez pensé à une femme. Pour les hommes, les attentes sont bien bien moindres.) C'est peut-être une célébrité, ou une véritable personne, un ami, même, que vous voyez partager sa perfection sur Facebook ou sur Instagram. Cette personne a vraiment l'air de traverser la parentalité sans même se décoiffer. Ces gens-là passent leurs matinées à tisser les vêtements de leurs enfants avec du chanvre et des pissenlits, et leurs après-midi à faire du riz au lait maternel. Ils sont toujours soignés, jamais fatigués, jamais frustrés et toujours en train de s'activer dans leur putain de cuisine.

Ce sont des arnaqueurs. Observez-les de plus près. Regardez-les dans les yeux et vous verrez le mensonge. Ils sont comme des cygnes très calmes dont les palmes pédalent frénétiquement sous la surface. Pour chaque photo de jeux salissants où tout est maîtrisé, pour chaque cliché de muffins tout frais sortis du four, vous pouvez être sûr que, juste en dehors du cadre, il y a un bébé en train de hurler à en déchirer l'espace-temps ou un enfant qui essaye d'enfoncer un gâteau sec dans le derrière du chien.

Dans la vraie vie, combien de ces parents parfaits avez-vous effectivement observés de près, dans leur habitat naturel ? Pas sur les réseaux sociaux, mais à quatre heures du matin, quand leur bébé a la rougeole et qu'il balance des jets de vomi sur l'imprimé des rideaux Orla Kiely.

Le parent parfait n'est pas une réalité, mais une fiction qui ne résiste pas à un examen attentif. C'est comme le monstre du Loch Ness : même lorsque vous croyez le voir au loin, si vous prenez une paire de jumelles, vous vous rendez compte que ce n'était qu'une paire de pneus avec un caddie.

Le problème, c'est que cet idéal factice n'est pas inoffensif, loin de là. En fait, c'est un poison. Toute une industrie de philosophie de la vie et de culture alimentée par les *people* s'est construite autour de ce mythe. Le parent parfait est un croque-mitaine insidieux, un monstre imaginaire conçu pour faire craindre aux parents de tout foirer. Pour leur faire croire qu'ils ne sont pas assez bons, qu'ils sont des incapables, qu'il y a un idéal qui leur est inaccessible.

Ce n'est pas ce que je ressens. Certes, je me sens un peu incapable, mais je ne culpabilise pas. On en demande tellement moins aux papas qu'aux mamans. La pression qu'on subit pour devenir un über-parent est considérablement moindre lorsqu'on a un pénis. Personne ne s'attend à ce qu'un homme fasse la cuisine en talons aiguilles tout en enseignant à son enfant la méthode syllabique. Souvent, les hommes sont félicités simplement parce qu'ils traînent dans le coin, et ils s'en claquent cinq dès qu'ils ont appris à changer une couche. (Oui, nous sommes en 2017, oui, c'est ridicule, eh oui, c'est vrai.)

Mais Lyns et toutes les autres mamans avec qui j'ai discuté ont profondément ressenti ce sentiment d'inadaptation à un moment ou à un autre. Le sentiment qu'elles ne sont pas à la hauteur avec leur bébé, ou qu'elles devraient trouver tout ça… plus facile. Ce qui n'a aucun sens ! Parce que tout cela vient de ce grand idéal du parent parfait. Un fantasme débile.

Je ne connais pas la réponse. Je ne sais pas comment éviter de tomber dans ce piège. Je suppose que la seule chose que les parents puissent faire, c'est de ne se mesurer qu'à l'aune du bonheur de leur propre famille. Et si c'est l'image d'une célébrité devenue maman que vous avez prise pour modèle, imaginez aussi ce qui n'est pas dans le cadre, l'armée de nourrices et de maquilleurs nécessaires pour faire croire qu'être parent, c'est facile.

Quand à vos « amis » ou vos connaissances qui ne sont pas célèbres, mais qui perpétuent le mythe grâce à leurs photos aussi travaillées qu'un numéro d'illusionniste, essayez de ne pas les juger trop durement. Pour énervant qu'ils soient, ils méritent votre pitié. Cette illusion est très difficile à entretenir, et eux-mêmes se sont égarés dans le mythe.

Révélations V : en fait, nous sommes tous des parents merdiques

J'ai peut-être tort. Le « parent parfait » n'est peut-être pas un mythe. Mais, s'il existe, personne n'est arrivé à se mettre d'accord sur ce à quoi il ressemble. Et qui s'en soucie ? En fait, personne n'est même parvenu à se mettre d'accord sur ce qu'est un bon parent, alors un parent parfait... peut-être lisez-vous cela en vous disant : Eh bien, je sais que je suis un bon parent, moi. Peut-être est-ce le cas, et peut-être pas. Je ne suis pas vraiment en mesure d'en juger. Mais il y a une chose dont je suis absolument certain, c'est que vous êtes un mauvais parent. En fait, vous êtes un parent exécrable.

... Pour quelqu'un.

En 2015, Dolce et Gabbana, les chimpanzés de la mode, ont donné une interview à un magazine, dans laquelle le chimpanzé numéro un, Dolce, faisait un commentaire sur les méfaits de la parentalité homosexuelle. Il a dit que « la seule famille est la famille traditionnelle », et que les enfants fécondés *in vitro* ne sont que les « enfants de la chimie » et qu'ils sont « synthétiques ».

Ne vous méprenez pas : clairement, tout le monde se fout de ce que pensent Dolce et Gabbana. Ils font des fringues. Des fringues de merde. Alors, écouter leur opinion sur la fécondation *in vitro*, c'est comme s'intéresser à ce que Wallmart pense de la recherche sur les cellules-souches.

Néanmoins, il y a quelque chose de frappant dans ces remarques : elles expriment une opinion sur la capacité de quelqu'un à être parent avant même qu'il n'ait eu un enfant

– une affirmation qu'un parent (ou un enfant) peut être bon ou mauvais avant même que le spermatozoïde ne rencontre son ovule. N'est-ce pas incroyable ? Qu'on puisse dire de vous que vous êtes un mauvais père, alors que votre bébé n'est encore qu'une idée ?

Ce que je veux dire par là, c'est que, si l'on juge un parent alors que son bébé n'existe qu'en pensée, il n'est guère étonnant que, une fois que ce parent le tient effectivement dans ses bras, il se trouve assailli d'opinions qui suggèrent qu'il est nul.

Dolce et Gabbana, c'est un exemple extrême, mais les gays et ceux qui ont recours à la fécondation *in vitro* ne sont pas les seuls parents qui doivent faire face à ces jugements. Nous le devons tous. Vous aurez beau être hétéro, votre enfant aura beau avoir été « conçu naturellement », en dehors d'un laboratoire, contre le mur d'une remise, cela ne change rien. Vous ne pourrez pas y échapper. En tant que parent, il y aura toujours une raison de vous trouver nul.

Nombreux sont ceux qui m'ont indiqué les raisons pour lesquelles j'étais nul. Je suis sûr que, à la lecture de la phrase précédente, vous vous êtes crispé sous le choc, mais oui, même moi. (En fait, quand vous tenez un blog sur cette question, vous attirez un peu ce genre de commentaires. Ça ne me dérange pas vraiment. J'en suis venu à collectionner ces messages comme des médailles : des petits pense-bêtes qui vous rappellent que le monde est rempli d'adorables mais d'acides rabat-joie.)

Alors, pour info, voici un ou deux exemples de messages qu'on m'a envoyés pour m'expliquer pourquoi j'étais un mauvais parent. (Ainsi que mes réponses.)

Je dis trop de jurons :

Brenda [redacted] 16.27pm

J'ai de la peine pour le bébé dont vous êtes le père. Il ne saura que jurer comme un crétin vous êtes juste un crétin qui jure trop.

Matt Coyne 18.42pm

Ah ! Merci Brenda. C'est vrai que les jurons, c'est un problème… Nous ne savions pas si le premier mot que prononcerait Charlie serait « maman » ou « papa », mais nous avons maintenant décidé de lui apprendre à dire « Va tripoter un babouin, Brenda, sinistre corne à couille ! », en espérant que ce seront ses premiers mots.
Bien cordialement, Matt x.

Je suis trop bête :

Michael [redacted] 11.21pm

Tu es un connard fini. Comment as-tu pu devenir père ? Qui donc a accepté un rapport sexuel avec toi ???
Même une seule fois ??

Matt Coyne 11.32pm

Ta grand-mère ?

Michael [redacted] 11.35pm

Waouh ! Hilarant – vraiment mature.

Matt Coyne 11.42pm

C'est pas faux… Mais pour être franc, elle y va encore de bon cœur.

Je contribue au dérèglement climatique :

Neil O[redacted] 01.21am

Le géniteur pleurnichard typique ; pourquoi n'essayez-vous pas d'arrêter de surpeupler cette planète ? Arrêtez d'élever des moutons pour que l'élite gouvernementale controle leur cerveau. Éduquez-vous !! Les médias grand public (les médias de Panurge) ne vous diront jamais que vous augmentez la surpopulation, la guerre, les épidémies et le réchauffement climatique.

Ouais, je ne suis pas idiot. Je n'ai pas répondu à celui-ci. Mais je lui ai envoyé cette photo de moi avec un chapeau pointu :

Matt Coyne 11.22am

Et pour finir, je suis trop vieux :

Greg [redacted] 12.31pm

Pas étonnant que tu peux pas géré quel con c'est ridicules d'avoir un bébé quand tu a 41 ans, 35 c'est même déjà trop C'est cruel et très égoïste. J'ai eu mes enfants quand j'avais dans les vingt et oui maintnant j'ai dans les 30 et moi-même je peut m'en occupé !! et pas me reposer sur quelqu'un d'autres parce que je serait trop vieux.

Matt Coyne 18.39pm

Salut Greg, merci pour ton commentaire ! Désolé d'avoir pris un moment pour y répondre, mais j'essayais de deviner dans quelle langue tu l'avais rédigé. Apparemment, c'est de l'anglais… et pour être franc, tes lettres d'insultes seraient probablement bien plus efficaces si le destinataire n'avait pas besoin d'une machine Enigma pour les décoder. (Sérieusement, tu as tapé ça avec les doigts, ou tu t'es contenté de te frapper le front contre le clavier jusqu'à ce que s'affiche à l'écran quelque chose qui te semblait avoir l'air d'une phrase ?)

Quoi qu'il en soit, je tenais à te dire que j'ai pris en compte ton avis réfléchi et bien exposé, et que j'en suis venu à la conclusion suivante : même si tu as eu tes enfants quand tu avais la vingtaine, je pense que ces derniers préféreraient un père de n'importe quel âge plutôt qu'un demeuré avec le QI d'un paquet de levure, un avis sur tout… et un si gros bâton dans le cul qu'on le prend pour un tronc d'arbre.

Bien cordialement, Matt x

Ce ne sont que quelques exemples. Mais, parmi toutes les raisons qu'on m'a données pour expliquer mon inaptitude à la parentalité, celle de l'âge est la plus intéressante, et aussi celle que j'ai entendu le plus. Pour que ce soit clair, j'ai quarante-deux ans. Je n'ai pas l'âge de Yoda, je ne passe pas la journée chez moi à regarder *Derrick*, une couverture sur les genoux, en ressassant mes souvenirs de guerre. Mais, pour un nombre non négligeable de commentateurs, les quarante ans semblent constituer un point de rupture au-delà duquel vous êtes trop proche de la mort pour devenir parent.

J'ai même reçu le commentaire d'une femme qui trouvait que quarante ans, c'était vraiment trop vieux pour être parent, parce que, en tant que « professeur », elle avait été témoin de la façon dont « les parents âgés meurent, ce qui laisse les enfants en âge d'aller à l'école totalement dévastés », et « le cœur brisé ». Eh bien, j'espère qu'elle n'est pas prof de maths, parce que, d'après moi, si je suis dans la moyenne de l'espérance de vie et que je vis jusqu'à quatre-vingt-cinq ans, Charlie en aura quarante-deux quand je passerai l'arme à gauche. Et s'il est encore en primaire à ce moment-là, je pense qu'il aura des problèmes plus graves à régler.

À la vérité, quand vous êtes parent, vous ne pouvez pas échapper aux jugements mesquins. Pour ces gens-là, je suis peut-être trop vieux pour être un bon papa et, si vous êtes dans la fleur de l'âge, ces quelques acariâtres vous trouveront trop jeune, ou trop pauvre, ou trop débonnaire ou trop prudent, trop marié ou trop divorcé, trop gay, trop dans les jupes de votre mère ou pas assez, trop bordélique, trop maniaque, et vous travaillez ou alors vous ne travaillez pas, etc., etc. Personne n'est à l'abri. Ne vous y trompez pas, il y aura toujours quelqu'un quelque part pour trouver que vous êtes un mauvais parent.

Pas besoin de s'inquiéter.

La logique derrière la plupart de ces opinions a de quoi vous faire pleurer le cerveau. Et si vous croisez quelqu'un qui mesure la capacité à être parent non pas en fonction de l'amour et de l'attention que les gens portent à leur enfant, mais à leur âge, leur sexe, leur compte en banque, leur sexualité, leur méthode de conception ou quoi que ce soit d'autre, ce type est probablement un crétin avec les capacités intellectuelles d'un topinambour.

Ces façons de voir la parentalité semblent simplistes, mais le pire, c'est que la vérité est encore plus simple, et tout le prouve : aucune de ces catégorisations n'a d'importance. Si vous aimez votre enfant, si vous prenez soin de lui, il y a de fortes chances qu'il devienne ce que vous êtes de mieux. Si vous ne le faites pas, il ne le fera pas non plus.

C'est tout.

Alors donnez le bras au mauvais parent sur votre gauche, prenez la main du parent merdique sur votre droite, et dites en chœur à ce « quelqu'un quelque part » qu'il aille se faire foutre. Quant à toi, Greg, mon cher, t'as le bonjour de mes couilles vieillissantes.

Révélations VI : le mystère et la folie

Il y a douze mois, la veille de la naissance de Charlie, j'ai fait un rêve : j'ai rêvé que j'étais un soldat, que j'allais à la bataille, totalement nu, à cheval sur un grand canard gonflable. Je pense que mon subconscient était simplement en train de s'énerver en voyant à quel point je n'étais pas prêt pour le nouvel arrivant.

Il s'avère que mon subconscient avait parfaitement raison et que le rêve avec le canard gonflable était prophétique. Je n'étais vraiment pas prêt. À rien de ce qui m'attendait.

Alors, quand j'entends d'autres parents discuter de la vitesse à laquelle leur première année s'est écoulée, je me demande s'ils mentent ou s'ils souffrent d'une espèce de stress post-traumatique qui leur a fait oublier tout ce qui s'est passé.

Pour moi, l'année écoulée n'a pas filé. C'était la plus longue de toute mon existence.

Il y a un an, j'avais quelques rides et quelques cheveux gris, mais, à présent, je vieillis tellement vite que lorsque Charlie aura dix ans je ressemblerai aux couilles de Gandalf. J'ai le dos dans le même état qu'une Japonaise de cent vingt ans. Mes cheveux sont filasse, et les poches sous mes yeux me donnent l'air d'un limier. Et quand je me souviens de me doucher et de me raser le même jour, je considère que c'est un triomphe à marquer d'une pierre blanche.

Mis à part ma déchéance physique, je suis aussi victime d'un délabrement mental, et je suis tellement privé de sommeil que je continue à voir feu mon arrière-grand-mère Rose en train de couler un bronze dans la salle de bains attenante à notre chambre. Et ce manque de sommeil, combiné avec la mauvaise alimentation et le cauchemar permanent de la télé pour bébés, a transformé mon cerveau en pâte à modeler. Au quotidien, sans caféine, je suis incapable de faire quoi que ce soit de plus compliqué que me gratter le cul ou cligner des yeux.

Alors, après un an de parentalité, je trouve que j'ai changé, mais j'ai surtout changé parce que je suis plus heureux. Ça semble idiot après tout ceci, et c'est un euphémisme. Mais quand Charlie est arrivé et que nous nous sommes regardés en chiens de faïence, je ne m'attendais pas à être attiré à ce point par notre petit humain. Je ne me rendais pas compte que je serais à ce point scotché à lui, ni à ce point enthousiaste et fier dès qu'il rit, qu'il agite la main ou qu'il fait quoi que ce soit d'autre qui, objectivement, n'est pas si extraordinaire, même si on en a l'impression.

Les douze derniers mois ont été stupéfiants et épuisants, ils m'ont appris l'humilité, ils étaient terribles et idéaux. J'aimerais bien dire que j'ai beaucoup appris, mais ce serait un mensonge. Je ne sais toujours pas si emmailloter les bébés est une bonne ou une mauvaise chose, je n'arrive pas à faire en sorte que Charlie garde ses chaussettes plus d'une nanoseconde, et quand je change un bébé, je ne sais pas l'empêcher de tremper ses doigts dans son caca comme si c'étaient des tapas.

Mais ce n'est pas grave.

Il semblerait que Thomas Moore ait dit : « Ce n'est qu'à travers le mystère et la folie que l'âme est révélée », et c'est peut-être vrai.

L'unique chose importante que j'ai apprise cette année est tout aussi profonde :

Pour Charlie et sa maman, j'irais à la bataille, nu, sur le dos d'un gros canard gonflable… sans l'ombre d'une hésitation.

Remerciements

Y a-t-il des gens qui les lisent ? Je n'en suis pas sûr. Moi, je ne les lis jamais. À l'avenir, je pense que je le ferai, parce que ce n'est qu'aujourd'hui que je me rends compte à quel point c'est important.

Ce livre n'existerait pas sans l'aide et le soutien d'un paquet de gens... et, s'il existait, il ferait sept pages et comporterait essentiellement des gribouillages où l'on me verrait me taper la tête contre les murs.

Je dois remercier mon agent à A.M. Heath, Euan Thorneycroft – qui porte le nom de famille d'un propriétaire de taudis sans cœur de Dickens, mais qui est en réalité un mec bien. Je ne le remercierai jamais assez de m'avoir guidé à travers le processus de publication avec de la bonne humeur et de la bière, ainsi que de s'être intéressé à ma pauvre pomme, pour commencer.

Merci à la famille Wildfire : mon puissant éditeur et mentor Alex Clarke, Kate Stephenson et Ella Gordon, laquelle est mi-humaine / mi-feu d'artifice. Merci à vous tous d'avoir transformé les élucubrations d'un imbécile en quelque chose qui ressemble vraiment à un livre.

Merci à tout le monde à Headlin, et en particulier Caitlin Raynor, Jo Liddiard et Frances Gough. Une équipe marketing formidable en partie alimentée par les saucisses à emporter de Moscow Mules et Herman ze German.

Un énorme merci à mes amis et ma famille. En particulier la maman et le papa de Lyndsay, qui ont tout laissé tomber un nombre incalculable de fois pour donner un coup de main avec Charlie quand j'avais une échéance à respecter. Ron, Lorraine, je ne saurais suffisamment vous exprimer ma gratitude pour tout ce que vous faites. Et merci également à ma petite sœur Jo et à Paul, son homme, pour le baby-sitting, leur enthousiasme et leurs encouragements permanents.

Bien sûr, merci à ma maman, qui m'a non seulement enseigné la valeur des livres, mais qui a fait vendre plus d'exemplaires de celui-ci que qui que ce soit d'autre… elle en parlait à qui voulait l'entendre. C'est une maman fière, mais elle est également pragmatique. Selon ses propres termes : « Écoute, Matthew, si tu as du succès en tant qu'écrivain, je peux éventuellement espérer une chambre avec fenêtre dans une maison de retraite, et pas une qui sente la pisse et le chou-fleur. » Elle rêve grand, ma maman.

Quand on en vient à évoquer le rôle de Lyns et de Charlie dans tout cela, « Merci » est un mot qui ne reflète pas bien la gratitude que j'éprouve pour eux en raison de l'année qui vient de s'écouler. Lyndsay, Charlie : les bons passages de ce livre, les passages qui viennent du cœur et le meilleur de moi-même… ces passages sont les vôtres.

Je vous aimerai vraiment jusqu'à ce que mon squelette ne soit que poussière.

Pour finir, je veux dire un énorme et franc merci à tous ceux d'entre vous qui ont suivi et posté des commentaires sur Man vs Baby. C'est principalement grâce à vous qu'on m'a donné cette opportunité et j'aurai toujours une dette envers vous... Je vous promets que, si je vous rencontre un jour, je paierai un coup à chacun d'entre vous*.

Au cours de l'année écoulée, j'ai eu le privilège de partager mon propre vécu en matière de parentalité, mais également de profiter du vôtre. Au travers de ces expériences, j'en suis venu à me rendre compte que de nombreux parents essaient d'élever leurs enfants de telle sorte qu'ils deviennent intelligents, drôles et sympathiques, tolérants et bons... et pour qu'ils ne se comportent pas en connards les uns avec les autres. C'est pourquoi je me sens extrêmement optimiste quant au fait de lancer mon minuscule petit être humain dans un avenir quelque peu incertain. Et merci pour cela plus que pour toute autre chose.

Matt Coyne, Sheffield GB

(J'ai indiqué la ville parce que je pense que ça donne l'impression que l'auteur pose sa plume d'oie avec la satisfaction du devoir accompli et qu'il fixe l'horizon d'un œil mélancolique. En réalité, j'écris ces dernières lignes dans un centre commercial à Sheffield, où je suis en train de manger un esquimau en me demandant si je vais dire au gars dehors, derrière la vitre, qu'un pigeon vient de chier sur sa capuche.)

* (Cette affirmation n'a aucune valeur légale.)

MATT COYNE est un graphiste de quarante-deux ans originaire de Sheffield. En septembre 2015, la vie de Matt a été bouleversée par l'arrivée de son premier enfant, Charlie. Au bout de trois mois de paternité, il s'est connecté sur Facebook et s'est mis à écrire à propos de sa cohabitation subite avec un « colocataire minuscule, colérique, instable, incontinent, obsédé par les seins et qui assassine votre sommeil ». Dans les jours qui ont suivi, son post sur la façon de survivre aux premiers mois de parentalité est devenu viral et a été partagé dans le monde entier. Matt Coyne continue de faire part de ses triomphes et désastres paternels sur son blog, *Man vs Baby.*

Facebook : /manversusbaby
Twitter : @mattcoyney
www.man-ve-baby.co.uk

Composition et mise en pages
Nord Compo à Villeneuve-d'Ascq

PAPIER À BASE DE
FIBRES CERTIFIÉES

Fayard s'engage pour l'environnement en réduisant l'empreinte carbone de ses livres. Celle de cet exemplaire est de :
1,000 kg éq. CO_2
Rendez-vous sur
www.fayard-durable.fr

57-3158-6/01
Dépôt légal : mai 2018
Imprimé en Espagne par Industria Gráfica Cayfosa